DER WEG ZUR SCHÖNHEIT MIT DEN FÜNF »TIBETERN«®

Gisela Leonie Teschke

DER WEG ZUR SCHÖNHEIT MIT DEN FÜNF »TIBETERN«®

Mehr Ausstrahlung, Selbstbewusstsein
und Attraktivität

SCHERZ

Die in diesem Buch vorgestellten Übungen sind in Kursen und Seminaren unterrichtet und ausgeführt worden. Bei gesundheitlichen Problemen können sie Rat und Hilfe eines Arztes nicht ersetzen. Autor und Verlag übernehmen keine Haftung für Schäden, die sich aus dem Gebrauch oder eventuellem Missbrauch der in diesem Buch beschriebenen Übungen ergeben.

1. Auflage 2003
Copyright © 2003 by Scherz Verlag, Bern
Alle deutschsprachigen Rechte beim Scherz Verlag, Bern
Alle Rechte der Verbreitung, auch durch Funk, Fernsehen, fotomechanische
Wiedergabe, Tonträger jeder Art und auszugsweisen Nachdruck sowie
der Übersetzung, sind ausdrücklich vorbehalten.
Einbandgestaltung: Andreas Heilmann und Gundula Hißmann, Hamburg,
unter Verwendung eines Fotos von Andreas Wemheuer, Hamburg

ISBN 3-502-25056-1

INHALT

6 SICH WOHL FÜHLEN

7 ATEM UND KÖRPERBEWUSSTSEIN

8 ERNÄHRUNG

9 DIE KRAFT DER GEDANKEN: MEDITATION, AFFIRMATION, RITUAL

10 DIE RITEN

ANHANG

ANSTIFTUNG ZUM GLÜCK

Lebe nicht für das Leben,
das einmal sein wird.

Lebe voll, lebe ganz im Leben,
das jetzt ist, jetzt.

Sei endlich der,
der Du sein könntest,
wenn Du nur den Mut dazu hättest.
Und verzweifle nicht.
Und hab Geduld mit Dir.

Denn was hier gesagt ist,
ist so leicht gesagt
und so schwer getan.

WERNER SPRENGER

EINLEITUNG

«Wer schön sein will muss leiden!» Den Spruch kennen Sie bestimmt. Denken Sie nur daran, was die Menschen heute an Operationen und Behandlungsmethoden über sich ergehen lassen, um besser auszusehen! Der Spruch scheint zu stimmen. Selbst kleinste Makel werden ausgemerzt, und die Kundschaft wird immer jünger. Neuerdings steigen auch öffentliche Kliniken ins Geschäft ein. Chefärzte polstern Pos auf, Ordensschwestern helfen beim Facelift.[1] Der aktuelle Trend ist Botulinumtoxin, kurz Botox, ein Nervengift, das auf Partys unter die Haut gespritzt wird, um Falten zu glätten.

Doch diese Art von Leiden für die Schönheit bringt letztlich gar nichts. *Schönheit kann nur aus einem inneren Wohlgefühl kommen.* Alles andere ist eine Suche ohne Ende. Es muss gleichzeitig ein inneres Wachstum stattfinden.

Meine Erfahrungen als Frau und Mutter, medizinische Assistentin und Kosmetikerin in eigener Praxis, Fünf »Tibeter«-Trainerin und spirituell Suchende haben mir geholfen, das zu verstehen. In meiner Praxis und in diesem Buch möchte ich es auch anderen vermitteln: Schönheit kommt auf ganz natürliche Weise von innen. Niemand muss dafür leiden.

Doch wir können und müssen einiges für unsere Schönheit tun und aktiv werden. Schönheitsoperationen sind ja eher etwas Passives – der Patient «erleidet» die Operation. Ganz anders sieht die Sache aus, wenn wir Verantwortung dafür übernehmen, wie wir uns fühlen. Das bedeutet geistige und körperliche Aktivität. Und sind wir innerlich erfüllt und zufrieden, dann strahlt das aus. Andere Menschen fühlen sich unwillkürlich von uns angezogen.

Schönheit kommt von innen, aus der Lebendigkeit. Im Grunde erfährt und weiß das auch jeder. Sie offenbart sich in jedem Moment neu, in jeder Bewegung, jeder Geste, jedem Wort. Eine Achtzigjährige kann in diesem Sinne schön sein, weil ihre Seele, ihr Herz, ihr Geist unverstellt zum Vorschein kommen.

Peter Kelders Fünf »Tibeter«, diese einfachen Yogaübungen, enthalten alles, was für die natürliche Schönheit wichtig ist: Sie machen jung, gesund, bewusst, *lebendig*. Sie führen zu Entspannung und Wohlgefühl. Das wiederum macht attraktiv.

Natürlich werde ich Ihnen in diesem Buch auch viele Tipps aus meiner kosmetischen Praxis zur Verbesserung Ihres Aussehens geben. Mein Ansatz ist jedoch ganzheitlich. Das heißt, ich behandele nicht einfach nur äußerlich, sondern beziehe immer den ganzen Menschen mit all seinen Problemen ein. Und jeder ist einzigartig.

12

Das ist ein weiterer wichtiger Punkt, der in unserer Schönheitskultur zu wenig berücksichtigt wird. *Schönheit ist individuell.* Entdecken Sie Ihre Einzigartigkeit, und Sie werden Ihre ganz eigene Schönheit ausstrahlen. Dabei grenzen Sie sich nicht von anderen ab, sondern tauschen sich aus, sprechen offen und ehrlich mit ihnen, bringen sich ein, so wie sie gerade sind.

Ich möchte Ihnen in aller Kürze erzählen, wie ich letztlich auf die einfache Wahrheit gekommen bin, dass Schönheit von innen kommt.

Aufgewachsen bin ich mit taubstummen Eltern, die im Alter auch noch erblindeten. Heute glaube ich daran, dass ich mir meine Eltern selbst ausgesucht habe, um meine Lektion hier auf der Erde zu erkennen und daraus zu lernen. Ich habe sehr früh viel Verantwortung übernehmen müssen. Das geht vielen Kindern so, die mit behinderten Eltern groß geworden sind. Zugleich ist mein Vater für mich ein leuchtendes Vorbild für Lebendigkeit, positives Denken, Neugierde und Offenheit für das Leben. Neben seinem Haushalt betreut er heute noch, mit sechsundachtzig Jahren, seinen kleinen Garten und ist stets über alles informiert. Er liest die aktuellen Nachrichten in Blindenschrift. Ich kommuniziere mit ihm über Körperberührung, vor allem über Fingersprache *(Lormen)*. Berührung ist daher für mich immer auch Mitteilung auf vielen Ebenen.

Ich arbeitete viele Jahre als medizinische Assistentin in den Bereichen Haut- und Allgemeinmedizin. Hier hatte ich den unmittelbaren Kontakt zu Menschen. Dabei wurde mir klar, wie wichtig es ist, den Menschen ganzheitlich zu sehen: Körper, Geist und Seele sind eine Einheit. Die Haut spiegelt die Seele wider (darauf gehe ich in dem entsprechenden Kapitel ausführlich ein).

Bis zum Aufbau meiner eigenen ganzheitlichen Kosmetik-Praxis und einem Leben in der Einsicht, dass Wohlgefühl der Schlüssel ist, war es noch ein langer Weg. Sich selbst Entspannung und Zufriedenheit zu gönnen – das sollte ja eigentlich ganz einfach sein. Doch Sie werden es selbst bemerkt haben: Immer wieder kommen Gedanken hoch wie «Darf ich das? Muss ich nicht eigentlich …?» Dahinter steckt meist die Angst, seine Rolle in der Gesellschaft nicht so zu erfüllen, wie es einem beigebracht wurde. Für uns Frauen ist das häufig die Vorstellung, eine gute Ehefrau und Mutter zu sein.

In Kapitel 3, «Frau sein», erzähle ich von meinen Reisen in die Wüste. Sie haben mir geholfen, meine Ängste und etliche Gedankenmuster loszulassen. Das soll keine Werbung für Wüstenreisen sein – für jeden gibt es andere Herausforderungen. Es ist ein Beispiel, eine Anregung dafür, einfach einmal aus der festgelegten Rolle auszubrechen und so ein Stück Freiheit zu gewinnen. Haben Sie erst einmal Ihre wahre Kraft gespürt, können Sie jede kosmetische Behandlung entspannt genießen.

Doch Sie müssen keine weiten, strapaziösen Reisen unternehmen, um Ihre innere Kraft und Freiheit zu entdecken. Es genügt, regelmäßig die Fünf »Tibeter« zu praktizieren. Denn sie wirken auf zwei Ebenen. Auf der körperlichen oder grobstofflichen Ebene aktivieren sie unter anderem die Blutzufuhr, das Immunsystem und die wichtigsten Hormone. Das zeigt sich als äußere Schönheit: glatte, reine Haut, strahlende Augen, Geschmeidigkeit, Dynamik und Gesundheit des ganzen Körpers. Auf der seelisch-geistigen oder feinstofflichen Ebene bewirken die Übungen eine Veränderung Ihres Bewusstseins, Ihrer ganzen Einstellung zum Leben. Da können eben auch Ängste und andere unangenehme Gefühle hochkommen. Sie werden sensibler. Vielleicht werden Sie Ihre Ernährung umstellen, Ihre Lebensumstände ändern. Doch da wird auch ein Grundvertrauen ins Leben aktiviert. Sie wissen einfach: «Ja, es ist richtig so!» Sie fühlen sich von einer Energie getragen, die letztlich stärker als alle Bedenken und Zweifel ist.

Ich habe alle Phasen des Zweifels durchlebt. Die Fünf »Tibeter« haben mich zu dem geführt, was ich mir immer gewünscht habe: zu innerer Zufriedenheit und einem Gefühl von Freiheit und Lebendigkeit.

Bin ich schön? Eigentlich keine Frage mehr für mich. Das Leben ist schön, und ich bin ein Teil davon. Das zu erleben, wünsche ich Ihnen von ganzem Herzen.

1

JUNGBRUNNEN
FÜNF »TIBETER«

EINFLUSS DER HORMONE

Wie viele Menschen aller Altersgruppen von den Fünf »Tibetern« gehört oder sie sogar eine Zeitlang praktiziert haben, ist erstaunlich! Das Interesse, jung und vital zu bleiben, scheint wirklich groß zu sein. Immerhin wollten mehr als 1,3 Millionen deutschsprachige Leser etwas über das Geheimnis aus dem Himalaja erfahren.

In seinem Buch erzählt Peter Kelder von tibetischen Mönchen, die in ihrem Kloster das Geheimnis der ewigen Jugend entdeckt haben. Ein gewisser Colonal Bradford soll sich, nachdem er einige Jahre in diesem Kloster lebte, von einem «klapprigen» Greis in einen stattlichen Mann verwandelt haben, der vor Gesundheit und Vitalität nur so strotzte.

Der Schlüssel zu dieser sagenhaften Verjüngung liegt laut Bradford in den sieben Energiezentren des Körpers, den Chakren:

> Diese sieben Energiewirbel regieren die sieben Hormondrüsen des endokrinen Systems, die wiederum alle körperlichen Funktionen beeinflussen, darunter auch den Alterungsprozess.[1]

Schon Mitte der Siebzigerjahre wurde die Hypophyse mit der Kontrolle von Alterungsprozessen in Zusammenhang gebracht. Donner Denckla postulierte damals die Existenz eines so genannten «Todeshormons». Mit dem Einsetzen der Pubertät soll die Hypophyse dieses Hormon produzieren. Es mindert die Empfindlichkeit der Zellen gegenüber wichtigen anderen Hormonen wie z. B. dem Wachstumshormon. Folge: Die Zellen und Organe verschleißen, und der Alterungsprozess beginnt.

Harry Lynn, Herausgeber der amerikanischen Originalausgabe des Kelder-Buches und selbst langjähriger Nutznießer der Riten, befasste sich mit dem Zusammenhang zwischen den Übungen und den Hormonen, speziell dem Todeshormon. Er schreibt:

> Meine Erklärung für die Wirkung der Fünf »Tibeter« ist die, dass die Riten in der von Peter Kelder beschriebenen Weise die universale Lebensenergie in unserem Körper aktivieren und erhöhen. Dies wiederum hat die höchst vorteilhafte Wirkung, das «Todeshormon» zu blockieren und die Hormonerzeugung und Ausschüttung des endokrinen Systems zu normalisieren. Wenn dies erreicht ist, können die Körperzellen sich wieder vermehren und gedeihen, wie sie es taten, als wir Kinder waren. Wir können sehen und fühlen, wie wir jünger werden.[2]

Und Sabine Schonert-Hirz meint:

> Ohne Hormone läuft in unserem Körper nichts. Sie regulieren alle wichtigen Vorgänge (Sexualität, Psyche, Stoffwechsel, Wachstum, Schlaf, Stress, Regeneration) und bestimmen damit den Energie-Level. Leider werden die Hormone durch Stress und Alter stark heruntergeregelt.[3]

Auch ich habe festgestellt, dass eine unausgewogene oder mangelnde Hormonproduktion Einfluss auf das Wohlbefinden und die natürliche Schönheit hat. So erklärt es sich auch für mich, dass viele Frauen, die die Fünf »Tibeter« praktizieren, leichter mit hormonellen Schwankungen umgehen können, gerade während der Wechseljahre. Viele Seminarteilnehmerinnen bestätigten das. Die Fünf »Tibeter« bringen mehr Energie, innere Ruhe, mehr Wohlgefühl und besseres Aussehen.

Eine Frau in den Wechseljahren kam zu mir, um die Fünf »Tibeter« zu erlernen. Sie hatte das Kelder-Buch gelesen, aber die Übungen nicht praktiziert. Bei einer Freundin war ihr aufgefallen, dass sie sich in kürzester Zeit verändert hatte: Sie wirkte ausgeglichener und aktiver. Vor allem aber hatte sie eine besondere Ausstrahlung. «Sie ist irgendwie schöner geworden!» Das Geheimnis der Freundin war ganz einfach: Sie praktizierte seit einem halben Jahr die Fünf »Tibeter«. Die Freundin selbst sagte: «Seitdem ich die Fünf »Tibeter« mache, fühle ich mich im wahrsten Sinne des Wortes wohl in meiner Haut und in meinem Körper!»

Robert Sachs, Experte für tibetische Medizin, schreibt:

> Nachdem ich nun die Übungen während eines Zeitraums von sechs Jahren täglich gemacht habe, bin ich von ihrer verjüngenden Wirkung überzeugt. Freunde haben mir sogar gesagt, ich sehe jetzt jünger aus als vor sechs Jahren.[4]

Im Laufe der Jahre konnte ich bei mir selbst und bei vielen anderen Fünf »Tibeter«-Anwendern beobachten, wie die Riten die Haut verjüngten. Sie sorgen für eine bessere Durchblutung, und so können Sauerstoff und Nährstoffe besser in die Hautzellen transportiert und Abfallprodukte (Schlacken) besser ausgeschieden werden.

Zwar rufen die im Kelder-Buch aufgestellten Behauptungen immer wieder Skepsis und Verwunderung hervor, vor allem bei Schulmedizinern. Doch ich habe auch Mediziner in meinen Seminaren, die die Riten anschließend ihren Patienten und Freunden weiterempfehlen.

DIE «GEHEIME PFORTE»

Dr. Bowen, ein chiropraktischer Neurologe aus Billings im amerikanischen Bundesstaat Montana und seit fünfzehn Jahren »Tibeter«-Anwender, spürte schon beim ersten Mal die positiven Auswirkungen der Riten, nämlich die Ausdehnung des Bewusstseins und eine konstante Energiezufuhr. Seiner Meinung nach wird durch die fünf Riten das Nervensystem stimuliert, das wiederum das Kreislaufsystem kontrolliert und somit zu einem jüngeren und besseren Aussehen beiträgt.

Weitere Erklärungen für die Verjüngung durch die Riten sieht Bowen in den spezialisierten Nerven der Gelenke *(Mechano-Rezeptoren),* deren höchste Konzentration sich am Kopf und im Nacken befindet. Durch die Bewegungen der Gelenke werden die Mechano-Rezeptoren angeregt, wodurch sich die Aktivität im Kleinhirn und im Thalamus erhöht. Diese Nerven versorgen das Gehirn mit einem starken Fluss von Informationen.

Laut der tibetischen Philosophie stellen Hals und Nacken die Verbindung zwischen Gefühl, Herz und Intellekt her. Im Nacken zeigt sich unser wahres Alter. Hält man ihn weich und flexibel, hilft das, sich von festgefahrenen Glaubenssätzen und Einstellungen zu lösen. Am letzten Halswirbel befindet sich die *Medulla Oblongata,* eine Verlängerung des Rückenmarks, die in einen Teil des Gehirns übergeht und somit eine Verbindung zwischen Wirbelsäule und Schädel darstellt. Diese Gehirnregion ist verantwortlich für die Steuerung und Regulation der Atmung.

In den alten Mysterien-Schulen wird dieser Punkt, die Verbindung von Geist und Materie, von Körper und Bewusstsein, als das «Geheime Tor zur Wahrheit» bezeichnet. Es geht darum, sich diesen Punkt bewusst zu machen und ihn beweglich und durchlässig zu halten. Bei fast allen Übungen der Fünf »Tibeter«

wird der Nacken gestreckt und gebeugt – so wird die «Geheime Pforte» aktiviert und stimuliert. Das löst ein grundsätzliches Wohlbefinden aus.

Bowen sieht eine der Hauptursachen für vorzeitiges Altern und viele chronische Krankheiten darin, dass wir uns zu wenig bewegen und zu viel sitzen. Dadurch wird die Nervenübertragung verlangsamt, was sich auf alle Systeme des Körpers auswirken kann.

> Mit meiner Kenntnis des menschlichen Körpers fällt es mir nicht schwer, dem, was an Positivem über die Auswirkungen der fünf Riten gesagt wird, Glauben zu schenken. Es hat weder etwas mit Mystik noch mit Magie zu tun.[5]

KEIN MYTHOS, SONDERN EIN WUNDER

Die Fünf »Tibeter« (und dazu der sechste) sind einfach und haben doch eine umfassende Wirkung. Sie beeinflussen unser körperliches und seelisches Wohlbefinden. Für mich sind sie schon lange kein Mythos mehr, denn ich bekomme tagtäglich den Beweis ihrer positiven Wirkung. Ich fühle mich körperlich und geistig wohl und fit wie nie zuvor in meinem Leben. Durch die Kombination von Bewegung, Atmung und geistiger Aufmerksamkeit aktivieren und harmonisieren die fünf (bzw. sechs) Riten den Energiefluss. Harmonie ist die Grundlage von Gesundheit, Vitalität, Kreativität.

Um in den Genuss der belebenden und verjüngenden Wirkung der Riten zu kommen, sollten Sie sie regelmäßig und ausdauernd üben. Die Anleitungen eines erfahrenen Trainers können die Motivation sehr unterstützen und Fehlern oder eventuellen Gesundheitsschäden vorbeugen.

Heute weiß ich mit Bestimmtheit, dass die regelmäßige Anwendung der Übungen meine Lebensqualität erheblich verbessert und auch mein Aussehen verändert hat. Es ist immer wieder ein Wunder zu erleben, was die Fünf »Tibeter«-Übungen bei mir und vielen anderen Menschen bewirkt haben. Hinsichtlich des Wirkungsmechanismus mögen Fragen offen bleiben, doch am Ergebnis gibt es keinen Zweifel.

> Wunder in unserem Leben entstehen zu lassen, erfordert nichts weiter, als die höhere Natur des Urgesetzes zu begreifen, nach dem das Universum, uns eingeschlossen, funktioniert.[6]

Danke, liebes Universum, für dieses Wunder!

2

WAS IST SCHÖNHEIT?

Schönheit bezaubert das Herz,
umgarnt den Verstand
und entfacht
das Feuer der Emotionen!

ARISTOTELES

Jede Epoche hat ihr Schönheitsideal. Heute wird uns über Medien und Werbung suggeriert: Nur wer jung und wohl proportioniert ist, ist schön – und hat deshalb Erfolg und Glück. Jeder Makel muss bekämpft werden: Falten werden unterspritzt oder mit Cremes geglättet, Fettgewebe wird entfernt, oder es wird Body Contouring vorgenommen. So genannte Schönheitschirurgen nehmen Operationen wie diese vor, denen sich mittlerweile Frauen und Männer jeden Alters unterziehen.

Durch die apparative Kosmetik kommen wir dem heutigen, sehr äußerlichen Schönheitsideal noch näher. Kosmetikerinnen bieten Laserbehandlungen zur Faltenbekämpfung an, Permanent-Make-ups für schöne Lippenkonturen, Augenbrauen oder Lidschatten. Je nach Alter, Pflege und UV-Bestrahlung geben Fachleute diesen kosmetischen Tätowierungen zwei bis vier Jahre, dann verblassen sie. Immerhin: Das Make-up verschmiert nicht mehr, Lippen und Augenbrauen erscheinen ausdrucksvoller.

Nach dem Motto «Wissen schafft Schönheit» arbeiten Kosmetikerin und Mediziner zunehmend enger zusammen – Stichwort «Beautychirurgie». Dazu gehören Kliniken, die sich auf Schönheitsoperationen spezialisiert haben, und Kosmetikerinnen, die die Patienten anschließend mit einem speziell ausgearbeiteten Nachbehandlungsprogramm und entsprechenden Produkten betreuen. In den dermatologischen Praxen hat man schon lange die Bedeutung erfahrener Kosmetikerinnen erkannt.

AUCH MÄNNER
WOLLEN SCHÖN SEIN

Mittlerweile wollen auch immer mehr Männer eine kosmetische Behandlung. Zehn Prozent aller Männer zwischen dreißig und vierzig Jahren unterziehen sich Schönheitsoperationen.[1] Für einen Mann gelten andere Bewertungskriterien der Schönheit als für eine Frau. Die Perfektionisten wollen einen Waschbrettbauch, gestraffte Augenlider oder weniger Doppelkinn. Häufige Probleme sind außerdem ein zu kleiner Penis oder die so genannte Frauenbrust *(Gynäkomastie)*. Grund genug, sich der ästhetischen Chirurgie anzuvertrauen. Dazu der Dermatologe Gunter A. Michel:

> Immer mehr Männer in Deutschland suchen verstärkt die Praxen von plastischen Chirurgen auf – und eben längst nicht mehr nur, um ihre verschönerte Partnerin abzuholen![2]

Auch Gesichtsnarben, die nach einer Akne in der Pubertät zurückgeblieben sind, sind für viele Männer ein Problem. Hier können Hautschleifung *(Dermabrasion)* oder Peelings helfen. Altersfalten scheinen Männern eher zu stehen als Frauen. Doch auch hier geht der Trend zur kosmetischen Pflege, nicht zuletzt um Stress und ungesunden Lebenswandel unsichtbar zu machen. Auch den Männern wird immer mehr bewusst, dass nicht nur die fachlichen Qualitäten im Beruf ausschlaggebend für Erfolg sind, sondern ebenso das äußere Erscheinungsbild. Die Ausstrahlung kann ein wesentlicher Baustein für den Erfolg sein. Manager wollen sich pflegen und sich wohl fühlen, um ein optimales Erscheinungsbild zu erreichen.

FALTEN MIT GIFT GLÄTTEN

Der neueste Trend kommt aus Amerika: Gift gegen Falten. Was vor zehn Jahren noch heimlich von Stars gegen Falten eingesetzt wurde, ist jetzt gesellschaftsfähig – das Eiweiß Botulinumtoxin, ein extrem starkes Nervengift. Es wird auf Partys angeboten und dort auch gespritzt. In Amerika haben im Jahr 2001 angeblich rund 1,6 Millionen Menschen ihre Falten mit Botulinumtoxin glätten lassen, in Deutschland dreißig- bis fünfzigtausend.

Die geringen Mengen, in denen das Gift zur Faltenunterspritzung eingesetzt wird, verursachen eine reversible Lähmung der Muskulatur. Mimische
Falten in Gesicht oder Hals verschwinden. Nur ein Arzt darf diese Injektio-
nen ausführen, keine Kosmetikerin.

Die Frage ist: Lohnt sich das? Wofür wird da die Gesundheit aufs Spiel
gesetzt? Steigert sich das Wohlbefinden dadurch wirklich dauerhaft?

SCHÖN = GUT?

Das folgende Interview des *Hamburger Abendblatts* mit dem Germanisten
Harald Böhme finde ich sehr treffend. Es bezieht sich auf den allgemeinen
Schönheitswahn:

> *H. A.:* Horror Moderner Mensch. Gezüchtet von Biogenetikern, optisch ver-
> feinert durch Schönheits-Chirurgen, gestählt im Fitness-Studio und nach Mode-
> diktat einheitlich gekleidet. Nicht wirklich übertrieben, oder?
> *Böhme:* Es sind uralte Fantasien seit den antiken Gesellschaften, dass der
> Mensch als das endliche Wesen, das er ist, abgelöst werden könnte oder sollte
> durch einen neuen Menschen, der schöner, intelligenter, friedlicher, gesünder
> und langlebiger ist. Immer dienten Medizin, Kosmetik, Mode, Schmuck, Lei-
> besübungen, später die Transplantations-Medizin, die künstliche Intelligenz
> und heute auch die Humangenetik diesen Zielen. Es ist ein wichtiger Antrieb
> unserer Kultur, dass der Mensch sich selbst loswerden will.
> *H. A.:* Inwiefern wird die Überhöhung des Körpers zu einer Art Ersatzreligion?
> *Böhme:* Religionen haben ihre große Bindekraft verloren. Die Leere, die sie
> hinterlassen haben, wird vielfältig erfüllt: durch Ideologien, Fundamentalis-
> men, Süchte und Sehnsüchte und die vielen Technologien, von denen wir uns
> Erlösung versprechen. Der schöne, gesunde, gestylte Körper ist auch so ein
> Ideal, wie die Religion ist auch er eine schöne Illusion.[3]

Es ist ganz normal, wenn wir schön, jung und begehrenswert aussehen wollen. Das hebt nun einmal unser Selbstbewusstsein. Doch was ist das eigentlich: schön? Von der Antike bis zur Renaissance galt Schönheit als Ideal, das
auf einer Stufe mit dem Guten und Wahren steht. Die griechische Dichterin
und Philosophin Sappho glaubte: «Was schön ist, ist auch gut.»

Doch machen wir uns nichts vor: Im täglichen Leben zählt die auf den
ersten Blick sichtbare Schönheit. Wir schätzen andere Menschen im Bruch-
teil einer Sekunde ein. Wir prüfen nicht lange, ob der andere auch ein guter

Mensch ist. Unser Gehirn arbeitet anscheinend nach uralten Überlebensstrategien. Wer verspricht als Partner den besten Nachwuchs? Die Frau sieht beim Mann sofort den breiten Rücken, das energische Kinn, das schmale Becken – männliche Kraft. Der Mann sucht bei der Frau das «gebärfreudige Becken», runde Proportionen, Jugendlichkeit in der reinen Haut und bestimmten Gesichtsproportionen. So in etwa lautet jedenfalls das Ergebnis einer neuen Forschungsrichtung, die Psychologie und Biologie verbindet. Nancy Etcoff, als promovierte Biologin auf dem Gebiet der Gehirnforschung und der kognitiven Psychologie tätig, meint:

> Es wäre falsch zu glauben, dass Schönheit unwichtig ist, denn äußere Schönheit im alltäglichen Leben bringt Vorteile. Niemand hat je aufgehört, sie zu betrachten oder sich ihres Anblicks zu erfreuen. Sich achtlos von ihr abzuwenden ist so unmöglich, wie körperliche Bedürfnisse zu unterdrücken![4]

Das ist sicher richtig. Wir können uns gegen die alten Muster der Einschätzung nicht wehren. Sie laufen automatisch ab. Doch etwas anderes wird in all den wissenschaftlichen Untersuchungen nicht erfasst: die unmittelbare seelische Verbindung zwischen Personen. Gibt es nicht Menschen, die uns sofort anziehen und in deren Nähe wir uns, ohne zu überlegen, gut und glücklich fühlen? Auch Nancy Etcoff weiß, dass feinere Ebenen von Schönheit existieren. Sie zitiert das erstaunliche Liebesbekenntnis des Ehemanns von Georges Eliot, der in einem Brief an seinen Vater schrieb:

> Sie ist großartig hässlich – herrlich abscheulich. Sie hat eine niedrige Stirn, trübe Augen, eine ungeheure, herabhängende Nase, einen riesigen Mund voll schiefer Zähne und ein Kinn und Kieferknochen, die nicht aufhören wollen... doch in dieser ungeheuren Hässlichkeit wohnt eine Schönheit von ungewöhnlicher Kraft, die sich innerhalb weniger Minuten hervorstiehlt und den Geist verzaubert.

Und die so beschriebene Georges Eliot notierte:

> Alle Ehre und Anbetung der göttlichen Schönheit von Form und Gestalt! Lasst sie uns nach besten Kräften pflegen im Mann, in der Frau und im Kinde – in unseren Gärten und Häusern. Aber lasst uns auch jene andere Schönheit lieben, die nicht in einem Geheimnis der Proportion liegt, sondern im Geheimnis tiefer menschlicher Sympathie. Wir können nicht auf Schönheit warten, wir müssen sie hervorbringen. Schönheit ist nichts Absolutes, sondern sie entsteht und kann sich weiter entwickeln.[5]

Wer echte Schönheit als Spiegelbild der Seele möchte, für den sind Entspanntheit, Zufriedenheit, Ausgeglichenheit wichtig. Wer diese Eigenschaften ausstrahlt, erregt Aufmerksamkeit und wird für andere erst interessant. Wir können unser Wohlbefinden vertiefen durch Zufriedenheit und Dankbarkeit, indem wir das annehmen, was uns die Natur geschenkt hat. Durch diese Zufriedenheit entwickelt sich eine natürliche Attraktivität, und zwar auf körperlicher und geistiger Ebene. Dann spielt Alter keine Rolle mehr.

Die Verbindung von ganzheitlicher Kosmetik und den Fünf »Tibetern« ist für mich der Schlüssel, um die innere Schönheit mehr und mehr zu entdecken und zu entfalten und sie dann mit der äußeren Schönheit zu verbinden und zu leben. So wird die innere Kraft, die in uns allen steckt, freigesetzt. Schönheit als natürliche Kraft, die nach außen strahlt und anziehend wirkt!

In den folgenden Kapiteln möchte ich Ihnen zeigen, dass es möglich ist, Schönheit von innen heraus zu entwickeln. Beginnen Sie mit kleinen Schritten, damit es Ihnen gelingt, und um sich Mut zu machen. Dann gehen Sie mit großen Schritten weiter. Entdecken Sie sich neu, indem Sie sich Ihrer Power bewusst werden, die Sie wiederum mutig werden lässt, etwas Neues auszuprobieren.

Verändern Sie Ihren bisherigen Alltag, und erleben Sie dabei die Liebe und die Freiheit, die daraus entspringen. Es lohnt sich. Ich wünsche Ihnen dabei viel Freude!

3

FRAU SEIN

DER INNERE WEG

Aus eigener Erfahrung und der vieler Frauen, die ich kennen gelernt habe, weiß ich, wie sehr wir bestimmten Rollen des Frauseins verhaftet sind. Besonders stark geprägt sind wir durch das Bild von der Frau als Mutter, die bis zur Erschöpfung gibt, gibt, gibt. Dieses Muster, diese Wertvorstellung schafft Leistungsdruck und Stress in unserem täglichen Leben und erzeugt Spannungen, die mit Emotionen wie Wut, Angst, Trauer verbunden sind. Diese Reaktionen hindern uns daran, uns frei und stark zu fühlen. Doch wir haben die Möglichkeit zu wählen, wie wir auf unsere Gefühle reagieren. Werden wir uns unserer inneren Stärke bewusst, können wir sie leben und strahlen so Zufriedenheit aus. Wir können in der Trauer die Kraft entdecken, in der Angst den Mut, in der Wut Liebe und Verzeihen.

Die Vergangenheit ist ein Teil von uns. Wir sollten sie unter dem Aspekt der Erfahrung und des inneren Wachstums sehen. Wir haben viele Lektionen gelernt. Sie haben uns zu einem neuen Bewusstsein verholfen und uns zu dem Menschen gemacht, der wir heute sind. Zugleich ist es wichtig, nicht in der Vergangenheit und in alten Mustern stecken zu bleiben, sondern weiterzugehen und sich mit der Gegenwart zu verbinden, dem Hier und Jetzt.

In diesem Kapitel erzähle ich viel von mir selbst – wie ich alte Muster und viele Ängste losgelassen habe. Ich möchte Sie damit ermutigen, in Ihrem Leben Ähnliches auszuprobieren. Es macht Sie schön – das behaupte ich als Kosmetikerin mit zwanzigjähriger Praxis.

24

DIE WEIBLICHE KRAFT ENTDECKEN

Die Saiten der Seele
neu stimmen
von Zeit zu Zeit,
dass die Freude ihr Lied spielen kann.
Das Ohr schärfen
für die leisen Töne,
die dich besuchen
und ihren Wohlklang in dich schreiben.[1]

Weibliche Energie ist eine sehr fließende, intuitive und kreative Kraft. Sie hat weder eine statische Form noch ist sie fest und hart. Sie ist in Bewegung, folgt keiner vorgeschriebenen geraden Linie. Sie ist spielerisch, spontan und sehr schöpferisch, sie ist weich und doch voller Gestaltungskraft. Sie ist der Motor für Veränderungen! Sie manifestiert die Schöpfungsenergie auf dieser Erde, sie bringt Licht, Fröhlichkeit und Heilung![2]

Ja, Sie haben richtig gelesen. Wir Frauen haben vieles in der Hand. Wir sind der Motor für Veränderungen. In uns und durch uns fließt tatsächlich die weibliche Energie. Dass es sich lohnt, diese starke Frauenpower immer wieder neu zu entdecken und zu aktivieren, weiß ich aus eigener Erfahrung.

Aber um die weibliche Energie wieder zum Fließen zu bringen und zu spüren, müssen wir uns den Raum und die Zeit zur Entspannung nehmen. Das muss es uns wert sein. Wir sollten es uns erlauben, nach Möglichkeiten zu suchen, dass es uns gut geht. Daraus erwachsen Zufriedenheit und positive Ausstrahlung. Damit stehen uns alle Türen offen. Ausstrahlung erreichen wir, wenn Körper, Geist und Seele in Harmonie miteinander sind.

Wenn wir die Kunst erlernen und verfeinern, unserer Intuition und inneren Stimme immer mehr zu vertrauen, dann hat unser Verstand immer weniger Macht über uns. Er verfolgt seinen eigenen Plan mit uns, doch seine Vorstellungskraft ist nur begrenzt. Er hat wenig Verständnis für die Umwege unseres Lebens, für die Erfahrungen, die wir machen müssen, damit unsere Seele ihr Ziel erreicht. Der Verstand sagt: «So und nicht anders wird es gemacht!» Die Stimme des Herzens aber spricht ganz anders.

Ich möchte durch Fallbeispiele aus meinem Kunden- und dem Teilnehmerkreis meiner Fünf »Tibeter«-Seminare sowie persönliche Erfahrungen zeigen, was es bewirken kann, wenn wir die eigene Power wiederentdecken und leben und den Mut haben, neue Wege zu gehen. Ich möchte Sie darin unterstützen, wieder mehr auf Ihre Intuition und Ihre innere Stimme zu hören und ihr zu vertrauen. Dadurch können Sie fühlen und spüren, was Sie wirklich wollen. Und das macht Sie frei und unabhängig von allen Trends und Moden. Sie finden Ihren eigenen Weg zur Schönheit.

Esther Harding, Psychotherapeutin und Schülerin von C. G. Jung, schreibt:

> In den wechselnden Schicksalsmöglichkeiten der heutigen modernen Frau ist mancher Mythos dahingeschwunden, den die männliche Illusion um sie gesponnen hat. Frühere Zeiten mögen diese Illusion in ihrer Unbewusstheit widerspruchslos auf sich genommen haben, die Frau heute aber zeigt sich so, wie sie wirklich ist. Sie hat ihre eigene Persönlichkeit selbst gefunden und damit das Zauberkleid von sich geworfen, in das der Mann sie gehüllt hatte. Die Frau von heute wagt es, sich in ihrer eingestandenen Schwachheit, aber auch in ihrer Stärke als sie selbst zu zeigen. Die Illusion des Mannes hat vordem das Bild der Frau in Licht und Schatten gemalt mit übermenschlichen Farben: Sie war göttlich schön und dämonisch fruchtbar! Indem die Frau aber heute gewagt hat, in das Licht der Wirklichkeit hinauszutreten, hat sie wohl den Schleier der Illusion verloren, dafür aber hat sie sich gewonnen, als eine sich ihrem ureigensten Wesen selbstbewusste Persönlichkeit.[3]

ÄNGSTE AUSHALTEN UND ÜBERWINDEN

Den Weg zu gehen
ist etwas Erfahrbares
und bedeutet immer,
Neuland zu betreten.
Es führt weg vom vorherigen
und hin zum gegenwärtigen Moment.[4]

Wenn wir neue Wege gehen, bedeutet das Veränderung. Veränderungen machen uns Angst. Es kann sein, dass wir eine Zeit lang ohne Orientierung sind, uns allein gelassen, nicht verstanden, nicht geliebt oder sogar abgelehnt fühlen. Auf diesem neuen Weg kommen wir manchmal an unsere Schmerzpunkte, und zwar immer dann, wenn sich Grenzen auftun. Das ist der Zeitpunkt, sich mit der eigenen Wahrheit und der momentanen Situation auseinander zu setzen, um eine wirkliche Veränderung in unserem Leben herbeizuführen.

Dabei ist es ganz wichtig, ehrlich mit sich zu sein und sich auch die Schattenseiten anzusehen. Trauer oder Leid zu spüren und auszuhalten, damit sie uns bewusst werden.

Manchmal gehört es auch dazu, sich von vertrauten Menschen und vertrauten Plätzen zu verabschieden, um weiterzugehen. Auch das kann schmerzhaft sein. Dazu brauchen wir die Zeit des Alleinseins und des Rückzugs. Nehmen Sie sich den Raum dafür, um die Dinge wie aus der Vogelperspektive klarer sehen zu können. Nur so kann etwas Neues entstehen. All die Erfahrungen, die wir gerade machen oder gemacht haben, sind wichtig für unsere Entwicklung. Auch wenn wir es jetzt noch nicht sehen können, sie bringen uns Einsicht und Selbsterkenntnis. Was auch immer auf unserem Weg der Erneuerung geschieht, nichts ist zufällig und umsonst. Wenn wir aufhören, wie ein Rädchen im Getriebe funktionieren zu wollen, ändern wir nicht nur uns selbst, sondern alles um uns herum – durch ein erneuertes Bewusstsein. Denn darin besteht das Ziel unseres wahren Weges.

Wenn Sie in Ihrem Leben eine Veränderung wünschen, dann müssen Sie diese Veränderung schon selbst herbeiführen. Wenn Sie sich verändern, dann werden sich in Ihrer Welt auch alle anderen Menschen in der Beziehung zu Ihnen verändern.[5]

Seien Sie ehrlich: Waren Sie schon lange mit vielen Dingen in Ihrem Leben nicht mehr zufrieden und haben nur nicht gewusst, wie und was Sie verändern könnten? Veränderung bedeutet, eine Idee in diesem Augenblick weiterzuentwickeln und in die Tat umzusetzen, in dem sie auftaucht. Sehen Sie Ihren neuen Weg als Chance, etwas auszuprobieren und zu verändern, damit in Ihrem Leben etwas Neues entstehen kann.

Halten Sie durch, denn es funktioniert wirklich. Haben Sie Mut! Wussten Sie, dass Goethe Höhenangst hatte? Er therapierte sich selbst, indem er immer wieder den Münsterturm bestieg, bis die Angst sich auflöste. «Dergleichen Angst und Qual wiederholte ich so oft, bis der Eindruck mir ganz gleichgültig war!»

Wie lange habe ich gebraucht, bis mir klar wurde, dass ich meine Ängste nur auflösen kann, wenn ich mich mit ihnen auseinander setze, das heißt, mich mit ihnen konfrontiere, sie mir bewusst ansehe und aushalte. Dabei bleibe ich mit meinem Gefühl im Moment und schweife nicht in die Zukunft ab. Nur so kann sich die Angst transformieren. Sie bekommt eine andere Wertigkeit. «Die Kehrseite der Angst ist die Freude!», schreibt Melody Beattie.[6]

Nehmen Sie sich für den Anfang eine leichte Aufgabe vor. Damit Sie nicht mutlos werden und ein Erfolgserlebnis haben und Sie nicht wieder in alte Muster zurückfallen (wie «Das bringt ja doch nichts!» oder «Es ist immer so leicht gesagt, aber schwer getan!»).

AFFIRMATION*:
Ich bin jetzt bereit, mich zu verändern.
Ich bitte um die Kraft,
meine jetzige Lebenssituation zu verbessern,
indem ich klar bin
und mich in neue Strukturen hineingebe.
Ich setze mir meine Ziele.
Jeden Tag neu.

EXKURS 1: IN DER SAHARA

In der Sahara.

In einer Zeit, als ich besonders stark mit meinen Ängsten konfrontiert wurde, lernte ich Agnes von Helmholt bei einem Seminar kennen, an dem wir beide teilnahmen. Sie fiel mir durch ihre ungewöhnliche Ruhe auf. Doch da war noch etwas, das in mir eine starke Affinität zu ihr auslöste, eine Kraft und Stärke, die von ihr ausging. Da wir mehrere Tage miteinander verbrachten, lernten wir uns näher kennen, und sie erzählte mir, dass sie Frauen und Männer in Karawanen durch die Sahara führt. Als sie mir von den Herausforderungen einer solchen Reise erzählte, war ich fasziniert und spürte zugleich Angst.

Ich setzte mich intensiv mit dieser Angst auseinander und fragte mich, was mich daran hinderte, mit in die Wüste zu gehen. Bald stellte ich fest, dass meine Angst etwas mit fehlendem Selbstvertrauen zu tun hatte, aber auch damit, sich von etwas Vertrautem lösen zu müssen. Als ich einige Wochen später einen Flyer über die nächste Saharareise erhielt, legte ich ihn erst einmal ungelesen zur Seite. Es sollte noch ein ganzes Jahr vergehen, bis ich

---

* «Affirmation» (vom lat. *firmus,* «fest, stark») bedeutet «Zustimmung, Bejahung, Versicherung». Affirmationen sind kurze Sätze, die sich positiv auf Körper, Geist und Seele auswirken. Sie können immer und überall gesagt oder gedacht werden.

28

zu meinem großen Aufbruch bereit war. Irgendwann merkte ich, dass der Wunsch, in die Wüste zu gehen, stärker wurde. Ich träumte sogar davon und spürte, dass diese Reise der Schlüssel zu meinen Ängsten sein würde. Daneben waren aber auch die Zweifel da, ob ich mir nicht zu viel zumutete oder ob ich es finanziell schaffen würde. Während dieser Zeit trennten mein Mann und ich uns.

Heute weiß ich, dass die damaligen Ängste viel mit dem Gefühl, verlassen zu werden, zu tun hatten, aber auch mit materiellen Ängsten, denn ich war jetzt für mich und meinen Sohn finanziell allein verantwortlich. Mein Verstand versuchte, mich von dieser Reise abzuhalten. Doch da war noch etwas anderes in mir, eine sanfte Stimme, sehr leise zwar, aber ich konnte sie bereits wahrnehmen. Sie ermutigte mich, diese Reise ins Neue und Unbekannte anzutreten.

Einige Zeit später bin ich mit den Reisevorbereitungen beschäftigt. Im April 1993 geht es los. Wir sind zwei Gruppen, sieben Frauen und sechs Männer. Auf jede Gruppe kommen einige Beduinen und eine Karawanenführerin. Männer und Frauen gehen getrennt durch die Wüste. Agnes begleitet die Frauengruppe als zusätzliche Führerin.

Die Konfrontation mit meiner Angst kommt gleich am ersten Tag. Die Kamele werden mit unserem Gepäck und den Nahrungsmitteln für die nächsten vierzehn Tage beladen. Anschließend ziehen wir los zu einer nahe gelegenen Wasserstelle, wo die Kanister für unser Trinkwasser aufgefüllt werden. Plötzlich, wie aus heiterem Himmel, kommt ein Sandsturm auf. Man kann keine zwanzig Meter weit sehen. Wir sollen unsere Sandsturmbrillen aufsetzen und unsere Kopfbedeckungen ganz über das Gesicht ziehen.

Ich spüre Panik in mir aufsteigen. Ein starker Druck in meiner Brust. Außerdem bekomme ich rasendes Herzklopfen und kann nicht mehr richtig durchatmen. Ich muss die Reise sofort abbrechen, schießt es mir durch den Kopf. Aber das ist nicht möglich.

Als ich mich umschaue, sehe ich Agnes und unseren Beduinenführer. Beide stehen ganz ruhig etwas abseits vom Geschehen und schauen dem Treiben zu. Ich fühle auf einmal, wie diese Ruhe auf mich übertragen wird, und spüre ein starkes Vertrauen: Mag kommen was will, diese Reise wird eine Reise zu mir. Mit jedem Schritt wird sich etwas Altes auflösen und in der Wüste zurückbleiben. Augenblicklich spüre ich Gelassenheit in mir und auch eine gewisse Neugierde auf alles, was jetzt auf mich zukommt. Ich lasse mich ein auf diese Reise ins Unbekannte und setze mich in den nächsten Tagen bewusst mit dem Thema Angst auseinander.

«Wenn du dich auf die Wüste einlässt, erfordert das bedingungslose Hingabe. Wir wollen immer lieber unser Schicksal selbst in die Hand nehmen und lenken. Die Wüste aber lässt sich weder beherrschen noch bezwingen. Und was wir nicht beherrschen können, ruft Ängste in uns hervor.» Richtig verstanden habe ich Agnes' Worte erst später. Doch schon bald merke ich, wie ich mich durch das Gehen von altem Ballast befreie. Gefühle wie Trauer, Groll, Wut und immer wieder Ängste steigen in mir auf, je tiefer wir in die Wüste hineinwandern. Je mehr Abstand ich zu meiner Vergangenheit bekomme, desto klarer wird mir, wie viel Energien sie mich gekostet hat, weil ich mit ihr gelebt habe und sie nicht loslassen konnte. Deshalb hatte sie Macht über mich, denn Gedanken sind Energien und schaffen unsere Wirklichkeit. Was du denkst, das bist du.

Zur Wüstenreise mit Agnes gehört eine Visionssuche, bei der sich jeder drei Tage in die Einsamkeit zurückzieht, um seine eigene Lebensvision zu entdecken. Das läuft so ab: Ein Beduine bringt jeweils eine Person zu einem von uns ausgesuchten Platz (für mein Empfinden weit entfernt vom Lager). Vorher wird ein bestimmtes Zeichen für eventuelle Notfälle ausgemacht. Mitnehmen darf jeder seinen Schlafsack, eine gefüllte Wasserflasche, Streichhölzer, eine Aluminiumtasse, etwas Brot und einige Teebeutel. Zum Lesen und Schreiben darf nichts mitgenommen werden. Das könnte davon ablenken, sich ganz mit seinen Gefühlen auseinander zu setzen. Die Beduinen suchen noch etwas Brennholz für das Feuer, dann ist man allein. Für zweieinhalb Tage.

Die Sonne brennt erbarmungslos auf mich herunter. Es ist so still um mich herum, dass ich meinen eigenen Pulsschlag in den Ohren höre. Mit zunehmender Dunkelheit spüre ich in mir eine leichte Unruhe. Die glutrote Sonne verschwindet am Horizont. Schon als Kind machte mir die Dunkelheit Angst. Sie war für mich immer mit Alleinsein verbunden. Diese Angst ist immer noch da. Ich versuche, mich abzulenken, indem ich Feuer mache, wie ich es bei den Beduinen gesehen und gelernt habe. Dann koche ich Tee. Doch ich kann meine Angst kaum unterdrücken, im Gegenteil, sie wird immer stärker. Plötzlich kommt mir der Gedanke, dass man mich wegen des großen Feuers weithin sehen kann. So versuche ich, das Feuer klein zu halten, mache es schließlich aus, weil ich glaube, Geräusche gehört zu haben.

Anschließend bereite ich mein Nachtlager vor, so wie die Beduinen es machen. Erst wird mit einem Stock ein Kreis um den Schlafplatz gezogen, als Grenze für alle ungebetenen Gäste wie Schlangen und Skorpione. Dann wird der Platz abgeklopft. Erst dann legt man den Schlafsack und sich selbst nieder. Über mir ein Meer von leuchtend goldenen Sternen, einem goldenen Mond – wie aus den Märchen aus tausendundeiner Nacht. Unvergesslich! Dadurch tritt die Angst in den Hintergrund, und ich schlafe ein.

Plötzlich wache ich auf, geweckt durch laute Stimmen und Gelächter. Männerstimmen. Ich sitze aufrecht in meinem Schlafsack und höre mein Herz laut klopfen. Panik! Was soll ich tun? Was ist, wenn die Männer mich hier allein mitten in der Wüste finden? Meine Gedanken überschlagen sich. Ich wäre ihnen wehrlos ausgeliefert.

Trotz dieser Ängste nehme ich allen Mut zusammen, schäle mich aus meinem Schlafsack und robbe in Richtung der Stimmen. Sie werden immer lauter. Ich muss umkehren, um nicht entdeckt zu werden, krieche also zurück und lege mich mit klopfendem Herzen wieder in den Schlafsack. Ich bitte meinen Schöpfer darum, dass die Männer mich nicht finden und ich tief und fest schlafen kann.

Als ich am nächsten Morgen aufwache, ist mir, als wäre alles nur ein Traum gewesen. Ein wundervoller Sonnenaufgang nimmt mich gefangen. Glutrot steigt die Sonne auf. Auf unser vereinbartes Zeichen hin, nämlich die Trinkflasche an einen bestimmten Busch zu hängen, kommt Agnes, und ich erzähle ihr von dem nächtlichen Vorfall. Sie beruhigt mich und klärt mich auf, dass es Freunde der Beduinen waren, die hier mit ihrer Herde herumziehen.

Zunächst überlege ich, ob ich meine Visionssuche abbrechen soll, doch dann spüre ich Stärke und Mut in mir. Agnes empfiehlt mir, mein ängstliches inneres Kind in die Arme zu nehmen und es zu trösten. Ich tue es, und das hilft mir. Den Tag verbringe ich damit, einfach nur zu sein – im Hier und Jetzt. Es gibt nichts zu tun, außer zu essen, zu trinken, zu schlafen und Holz zu sammeln. Zuerst habe ich Schwierigkeiten damit, aber dann kann ich immer mehr loslassen, mich von alten Gedanken und Verhaltensweisen lösen. Dabei fällt mir der Satz ein: Vergangenheit ist wichtig, aber nur so lange, wie sie uns dienlich ist.

Ein sagenhafter Sonnenuntergang lädt zum Meditieren ein. Vollkommene Ruhe und Stille umgeben mich. Ich bin in meiner Mitte, spüre die Verbundenheit mit allem, was die Wüste zu bieten hat. Nach und nach verschwindet die Sonne leuchtend rot am Horizont. Der Mond wartet schon auf der gegenüberliegenden Seite auf seinen Auftritt, und mit zunehmender Dunkelheit erscheinen die goldenen Sterne am Himmel.

Ich mache das Feuer an und bereite mir ein Abendessen zu, das aus einer heißen Brühe und einem trockenen Stück Brot besteht. Mit der Dunkelheit kommt erneut die Angst. Ich nehme Verbindung mit meinem inneren Kind auf, indem ich es beruhige und ihm Mut zuspreche. In dieser Nacht träume ich, dass ich von fremden Männern verfolgt werde. Ich laufe die beschwerlichen Sanddünen hoch und runter und sehe, in greifbarer Nähe, immer unser Camp.

In der Morgendämmerung erwache ich und suche mir den höchsten Punkt einer Düne aus, um die Sonne zu beobachten, die sich in ihrem strahlendsten Licht zeigt. Welch ein Erlebnis, diesem Naturschauspiel so nahe zu sein, es zu spüren, in diesem Moment der absoluten Stille. Dann die Geräusche, die der beginnende Tag mit sich bringt. Vogelstimmen, das Gemecker von Ziegen, weit weg. Ich fühle mich gut und verbringe den restlichen Tag damit, mich auf dem heißen Sand zu wärmen und bis zum Sonnenuntergang einfach nichts zu tun. Danach mache ich Feuer und schlafe ohne Angst ein.

Am nächsten Tag ist die Visionssuche zu Ende. Ich werde von Mazug, einem der Beduinen, abgeholt und zum Camp zurückgebracht. Nach dem Alleinsein mit meinen Gefühlen muss ich mich erst wieder an die Gruppe gewöhnen. Die Karawane bereitet sich auf die Rückreise vor. Nach einigen Tagen Wanderung erreichen wir den Wüstenrand und verabschieden uns von den Beduinen. Wir haben noch ein paar Tage zur Erholung und zur Besinnung. Da ich das Bedürfnis habe, allein zu sein, ziehe ich mich zurück. In den vergangenen Wochen ist viel geschehen, und ich spüre immer noch die Verbundenheit zur Wüste und den wunderbaren Menschen, die dort ihr zu Hause haben.

Unvergessliche Wüstenmomente.

Danke, Agnes, dass du es mir auf dieser Reise ermöglicht hast, meine alten Ängste zu erkennen, sie auszuhalten und dadurch aufzulösen!

AUF DIE INNERE STIMME HÖREN

Warum fühlen sich immer mehr Frauen erschöpft und ausgepowert durch Familie oder Beruf? Sie kommen innerlich nicht mehr zur Ruhe, sind deshalb leicht reizbar und nervös. Sie haben verlernt, auf die innere Stimme zu hören, die immer leiser wird.

Verspüren Sie auch oft diesen gewissen Druck und die Angst davor, den Alltag nicht mehr zu bewältigen? Irgendwann einmal haben Sie Ihre innere Stimme sicher wahrgenommen und vielleicht auch danach gelebt: Als Sie noch keine Familie hatten und Ihnen Ihr Beruf Spaß gemacht hat. Als Sie frei und ohne Druck Ihr eigenes Leben lebten. Denken Sie manchmal mit Sehnsucht an diese Zeit zurück?

Wie ist das für Sie, wenn der Tag wieder einmal nicht zu Ende gehen will? Wenn Sie von einem Termin zum anderen jagen, sich zwischendurch um die Bedürfnisse der Familie kümmern, um dann abends völlig «erschossen» Ihrem Partner zuzuhören, ihm vielleicht auch noch mit Rat und Tat zur Seite zu stehen? Kann es passieren, dass Sie bei einer gut gemeinten Frage wie «Na, wie war dein Tag, was hast du Schönes gemacht?» explodieren, zum Unverständnis Ihres Partners, der mit Ihrem Ausbruch überhaupt nichts anzufangen weiß? Fühlen Sie sich nicht manchmal allein und von niemandem verstanden und fragen sich: Wo bleibe ich?

«Es geht über meine Grenzen, Geliebte, Freundin, Mutter, Ehefrau und Sekretärin meines Mannes zu sein, und das bitte auch noch möglichst perfekt!», beklagte sich eine meiner Kundinnen einmal bei mir.

Meine eigenen, oft schmerzlichen Erfahrungen in dieser Hinsicht haben mich nach und nach die weibliche Kraft in mir spüren lassen, bis ich sie schließlich in mein Leben integrieren konnte. Diese Erlebnisse haben mich gelehrt, auf eine andere Art mit mir umzugehen. Inzwischen bin ich es mir wert, etwas für mich zu tun. Ich habe die Verantwortung für mich übernommen – denn ich habe erkannt, dass es nicht um moralische Schuldzuweisung geht. So konnte ich auch die Erwartungen an andere loslassen, die ich sonst immer hatte.

Das ging nicht von einem Tag zum anderen. Es dauerte seine Zeit, und ich lernte, Geduld zu haben. Heute weiß ich, dass manche Dinge in unserem Leben Zeit brauchen, bis sie in Erfüllung gehen können. Manchmal müssen wir erst die Lektionen lernen, die uns darauf vorbereiten, das Gute zu erkennen, um es zu akzeptieren. Dadurch können sich innere Blockaden lösen.

Lernen Sie, Ihrer inneren Stimme wieder zuzuhören und ihr zu vertrauen. Lauschen sie ganz still, was sie Ihnen sagen möchte.

❧

AFFIRMATION:
Heute höre ich auf die Stimme meines Herzens
und vertraue ihr.

❧

SICH SELBST GUTES TUN

«Morgenstund hat Gold im Mund», «Sich regen bringt Segen», «Müßigkeit ist aller Laster Anfang» ... Sicher kennen Sie solche «weisen» Sprüche von früher. Mich haben sie lange begleitet und mir oft das Gefühl gegeben: Nur wenn ich aktiv bin, bin ich gut. Aber: Wenn ich immer aktiv bin, kann ich meine Bedürfnisse nicht wahrnehmen oder erkennen. Die alten Sprüche wollen im Grunde nur ein schlechtes Gewissen erzeugen und führen dazu, dass frau sich nichts gönnt.

Eine meiner Seminarteilnehmerinnen meinte zu Beginn der Fünf »Tibeter«-Übungen: «Erst kommt die Familie, dann ich. Immer habe ich das Gefühl, dass ich zurückstecken muss. Das macht mich unzufrieden. Ich nehme mir auch nicht die Zeit, mich zwischendurch mal auszuruhen oder ein Buch zu lesen. Immer habe ich ein schlechtes Gewissen und das Gefühl, dass erst alles fertig sein muss.»

In meiner Praxis höre ich die «weisen Sprüche» immer wieder von Frauen, die einem enormen inneren Druck ausgesetzt sind. Eine Kundin, die seit ihrer Kindheit das Gefühl hat, ihren eigenen Ansprüchen nicht zu genügen, sagte: «Es muss alles perfekt sein, und das macht einen solchen Druck! Ich versuche immer wieder, mich dagegen zu wehren, weil ich mich dabei nicht wohl fühle. Mein Körper und meine Seele wehren sich in Form von Unwohlsein.»

Diese Kundin hat seit Jahren gesundheitliche Probleme und ist deswegen schon lange in ärztlicher Behandlung. Sie weiß, dass sie etwas verändern kann, indem sie sich bewusst macht, dass dieses Gefühl, nicht genügen zu können, aus der Vergangenheit kommt und nichts mit dem Heute zu tun hat. Ihre Mutter hatte ihr folgenden Satz mit auf ihren Lebensweg gegeben: «Erst wenn du deine Arbeit getan hast, darfst du ausruhen.»

In einem anderen Fall hatte eine Klientin das Gefühl, in Bezug auf ihre Familie alles falsch zu machen. «Ich gebe meiner Familie im Moment zu wenig Liebe und Aufmerksamkeit, ich nehme mir zu viel Raum. Dadurch stehe ich immer innerlich unter Anspannung und habe ein schlechtes Gewissen meiner Familie gegenüber. Jetzt habe ich aus Zeitdruck mit den Fünf »Tibetern« wieder aufgehört.» Sie ist es sich nicht wert, ihren eigenen Bedürfnissen nachzukommen. Das geht den meisten Frauen so.

Erst die Arbeit, dann das Vergnügen. Dieser Glaubenssatz entspricht einem alten Mutterbild, und so sind auch wir von unseren Müttern erzogen worden. Es ist das Bild einer Mutter, die immer gibt und sich selbst dabei vergisst. Dieses Muster wird von Generation zu Generation weitergereicht. Wir speichern es in unserem Unterbewusstsein ab und geben es an unsere Kinder weiter.

Eine andere Kundin hatte dem Ehemann gegenüber ein schlechtes Gewissen, wenn sie sich selbst etwas Gutes tun wollte. «Mir steht so etwas Schönes nicht zu! Mein Mann bekommt es nicht, und er hat es eher verdient als ich, denn er muss ja dafür zahlen.» Auch bei dieser Kundin hatte sich das Gefühl der Vergangenheit mit dem Gefühl der Gegenwart vermischt. Sie erzählte mir, dass ihre Mutter sie früher immer zum Sparen angehalten hatte. «Erst kommt dein Vater dran, er ist der Geldverdiener, und dann erst kommen wir!»

Und schließlich noch der Fall einer Kundin, die sich zur Balancebehandlung anmeldete. Sie erzählte mir, dass sie eigentlich keine Zeit für eine Behandlung habe. Aber ihre Haut sehe nicht gut aus, sie fühle sich schlecht und wisse nicht mehr weiter. Das Problem war ganz eindeutig. Wieder das alte Thema: Ich bin es mir nicht wert, etwas Gutes für mich zu tun. Die Anforderung, Mutter und Ehefrau zu sein und im Job gute Arbeit zu leisten, war zu viel. Ihre Frage lautete: Wo bleibe ich? Sie war unzufrieden und gab allen anderen die Schuld für ihre jetzige Situation.

Es geht nicht darum, andere – Mutter, Ehemann oder wen auch immer – für unsere Situation verantwortlich zu machen. Das wäre sehr bequem: Warum seht ihr nicht, wie es mir geht? Warum fühlt ihr nicht, was ich brauche? Warum siehst du nicht, wie perfekt ich bin?

Wer von uns kennt das nicht? Wir werden nicht mit unserem Bedürfnis gesehen. Wir sind enttäuscht, traurig und ziehen uns verbittert zurück. Oft sind es Situationen aus unserer Kindheit, an die wir erinnert werden. Wir verhaken uns immer wieder in den Mustern der Vergangenheit. Nur wenn uns bewusst wird, dass es alte Gefühle sind, können wir sie zulassen, akzeptieren, spüren – und wieder loslassen. Auch die althergebrachten Weisheiten haben dann keine Bedeutung mehr. Es fällt uns leicht, uns von ihnen zu lösen und etwas Gutes für uns zu tun.

Wenn wir erkennen, dass unsere Vergangenheit in der Gegenwart keine Gültigkeit hat, sehen wir uns und unser Gegenüber mit ganz anderen Augen. Dann ist jede Sekunde ein Erlebnis des Neugeborenseins. Dann betrachten wir die Gegenwart ohne Verurteilungen. Es führt dazu, dass wir uns und andere vollkommen von den Irrungen der Vergangenheit entlasten. Es erlaubt uns Freiheit einzuatmen und das Wunder der Liebe zu erleben, indem wir diese gegenseitige Befreiung miteinander teilen. Diese ermöglicht einen Augenblick der Heilung, in dem die Liebe allgegenwärtig ist, hier und jetzt.[7]

NEHMEN SIE SICH ZEIT

Was uns Menschen von heute am meisten zu fehlen scheint, ist Zeit: Wir jagen von Termin zu Termin. Aus Angst, unser Tagespensum nicht zu schaffen, gönnen wir uns keine Ruhephasen mehr. Wir haben keine Zeit mehr für das Wesentliche im Leben.

Nehmen Sie sich die Zeit, einfach mal innezuhalten, vielleicht um über sich nachzudenken oder um zu träumen. Einfach mal nichts tun, die Seele baumeln lassen. Oder lesen Sie ein gutes Buch, machen Sie einen Spaziergang, treffen Sie sich mit guten Freunden. Wie wäre es mit einem herrlichen Wannenbad am Morgen, wenn Ihre Lieben das Haus verlassen haben? Wichtig: Genießen Sie es ohne schlechtes Gewissen! Sie werden es nicht für möglich halten, aber der Tag bekommt eine andere Qualität. Nicht nur Sie spüren die Entspannung, auch Ihre Mitmenschen profitieren von Ihrer guten Laune.

Sie mögen jetzt protestieren und sagen: «Ich brauche das nicht!» oder «Ich habe dafür keine Zeit!» Seien Sie mal ehrlich: Sind das nicht Ausreden? Haben Sie nicht so manches Mal jemanden beneidet, der sich die Zeit für sich selbst wert war und es sich gegönnt hat, sich etwas Gutes zu tun? Ein chinesisches Sprichwort sagt: «Beim Nichtstun bleibt nichts ungetan.» Manche sprechen von einer «schöpferischen Pause». Fakt ist: Durch Pausen sammeln wir neue Kräfte.

Einmal kam eine junge Kundin zu mir in die Praxis und sagte: «Meine Haut reagiert immer sensibler auf meine Psyche. Immer wenn ich im Stress bin und mir keine Zeit mehr gönne, kann ich förmlich zusehen, wie meine Haut nach Aufmerksamkeit ruft. Ich habe das jetzt endlich verstanden. Ich allein bin für mich verantwortlich, und ich bin es mir jetzt wert, etwas für mich zu tun. Jedesmal nach der Behandlung fühle ich mich zufrieden, entspannt und profitiere noch Tage später davon. Immer wieder nehme ich mir vor, dass ab jetzt alles anders wird. Ich weiß, dass es nichts nützt, wenn ich es nicht in die Tat umsetze. Ich werde mir jetzt regelmäßig eine Auszeit nehmen, um bei Kräften zu bleiben.»

Wichtig ist, dass wir immer auf uns achten, damit es uns gut geht. Es ist zwar auch wichtig, sich um andere Menschen und deren Gefühle zu kümmern, aber in erster Linie müssen wir für uns Sorge tragen. Und damit es uns gut geht, müssen wir manchmal Grenzen setzen. In gewissen Situationen müssen wir einfach Sorge tragen für uns, indem wir Entscheidungen zu unseren Gunsten treffen.

∞

AFFIRMATION:
Ich lasse das Gefühl und das Bedürfnis,
mich immer für andere Menschen verantwortlich zu fühlen, los.
Ich ziehe die Grenzen, die ich ziehen muss.

∞

SELBSTVERANTWORTUNG ÜBERNEHMEN

Eine Kursteilnehmerin erzählte kürzlich: «Mir haben die Fünf »Tibeter«-Übungen geholfen, ein neues Verständnis von Eigenverantwortung zu entwickeln. Ich habe durch die Übungen gelernt, mir die Zeit zu nehmen, ohne ein schlechtes Gewissen zu bekommen.» Erst wenn wir lernen, das eigene Verantwortungsgefühl für uns zu entdecken, und erst wenn wir es uns wert sind, uns die Zeit für unsere Bedürfnisse zu nehmen, ohne ein schlechtes Gewissen zu haben, können wir eintauchen in die Welt des Wohlfühlens. Nur dann wird uns bewusst, was wir in unserem täglichen Leben verändern können, und wir fangen an, es zu leben. «Die Fünf »Tibeter« haben mein Bewusstsein verändert», sagte eine andere Kursteilnehmerin. «Sie haben mich dabei unterstützt, neue Wege zu gehen. Durch sie habe ich auch gelernt, das richtige Maß zwischen Anspannung und Entspannung zu finden. Vorher konnte ich meine Bedürfnisse nicht erkennen, um sie in mein Leben zu integrieren.» Wir fühlen und spüren nun ganz spontan, was uns jetzt im Augenblick gut tun würde. Wir fangen an, unseren Freiraum in das tägliche Leben einzubauen.

Um an diesen Punkt zu kommen, müssen wir in der Regel einen weiten Weg gehen. Auch ich war es mir lange nicht wert, etwas Gutes für mich zu tun, und stand deshalb immer unter Zeitdruck. Wohl fühlen passte noch nicht in mein Programm. Anderen etwas Gutes zu tun, ist viel einfacher. Ich musste erst an meine Grenzen kommen, damit eine radikale Veränderung in meinem damaligen Leben passierte. Bei mir war es ein Hörsturz, entstanden durch beruflichen und familiären Druck. Durch meine Bewusstseinsveränderung hat sich seitdem in meiner Praxisführung und in meinen Behandlungen vieles verändert, aber auch in meinem Leben überhaupt. Gut zu mir zu sein, mich liebevoll und respektvoll zu behandeln und genau diesen Respekt und die Liebe dann an andere Menschen weiterzugeben, das ist zu meiner Lebensprämisse geworden, und ich setze sie in meiner Arbeit mit Menschen um.

Nur wenn ich mich selbst annehme, kann ich mit anderen besser umgehen, weil ich mehr Verständnis habe. Ich arbeite jetzt ohne Zeitdruck und mit Freude im Herzen. Als Dankeschön erhalte ich die Zufriedenheit meiner Kunden. Immer öfter höre ich von ihnen: «Ich habe mich riesig auf diesen Tag und die Behandlung gefreut und mir die Zeit frei gehalten, damit ich kommen kann.»

EXKURS 2: IN DER STEINWÜSTE SINAI

Die Kraft, uns für eine Sache zu entscheiden, erhalten wir aus der Stille, wenn wir den Verstand zur Ruhe kommen lassen. Manchmal ist es hilfreich, sich erst einmal eine Auszeit zu nehmen, um wieder Abstand zu bekommen und einiges neu zu strukturieren. Auf diese Weise fand ich den Mut, neue Wege zu gehen, dabei auf meine innere Stimme zu hören und Grenzen zu überschreiten. So kam es auch zum «Abenteuer Wüste Sinai».

Meine Entscheidung, noch einmal in die Wüste zu gehen, entstand im Zentrum der Stille. Allerdings musste ich einige Umwege gehen, um der Stimme tief in meinem Herzen Glauben zu schenken und zu akzeptieren, dass es wieder einmal so weit war, mich auf den Weg zu machen, um etwas in meinem Leben zu bewegen. Einiges war wieder festgefahren. Um aus diesem Trott herauszufinden, brauchte ich Abstand, eine andere Sichtweise.

Damals litt ich unter extremen Höhenängsten und hatte außerdem Probleme mit meiner Hüfte. Die amerikanische Autorin Louise Hay sagt, die Hüfte trage den Körper in vollkommenem Gleichgewicht. Sie sei der wichtigste Aspekt bei jeder Art von Vorankommen. Hüftprobleme bedeuteten Angst, bei wichtigen Entscheidungen vorwärts zu gehen.[8]

Trotzdem entschied ich mich für eine Treckingtour mit Beduinen und Kamelen durch das Sinai-Hochgebirge. Ohne meinem Verstand Raum zu lassen, was den finanziellen Aspekt betraf, buchte ich zusätzlich eine Woche zum Ausruhen am Roten Meer. Meine innere Stimme sagte mir, dass ich diese anschließende Woche dringend nötig haben würde. Ich wusste, dass die Reise mich auf meinem Lebensweg wieder ein Stück weiterbringen und mir zu mehr Klarheit verhelfen würde.

Mir wurde schon etwas mulmig bei dem Gedanken, hohe Berge zu besteigen. Doch ich spürte auch so etwas wie Neugierde und Unternehmungslust. Der Reiseveranstalter machte in seiner Broschüre darauf aufmerksam, dass gute Kondition Voraussetzung sei, da täglich ein Höhenunterschied von dreihundert bis fünfhundert Metern zu bewältigen sei, und das mit bepackten Kamelen. Dennoch: Ich spürte die Kraft, diese Reise anzutreten, und meldete mich sofort an. Noch heute höre ich die vielen Wenns und Abers meiner Familie und Freunde. Die politische Lage auf der Sinai-Halbinsel war ziemlich angespannt, und in Luxor hatte es gerade einen Terroranschlag auf Touristen gegeben …

Schon am Flughafen werden wir von Wachposten des ägyptischen Militärs erwartet. Wir begegnen immer wieder Soldaten, gehen durch unzählige Passkontrollen, bis zur Wüste. Mit ihren schroffen Felsen und ausgetrockneten Flussbetten *(Wadis)* erscheint die Sinai-Wüste wie eine riesige Mondlandschaft. Man bekommt das Gefühl, Sand und Stein wären eins. Das erste Treffen mit den Beduinen und der Karawanenführerin ist sehr herzlich. Die Kamele werden mit unseren Lebensmitteln und unserem Gepäck bepackt.

Jetzt soll es losgehen. Ich spüre, wie mein Herz klopft, fühle mich irgendwie beengt. Die anfängliche Angst und das Unbehagen lösen sich nach und nach auf. Mit jedem Schritt verschwinden sie mehr, denn das, was ich zu sehen bekomme, ist überwältigend, nicht in Worte zu fassen. Eine raue Bergwelt, wie ich sie noch nie gesehen habe, in allen Formationen und Farben, Grün, Rosa, Weiß.

Ich verbringe die erste Nacht unter freiem Sternenhimmel, mit dem allgegenwärtigen Geräusch der äsenden und schnaufenden Kamele um mich herum. Am Himmel leuchten die Sterne und der Mond, der langsam hinter einem Berg verschwindet. Nun ist es stockdunkel um uns herum. Nur noch das leise Murmeln der Beduinen, die am Lagerfeuer sitzen, ist zu hören.

Morgens habe ich beim Aufstehen wieder Schmerzen in der Hüfte. Ich suche mir einen Platz, an dem ich die Fünf »Tibeter«-Übungen machen kann, versteckt hinter einigen großen Felsen. Die Ruhe erfüllt mich, und ich spüre Dankbarkeit in mir aufkommen dafür, dass ich meiner inneren Stimme gefolgt bin, meiner Sehnsucht nachgegeben habe, in die Wüste zu gehen, trotz Höhenängsten und Schmerzen.

Das Frühstück: Brot, gebacken in der Glut des Feuers, dazu etwas Schafskäse, Oliven und ein köstlicher Tee aus Kräutern, die die Beduinen im Laufe des Tages sammeln und in ihren großen Gewändern verschwinden lassen, um ihn uns dann bei der Teepause zu kredenzen.

Nach dem Bepacken der Kamele ziehen wir weiter. Die Temperatur ist jetzt schon auf dreißig Grad angestiegen. Wir wollen heute auf den alten Kamelwegen fünfhundert Höhenmeter überwinden. Beim Aufstieg spüre ich wieder die Schmerzen in der Hüfte. Ich bitte die Schöpferkraft um gute Energie und genügend Kondition für den kommenden Tag. Auch die täglichen Übungen der Fünf »Tibeter« versorgen mich mit Energie. Mittlerweile ist die Temperatur auf siebenunddreißig Grad gestiegen, und es gibt keinen Schatten, denn wir müssen im ausgetrockneten Flussbett gehen, bis wir auf den Weg stoßen, der uns über das Gebirge bringen soll.

Je höher wir kommen, desto kühler wird es. Sehr angenehm. Doch die Wege werden immer steiler. Nicht nur wir Menschen haben Probleme damit, sondern auch die schwer bepackten Kamele, die auf den glatten Felsplatten immer wieder abrutschen. Jeder von uns führt sein eigenes Kamel samt Gepäck. Wir sind dabei, einen Pass in atemberaubender Höhe zu überqueren. Die Kamele klettern wie Gazellen die engen und steilen Felswege hinauf. Auf diesen Wegen hat man schon seit Jahrhunderten die Handelswaren in die verschiedenen Täler gebracht. Vor und hinter mir höre ich immer wieder die lauten Anweisungen und Befehle der Beduinen, auf die Kamele zu achten. Ich spüre die Verantwortung, die auf mir liegt, und komme ins Schwitzen.

Die Wege werden immer schmaler, und es geht immer höher. Bei diesen Schwindel erregenden Höhen komme ich an meine Grenzen. Ich bin erschöpft, und meine Hüfte schmerzt stärker denn je. Was ist, wenn die Schmerzen noch schlimmer werden? Wir sind so weit entfernt von jeglicher Zivilisation! Am liebsten möchte ich die Verantwortung für mein Kamel abgeben, aber in dieser Situation ist das nicht möglich. Ich bitte das Universum um Durchhaltevermögen, Kraft und innere Ruhe.

Endlich haben wir den Pass erreicht. Welch wunderschöner Ausblick! Doch so recht kann ich mich nicht daran erfreuen. Es geht ja weiter, wenn auch hinunter. Bei aller Erschöpfung spüre ich in mir einen gewissen Stolz, nicht aufgegeben zu haben und dabei wirklich an meine Grenzen gekommen zu sein.

Beim Hinuntersteigen kommt mir alles leichter vor; selbst die Kamele lassen sich besser führen. Unser Nachtlager schlagen wir zu Füßen des Djerbel-Berges auf, eines schroffen, steilen Riesen. Morgen wollen wir ihn ohne die Kamele besteigen. Ich will diesen Berg bewältigen, meine letzten Grenzen überwinden, egal, was passiert. Meine Hüfte macht mir Schwierigkeiten, sodass ich die Strecke wahrscheinlich nur mit Müh und Not zurücklegen werde. Ich frage mich immer wieder, was das alles für mich zu bedeuten hat.

Später entferne ich mich vom Lager und genieße die Abendstille. Ringsherum sind wir von Bergen umgeben. Früher hätte ich deswegen ein beklemmendes Gefühl gespürt, aber jetzt flößen mir die Berge ein starkes Vertrauen ein. Etwas weiter entfernt sehe ich einige Kamele, die sich jetzt von den Strapazen des Tages ausruhen dürfen. Ich mag diese Tiere, sie haben etwas Majestätisches und sind sehr sensibel. Wenn man ihr Vertrauen gewinnt, kommen sie ganz nah heran. Ich locke meinen Wegbegleiter zu mir und spreche mit ihm. Er gibt mir das Gefühl, dass er mir zuhört.

Das Licht verändert sich. Die Sonne verschwindet langsam hinter einem der Gebirgsriesen, Dunkelheit macht sich breit. In dieser allumgreifenden Stille im Außen sowie im Innern spüre ich wieder meine Mitte, aus der ganz klar die Antwort auf meine Frage zu hören ist. «Nur wenn du morgen schmerzfrei bist, wirst du den Djerbel besteigen!»

Nach dem Abendessen am Feuer sitzen wir noch lange mit den Beduinen zusammen. Ihre Lieder klingen geheimnis- und sehnsuchtsvoll. In dieser Nacht schlafe ich schlecht, wache mehrmals auf und spüre deutlich meinen schmerzenden Körper, insbesondere meine Hüfte. Ich bitte die göttlichen Kräfte um einen geruhsamen Schlaf und um Unterweisung für die Bergwanderung am nächsten Tag.

40

Morgens, es muss so gegen fünf Uhr sein, werde ich durch die Stimmen der Beduinen geweckt, die uns das Frühstück machen. Ich fühle mich schwach und müde. Das Aufstehen macht mir zu schaffen. Trotzdem ziehe ich mich zurück, um die Fünf »Tibeter« zu praktizieren. Danach spüre ich ganz klar, dass ich den Berg nicht besteigen werde.

Das Universum hat seine eigenen Gesetze. Mein Ego hat kapituliert und die Kontrolle aufgegeben. Alle außer mir und der Karawanenführerin machen sich auf den Weg zum Gipfel des Berges. Ich lege mich unter einen Felsvorsprung und ruhe mich aus. Im Laufe des Tages geht es mir zunehmend schlechter. Mein Magen und Darm rebellieren. Ich trinke nur noch Tee und abgekochtes Wasser – und das bei einer Temperatur von gut fünfunddreißig Grad.

Rückblickend kann ich feststellen: Auch wenn ich mich körperlich schlecht fühlte, war mein Geist doch klar. So konnte ich erkennen, was mir die momentane Situation sagen wollte: Dass ich für einen Neubeginn alles Alte loslassen muss. Magen-Darm-Probleme, wie ich sie hatte, zeigen das laut Louise Hay an.[9]

An jenem Abend ziehe ich mir meine «Lebensbaum-Karte» und bin über die Antwort nicht erstaunt. «Binah – Kraftzentrale». Die Karte zeigt mir meinen augenblicklichen Zustand und die Erkenntnis daraus, dass der Kosmos seine eigenen Gesetze hat. Das archetypische Bild ist eine reife Frau. Dazu gehören zwei Schutzengel. Der eine Engel passt als das «Auge des Gesetzes» auf, dass sich der Mensch innerhalb seiner Gesetze bewegt und so zur Erkenntnis gelangt. Der andere Engel unterstützt den Menschen darin, seinen eigenen Weg zu finden und zu erkennen, was jetzt wichtig ist. Er ist der Engel der Geduld und des Verstehens.[10]

Mir wird wieder einmal bewusst, dass ich Vertrauen in die kosmischen Gesetze haben kann. Und dass mir in diesem Vertrauen die zu lernenden Lektionen und Erkenntnisse zufließen, wenn ich mich öffne. Mir geht es von Tag zu Tag besser. Mit jedem Schritt habe ich das Gefühl, etwas Altes loszulassen. Ich spüre Zufriedenheit und Dankbarkeit in mir aufsteigen. Wir legen an manchen Tagen bis zu tausendfünfhundert Höhenmeter zurück. Trotz der Hitze und der Anstrengung empfinde ich ein Glücksgefühl, wenn ich auf den Höhen stehe, den Ausblick genieße und keine Angst mehr habe. Wir kommen an wunderschöne Plätze, an denen ich durch die Ruhe und Stille zu meinem Kraftpotenzial gelange, ohne viel dazu beizutragen. Die Kamele und die Beduinen tun durch ihre Anwesenheit, Einfachheit und Beständigkeit ein Übriges.

Immer wieder höre ich auf meine innere Stimme, die auf meine körperlichen Grenzen hinweist. Ich ruhe viel, schreibe und mache jeden Tag die

Fünf »Tibeter«, jetzt zusätzlich auch den sechsten – wenn es mir möglich ist, morgens und am Nachmittag. Die »Tibeter« helfen mir, wieder zu Kräften zu kommen.

Melody Beattie schreibt:

> Wenn uns ein bestimmter Mensch oder irgendeine Angelegenheit an den Rand der Verzweiflung bringt, geschieht genau das, wir werden an unsere Grenzen herangeführt. Wir können dankbar sein für die Lektion, die uns hilft, unsere Grenzen zu erforschen und zu setzen.[11]

Ich habe mich mit den Naturgesetzen der Wüste auseinander gesetzt, indem ich mich bedenkenlos und vertrauensvoll hingegeben habe. Wie herrlich die Oasen sind, die mitten in der rauen Steinwüste wie eine Fata Morgana auftauchen, wo man sich erfrischen und ausruhen kann! Wo man einfache Menschen trifft mit ihrer Freundlichkeit, Bescheidenheit und Gastfreundlichkeit. Eine Einladung zum Tee oder frisch gebackenem Brot bedeutet für die Beduinen immer auch die Einladung, nach Hause zu kommen.

Die Temperaturen klettern immer höher, es sind jetzt ungefähr achtunddreißig Grad. Selbst den Beduinen macht diese Hitze hier oben im Hochgebirge zu schaffen. Wir verlassen jetzt langsam die Höhen, gehen wieder alte Kamelwege, die immer in einem Wadi enden, wo dann auch im Schatten der Felsen das Nachtlager aufgeschlagen wird. Nun freue ich mich darüber, dass die Reise sich dem Ende nähert. Dass ich meine Grenzen kennen gelernt und auf meine innere Stimme gehört habe.

Nach einer endlosen und strapaziösen Wanderung im Flussbett erwartet uns hinter einer Felsformation eine Fata Morgana. Ein gedeckter Tisch wie im Garten Eden mit frischem Obst, Brot, Salaten und frischem kühlen Wasser. Die Zivilisation hat uns wieder! Ein Range Rover steht bereit. Er wird uns zu unserem Hotel am Meer fahren. Mein Geschenk, das ich mir selbst gemacht habe, erwartet mich: eine Woche Erholung und Besinnung am Roten Meer. Noch heute sehe ich mich unter einem Palmendach liegen und auf das türkisfarbene Meer schauen und spüre die leichte Brise, die angenehm über mein Gesicht streicht.

DIE KREATIVE POWER LEBEN

Eine langjährige Kundin und Fünf »Tibeter«-Anwenderin kam in meine Praxis. Sie strahlte, wirkte gelöst und zufrieden. Sie erzählte mir, dass eine ältere Freundin bei einem Marathon mitgelaufen sei. Das hatte ihr imponiert. Ihre innere Stimme sagte zu ihr: «Das schaffst du auch!» Sie begann, täglich zu trainieren, und der anfängliche Zweifel verschwand allmählich. Die Idee, ebenfalls Marathon zu laufen, begeisterte sie immer mehr. Sie wollte sich beweisen, dass sie auch den Mut hatte, etwas Neues zu tun. Sie hatte es satt, dass ihr Alltag immer nach dem gleichen Schema ablief. Also folgte sie ihrer Intuition und lief den Marathon bis zum Ende mit. Herzlichen Glückwunsch!

Ich stelle immer wieder fest – bei Klienten, Seminarteilnehmern und auch bei mir selbst –, dass uns irgendeine Idee, eine besondere Motivation beflügeln muss, die bisherigen Grenzen in unserem Leben zu überschreiten. Nur so ändert sich wirklich etwas. Wir haben zwar immer wieder gute Vorsätze. Doch mit der Umsetzung klappt es meist nicht so recht. Solange wir uns auf vertrautem Terrain bewegen, kann uns ja kaum etwas passieren. Wir haben alles mit unseren bisherigen Möglichkeiten im Griff. Aber wollen wir das wirklich? Ist da nicht auch eine tiefe Sehnsucht nach dem Unbekannten, völlig Neuen? Doch was passiert, wenn wir dieser Sehnsucht wirklich folgen? Vielleicht fallen wir beim ersten Mal auf die Nase. Na und? Wir sind trotzdem ein Stück weitergekommen, raus aus unserem alten, vertrauten Trott. Je mutiger wir weitergehen, desto selbstbewusster werden wir. Glauben Sie mir, die anderen sehen das und bewundern Sie. Schöpfen Sie Ihre Power voll und ganz aus.

Wir müssen selbst Verantwortung für uns, unseren Körper und unsere Seele übernehmen, damit es uns gut geht. Leider müssen wir oft erst schmerzlich daran erinnert werden, um neue Wege zu gehen und zu erkennen, dass die Kraft aus der Ruhe und Besinnung kommt. Durch die Verantwortung, die wir für uns übernehmen, wird wieder Energie für den nächsten Schritt freigesetzt. Wenn ich nach oben wachse, muss ich die Wurzeln fest im Boden verankern.

Bei einer lieben Freundin, die ich lange nicht gesehen hatte, fiel mir die Power auf, die sie ausstrahlte. Jahrelang war sie fürsorgliche Mutter und treue Ehefrau gewesen. Ihr ganzes Denken und Handeln hatte sich auf die Familie konzentriert. Nur selten konnte sie sich ihrer wahren Leidenschaft widmen, dem Malen. Nachdem ihre Kinder schließlich das Haus verlassen hatten, bekam sie das Angebot, einen kleinen Laden zu übernehmen, wo sie ihre Bilder und Kunstobjekte ausstellen und verkaufen konnte. Nach kurzer Bedenkzeit sagte sie zu. «Ich vertraue meiner Intuition, ich spüre, dass ich es machen muss, denn Malen und Kunst, das ist mein Leben!» (Ich sehe dabei das Funkeln in ihren Augen.) Kurze Zeit später bekam ich eine Einladung zur Eröffnung ihres Ateliers.

Kennen Sie diesen Moment, wenn eine leise Stimme Ihnen zuredet, etwas Neues auszuprobieren, der Verstand Ihnen jedoch sagt: «Lass die Finger davon, oder willst du dich blamieren? Du kannst das doch gar nicht!» Kapitulieren Sie nicht vor solchen Gefühlsschwankungen. Beginnen Sie, Ihr Selbstwertgefühl zu stärken. Akzeptieren Sie das kleine ängstliche Kind in Ihnen, nehmen Sie es an die Hand, und reden Sie ihm gut zu.

✍

AFFIRMATION:
Ich bekomme die Kraft und die Stärke,
um neue Wege zu gehen.
Ich bin voller Vertrauen.
Ich höre auf meine innere Stimme
und probiere etwas Neues aus.

✍

LIEBE ZULASSEN

Liebe ist nicht einfach
nur ein Wort oder ein Gefühl.
Sie ist Kraftquelle!
Sie ist Energie!

KRYON

Einmal kam eine Klientin, die ich schon lange kannte, zu mir in die Praxis. Seit Jahren litt sie immer wieder unter gravierenden Hautproblemen. Nun fiel mir ihr strahlendes Gesicht auf. Es war ein inneres Strahlen, das sich deutlich sichtbar auf die Haut auswirkte. Hautirritationen waren nicht mehr zu sehen. Die Haut sah gut durchblutet aus, und die Gesichtszüge waren entspannt. Auch körperlich hatte sie sich verändert. Der Gang wirkte leicht und beschwingt. Es war eine Freude, sie anzusehen. Sie erzählte, dass sie ihrer großen Liebe begegnet und noch nie so glücklich gewesen sei. In ihrem Fall stimmte der alte Spruch: Liebe macht schön!

Die Liebe ist in uns, sie ist unser Zentrum. Der erste Schritt, das zu erkennen, ist, dass wir unser Bedürfnis nach Liebe wahrnehmen und auch zeigen.

44

Es gibt zwei Grundgefühle, und zwar Liebe und Angst. Wenn du liebst, hast du keine Angst, und wenn du Angst hast, kannst du nicht lieben. Angst entstellt immer unsere Wahrnehmung und verwirrt uns in Bezug auf das, was geschieht. Liebe bedeutet die totale Abwesenheit von Angst. Liebe stellt keine Fragen.[12]

SELBSTBILDER AUFLÖSEN

Wir sehnen uns nach mehr Selbstbewusstsein und Souveränität. Doch wir stehen uns oft selbst im Weg durch unsere unbewussten negativen Vorstellungen und Selbstbilder. Erst wenn wir uns mit allen Aspekten unseres Ichs annehmen und akzeptieren, wird unser Selbstbewusstsein stärker und stabiler. Wir trennen dabei nichts ab, das zu uns gehört, sondern integrieren es. Das bedeutet Weiterentwicklung: den eigenen Weg entdecken und ihn dann gehen, ohne sich von anderen beeinflussen zu lassen.

Dazu gehört es, alte Verletzungen, Blockaden und Selbstbilder in uns wahrzunehmen, um sie neu in unser Leben zu integrieren. Wenn wir Verbindung mit unserer Innenwelt aufnehmen, um Altes zu verarbeiten, entsteht immer mehr Klarheit darüber, was wir wollen. Das gibt Zufriedenheit, und erst dadurch entsteht Ausstrahlung. Damit lassen wir auch Erwartungen los, die wir in Bezug auf andere haben. Natürlich, wir möchten uns an einer Schulter anlehnen, sehnen uns nach Liebe und Verständnis. Doch sind wir uns erst einmal der eigenen Stärke bewusst, dann begreifen wir auch, dass die Schulter des anderen uns letztlich nicht wirklich stützt, weil sie außerhalb von uns selbst ist. Und vor allem hilft es nicht, wenn wir unsere Koffer packen und allem entfliehen wollen. Es holt uns sowieso wieder ein!

In erster Linie geht es darum, sich so anzunehmen, wie man ist. Sich nicht zu bewerten und mit anderen zu vergleichen. Leicht gesagt! Leider ist es (in der heutigen Zeit) nicht so einfach, weil unsere Eltern und die Gesellschaft uns zahllose Wertvorstellungen einbläuen. Wir übernehmen sie, meist ohne sie je zu hinterfragen.

Immer wieder erlebe ich es in meiner Praxis, dass sich Frauen mit anderen vergleichen und sich negativ bewerten. Zu dünne Haare, zu dicker Po, die anderen sind besser, schlauer oder schöner! Dabei sind es oft die tollsten und intelligentesten Menschen, die damit Probleme haben.

Es nützt überhaupt nichts, wenn wir uns mit anderen vergleichen, sie schöner, attraktiver oder intelligenter finden. Stattdessen sollten wir unserer Weiblichkeit, unserem Frau-Sein die Chance geben, sich zu entwickeln. Wir sollten es anerkennen und leben. Dann hungern wir auch nicht mehr nach dem «wirklichen» Leben und nach Erfüllung, fühlen uns von der Natur nicht mehr vernachlässigt.

AFFIRMATION:
Ich blicke auf das Licht,
das alle Schatten überwinden und mich befreien wird.
Eine solche Freiheit bedeutet Frieden
des Verstandes und des Herzens,
Glück und Fülle in all dem, was nötig ist.
Ich bin im Licht.
Ich bin frei.
Alle meine Bedürfnisse werden erfüllt.
Ich bin fähig, meine Liebe zu sehen.
Ich werde, was ich bin – Liebe.

DAS INNERE KIND WAHRNEHMEN

Über Ängste und ein mangelndes Selbstwertgefühl schreibe ich aus schmerzlicher eigener Erfahrung. Nur dadurch, dass ich den Kontakt zu meinem inneren Kind fand, erkannte ich, warum ich mich so oft allein und unverstanden fühlte. Warum sich mein Selbstwertgefühl in bestimmten Situationen und bei bestimmten Menschen in Nichts auflöste und nur noch Selbstzweifel und Minderwertigkeitsgefühle da waren.

Die meisten unserer Verhaltensmuster wurden in unserer Kindheit geprägt und beherrschen unser ganzes Leben. Alle Erinnerungen, ob gut oder schlecht, werden im Unterbewusstsein gespeichert, und in gewissen Lebenssituationen kommen sie wieder zum Vorschein.

Ich erinnere mich an viele Situationen aus meiner Kindheit, die mein Leben geprägt haben. Da ich als Kind schon früh Verantwortung für mich selbst und meine behinderten Eltern übernehmen musste, fühlte ich mich oft überfordert und allein gelassen. Und dieses Gefühl kehrte immer wieder zurück. Erst als ich als erwachsene Frau mein inneres Kind wahrnehmen und ihm die gebührende Achtung geben konnte, begann in mir ein Gefühl von innerer Freiheit und Leichtigkeit zu wachsen.

Etliche Therapeuten und Heiler arbeiten heute mit dem inneren Kind, so auch Malcolm Southwood, der mich in seinen Seminaren anleitete. Indem wir uns mit unserem inneren Kind verbinden, mit ihm sprechen, es trösten, auf seine Stimme hören, können wir uns von alten Glaubenssätzen befreien, die uns auf unserem Lebensweg behindern.

In einer bestimmten Situation fühlte ich mich mal wieder unverstanden, nicht geliebt und nicht gesehen. Das trotzige, ängstliche Kind in mir wollte sich schmollend zurückziehen. Ich war nicht imstande, klar zu denken und aus dieser misslichen Lage herauszukommen. Also fuhr ich zu einer lieben Freundin, die die Zeit fand, mir zuzuhören, mich in den Arm nahm und einfach nur für mich da war. Sie sagte: «Nimm doch mal dein inneres Kind in den Arm, tröste es. Frag es, was es im Moment gerade braucht, damit es ihm wieder gut geht. Nimm es ganz wahr, akzeptier seine Bedürfnisse, verbinde dich mit ihm. Denn das bist du doch selbst!»

Ich spüre mein inneres Kind ganz deutlich, wenn ich mit meinem Hund oder mit Kindern spiele. Sie locken das kleine, kecke Mädchen in mir hervor, das beim Spielen Freude und Spaß hat. Dann treten alle Sorgen oder Gedanken in den Hintergrund, und ich kann erkennen, dass mein Leben nicht nur aus Pflichten besteht, sondern dass da auch viel Freude und Leichtigkeit ist.

Wenn ich mich meinem inneren Kind zuwende und auf seine Bedürfnisse eingehe, findet sich oft eine Lösung für das gerade anstehende Problem. In solchen Momenten entsteht in mir der Wunsch, mir eine Freude zu machen. Vielleicht mit einem schönen Blumenstrauß! Oder mit einem Spaziergang! Je nachdem, was sich mein inneres Kind gerade wünscht.

Können Sie sich an Ihre Kindheit erinnern? Sind es gute oder nicht so gute Erinnerungen? Waren Sie ein glückliches Kind? Wie sehen Sie sich? Wussten Sie, dass die Kindheit zum größten Teil unser Leben im Erwachsenenalter bestimmt? Das Kind lebt in uns allen weiter. Doch wir schenken ihm keine Beachtung mehr, gehen nicht auf seine Wünsche und Bedürfnisse ein.

Vielleicht kennen Sie auch Momente, in denen Sie sich hilflos fühlten, Angst hatten vor dem Alleinsein, sich nicht geliebt wähnten, sich sagten: «Ich schaffe das nicht!», «Ich bin nicht intelligent», «Ich bin es nicht wert, dass man mich mag.» In solchen Momenten ist es wichtig, auf sein inneres Kind einzugehen. Doch viele ignorieren das kleine Mädchen oder den kleinen Jungen in sich, weil es oder er sie an ihre schmerzvolle Kindheit erinnert.

Eine Kundin hat sich zu einer kosmetischen Wohlfühlbehandlung angemeldet. Bei diesen Behandlungen lasse ich mich ganz auf mein Gegenüber ein. So nehme ich den anderen in seiner ganzen Präsenz wahr, mit all seinen

Bedürfnissen, Wünschen oder Erwartungen, die er an mich oder an sich selbst hat. Ich nehme mir Zeit zuzuhören, und so entwickelt sich dann individuell für jeden Kunden der Behandlungsablauf.

Die Kundin, über die ich berichten möchte, ist zweiundvierzig Jahre alt, verheiratet und hat drei Kinder. Ihr äußeres Erscheinungsbild sagt viel – ihre Haut ist gerötet und gereizt. Sie hat deswegen schon viele kosmetische und medizinische Behandlungen hinter sich, doch es trat keine Besserung ein.

Ich lasse sie erzählen und nehme schon nach kurzer Zeit das kleine Mädchen in ihr wahr. Sie sagt, sie sei ein ungewolltes und ungeliebtes Kind gewesen, habe nie Wärme und Liebe in ihrer Kindheit erfahren. Sie wurde oft mit Nichtachtung bestraft, wenn sie Anforderungen nicht gerecht werden konnte. Aus Mangel an Wärme und Liebe aß sie alles, was ihr schmeckte. Sie hört heute noch die vorwurfsvollen Worte ihrer Mutter: «Iss nicht so viel, du bist viel zu dick!» Oder: «Guck doch mal in den Spiegel, wie du aussiehst!»

Die Klientin hat das kleine Mädchen in sich immer ignoriert und ihm keine Beachtung geschenkt. Wünsche und Bedürfnisse hat sie stets unterdrückt. Doch in ihrem Unterbewusstsein ist alles abgespeichert, und in bestimmten Situationen wird es abgerufen.

So ist in ihrer Ehe genau das eingetreten, was sie aus ihrer Kindheit kennt. Sie fühlt sich von ihrem Ehemann oft nicht verstanden und nicht geliebt und tröstet sich dann mit Süßigkeiten. Die Folge: Ihr Mann straft sie mit Missachtung und macht ihr Vorwürfe – sie sei zu dick, nicht attraktiv genug und entspreche seinem Idealbild von einer Frau nicht.

Wieder spürt sie den alten Schmerz aus ihrer Kindheit, dass sie nicht den Ansprüchen der anderen genügt, und belohnt sich mit unkontrolliertem Essverhalten. Dabei ist es ihr egal, dass sie immer unförmiger wird, denn sie kann es ihrem Ehemann ja doch nicht recht machen. Und sie leidet weiter. Sie fühlt sich immer unattraktiver, mag nicht mehr in den Spiegel schauen und fühlt sich minderwertig.

Während der Wohlfühlbehandlung kann sie sich nicht wirklich fallen lassen und die Behandlung genießen. Bei der abschließenden dekorativen Kosmetik vermeidet sie den Blick in den Spiegel. Ich empfehle ihr, sich mit ihrem inneren Kind in Verbindung zu setzen.

Es gibt viele verschiedene Möglichkeiten und Übungen, um Kontakt mit dem inneren Kind zu bekommen – allein oder unter therapeutischer Anleitung. Mir hat das Erzählen und Aufschreiben meiner Kindheit unter therapeutischer Leitung und auch allein geholfen.

Die Fünf »Tibeter« helfen hier besonders gut, wenn man dabei auf sein Herzchakra achtet (siehe Seite 143).

≈≈≈

≈≈≈

Musiktipp
Shaina Noll: *Songs for the Inner Child*

Weitere Tipps
- Das innere Kind befreien: Tanzen Sie einmal für sich allein frei und wild, und schreien Sie dabei die Gefühle heraus.
- Wenden Sie dabei den tibetischen Atem an (siehe Seite 104).
- CDs: beispielsweise Gabriele Roth, Trommelmusik, Dynamische Meditation

VERTRAUEN ENTWICKELN

Vertrauen Sie darauf, dass alles gut *ist* – jetzt, in diesem Augenblick – und dass alles gut *wird*. Freuen Sie sich auf das Neue, das sich in Ihrem Leben auftut. Haben Sie Spaß am Leben. Es besteht nicht nur aus Pflichten. Werfen Sie die alten Ängste einfach weg. Engen Sie sich nicht ein mit strengen Vorschriften, die nur Sie allein sich auferlegt haben. Gehen Sie Schritt für Schritt und bewusst durch diesen neuen Abschnitt. Experimentieren Sie. Machen Sie sich keine Gedanken, was die anderen über Sie denken oder wie sie Sie sehen. Das ist nicht Ihre Sache, damit haben Sie nichts zu tun, und es sollte Sie auch nicht beeinflussen.

Seien Sie dankbar für das, was Ihnen das Leben bisher geschenkt hat. Seien Sie dankbar dafür, dass Sie Freunde und eine Familie haben, und zeigen Sie ihnen Ihre Dankbarkeit. Haben Sie Mut, und stehen Sie zu sich selbst. Leben Sie Ihre Gefühle, Träume, Wünsche und Hoffnungen, sonst besteht leicht die Gefahr, dass alles nur ein Traum bleibt.

WECHSELJAHRE –
SCHRECKGESPENST DES ALTERNS?

Die Wechseljahre, von Medizinern als *Klimakterium* bezeichnet, bedeuten für die meisten Frauen eine drastische körperliche und seelische Umstellung. Auch optisch gesehen findet eine starke Veränderung statt. Ich möchte zunächst auf einige der inneren und äußeren Begleiterscheinungen eingehen. Sie werden oft als sehr unangenehm empfunden. Doch es wird sich zeigen, dass die Fünf »Tibeter« gerade hier besonders gut wirken.

URSACHEN UND BEGLEITERSCHEINUNGEN

Die natürliche Ursache der Beschwerden in den Wechseljahren liegt in einer Einschränkung der Eierstock-Funktion. Mit Beginn der Wechseljahre, meist um das fünfzigste Lebensjahr herum, werden die Hormone Östrogen und Progesteron in immer geringeren Mengen produziert. Unter Östrogenen versteht man eine Gruppe von über zwanzig Hormonen. Östradiol, Östron und Östriol gelten als die wichtigsten Geschlechtshormone. Nebenbei haben sie noch andere Aufgaben im gesamten Organismus, wirken beispielsweise auf die Schleimhäute (Augen, Mund und Genitalbereich).

Östrogene und Progesteron greifen in vielfacher Weise in den Stoffwechsel ein:

• Sie fördern die Durchblutung und Elastizität der Haut und damit das jugendliche Aussehen.
• Sie tragen zur Stabilität der Knochen bei und hemmen den Knochenabbau.
• Sie verbessern die Durchblutung des Gewebes von Blase und Harnröhre und erhöhen deren Verschlussdruck.[13]

Weniger Östrogen und Progesteron bedeutet deutlich sichtbare Veränderungen, bedeutet Altern – das Schreckgespenst, vor dem sich so viele Frauen (und Männer) fürchten. Dazu kommen die Stimmungsschwankungen, die auch zum Leidwesen anderer immer wiederkehren. An einem Tag können wir Bäume ausreißen, am nächsten Tag nicht einmal einen Nagel in die Wand hauen. Viele Frauen fühlen sich in den Wechseljahren stark in ihrer Leistungsfähigkeit und Lebensqualität beeinträchtigt. Doch immer mehr Untersuchungen zeigen, dass Frauen, die in dieser Zeit aktiv sind, sich viel bewegen und auf eine gesunde Ernährung Wert legen, weniger unter den typischen Beschwerden der Wechseljahre leiden.

DIE FÜNF »TIBETER« IN DEN WECHSELJAHREN

Die regelmäßige Anwendung der Fünf »Tibeter« führt zu besserer Kondition und mehr Aktivität in den Wechseljahren. Das konnte ich bei zahlreichen Frauen in meinen Seminaren, Kursen und auf Wellness-Reisen beobachten. Viele Frauen, die die Fünf »Tibeter« in den Wechseljahren praktizieren, bestätigen, dass es ihnen damit besser geht. Das hat mit der Wechselwirkung zwischen den sieben Energiezentren und den sieben entsprechenden, lebenserhaltenden endokrinen Drüsen und deren Hormonfunktion zu tun. Sie regulieren den Körperhaushalt, steigern das Wohlbefinden und verlangsamen den Alterungsprozess. Die Fünf »Tibeter« können auf alle Begleiterscheinungen der Wechseljahre positiv einwirken. Sie helfen, verminderte und blockierte Lebensenergie zurückzubekommen.

Im Folgenden möchte ich an einigen Beispielen aus meiner Praxis zeigen, wie Frauen mit den unterschiedlichen Problemen der Wechseljahre sinnvoll und effektiv umgehen können.

Hitzewallungen

Kaum etwas ist typischer für die Wechseljahre als die aufsteigende Hitze, die uns so manchen Schlaf raubt. Morgens fühlen wir uns dann energielos und entsprechend missgestimmt. Eine Klientin kam zur kosmetischen Behandlung zu mir. Sie litt unter starken Hitzewallungen, depressiven Verstimmungen und innerer Unruhe. Sie war wirklich verzweifelt. Ihre Probleme waren für mich auch im Gesicht deutlich erkennbar. Stark ausgeprägte Nasolabialfalten, um den Mund herum Trockenheitsfältchen und in der T-Zone (Stirn, Nase, Kinn) fettige und großporige Haut. Sie kam regelmäßig zur ganzheitlichen Kosmetikbehandlung, bei der ich auch gezielt auf ihre Atmung einging. Denn sie hatte Probleme damit, natürlich und tief zu atmen. Nach und nach vertraute sie sich dem natürlichen Atemrhythmus an. Begleitend dazu besuchte sie einen »Tibeter«-Workshop bei mir. Wenige Wochen später ging es ihr erheblich besser. Die Hitzewallungen kamen nur noch in großen Abständen, und sie konnte gelassener damit umgehen. Sie machte die Übungen regelmäßig und an manchen Tagen sogar zweimal.

Müdigkeit, keine Energie mehr

Etliche Frauen berichteten mir: «Ich habe das Gefühl, dass ich keine Energie mehr habe. Was ich vor kurzer Zeit noch mit Leichtigkeit geschafft habe, macht mir heute Probleme. Ich brauche die doppelte Zeit. Was ist das nur?» Oder: «Ich könnte nur noch schlafen. Die kleinste Anstrengung macht mich sofort müde. Die Hormonumstellung macht mir furchtbar zu schaffen.»

In den frühen Phasen der Menopause ist der Zustand der Erschöpfung zu etwa achtzig Prozent auf Schlaflosigkeit zurückzuführen. Die wird meist durch den gesunkenen Östrogen- und Progesteronspiegel ausgelöst. Zu zwanzig Prozent kann sie jedoch durch einen Abfall im Testosteronspiegel bedingt sein. Testosteron ist das Hormon, das Tatkraft verleiht und sexuell stimuliert. Im ersten Fall helfen die fünf Riten, den allgemeinen Energiepegel zu heben und die Schlaflosigkeit zu reduzieren. Für den zweiten Fall kann speziell der sechste »Tibeter« helfen. Bei den meisten Frauen schwindet übrigens das extreme Müdigkeitsgefühl in der Mitte der Menopause, und das Leistungsvermögen nimmt wieder zu.[14]

Sexualität

Immer noch kursiert das Gerücht, dass in den Wechseljahren die Sexualität zum Erliegen komme. Es ist zwar richtig, dass der Körper der Frau in den Wechseljahren auf sexuelle Erregung anders reagiert als ein «jugendlicher» Körper. Es ist auch richtig, dass einige Hindernisse aus dem Weg geräumt werden müssen, um eine erfüllte Sexualität leben zu können (z. B. das Austrocknen der Schleimhäute in der Vagina). Karin Burk, eine naturheilkundliche Ärztin, erklärte mir: «Heute ist es möglich, mit natürlichem Testosteron die Libidokraft der Frauen zu stimulieren und so ein befriedigendes Sexualleben zu erleben, z. B. mit einer hormonhaltigen Vaginalcreme oder Gleitcremes auf Wasserbasis.» Mein zusätzlicher Tipp: Praktizieren Sie drei- bis viermal pro Woche den sechsten »Tibeter«.

Stimmungsschwankungen und empfindliche Haut

Eine Frau in den Wechseljahren, eine langjährige Kundin, die ich als sehr ausgeglichen und lebensbejahend kenne, vertraute mir an: «Ich bin so empfindlich und verletzlich. Alles nehme ich mir zu Herzen. Auch meine Haut leidet.» Deshalb empfahl ich ihr die Fünf »Tibeter«. Schon nach kurzer Zeit fühlte sie sich besser. Ihre Haut beruhigte sich deutlich.

Hormonell bedingte Veränderung der Haut

Eine Achtundsechzigjährige sagte zu mir: «Ich habe zwar festgestellt, dass sich meine Hautstruktur verändert hat und ich mehr Falten bekommen habe, aber ich stehe dazu. Ich bin keine Dreißig mehr und möchte es auch nicht sein. Ich bin zufrieden und freue mich, dass ich gesund bin.» Das ist die innere Zufriedenheit, die auch noch im hohen Alter schön macht.

52

Östrogene und Progesterone können das nicht bieten. Doch immerhin: Sie machen die Haut fester. Das Östrogen erhöht den Kollagenanteil, was die Feuchtigkeit in der Haut hält und eine Austrocknung der Haut verhindert. Karin Burk empfiehlt: mehr Soja (enthält Östrogen) und Fenchel (enthält Progesteron) essen.

Ödeme (Wasseransammlungen)

Eine andere langjährige Fünf »Tibeter«-Praktizierende stellte fest, dass die Wasseransammlungen und die Schwere in den Beinen durch die Übungen seltener geworden sind. Der Lymphfluss wird durch die Fünf »Tibeter« begünstigt. Begleitend dazu empfehle ich: kalte und warme Wechselbäder, eine Lymph-entstauende Creme aus der Apotheke, keine Säuren, Verzicht auf Kaffee, Alkohol, Nikotin. Wasseransammlungen entstehen u. a. aus Progesteronmangel. Eine therapeutische Behandlung mit Progesteron-Creme 6 % kann hilfreich sein. Natürliches Progesteron ist in der Yamswurzel.

Harninkontinenz und der Beckenbodenmuskel

Viele Frauen leiden in den Wechseljahren an Harninkontinenz. Das hat u. a. mit dem Beckenbodenmuskel zu tun. Er ist mit für die Blase verantwortlich, da er viele Östrogenrezeptoren besitzt. Hormonelle Veränderungen führen oft zu Überbelastungen der Beckenbodenmuskulatur. Schwankungen im Hormonspiegel reizen die Nerven, speziell die «Sakralnerven», die das Becken und seine Organe steuern. Das führt dazu, dass man den Drang verspürt zu urinieren. Sind dann noch die Beckenbodenmuskeln durch eine falsche Haltung entzündet, kann das zu Problemen führen, meint Richard Schmidt, Professor für Urologie an der University of California Medical School in San Francisco.

Ende der Vierzigerjahre entwickelte der Arzt Arnold Kegel Übungen zur Eindämmung der Harninkontinenz. Diese Übungen betreffen den PC-Muskel *(pubococcygeus)*, der sich vom Schambein zum Steißbein zieht. Ich empfehle bei allen »Tibeter«-Übungen einschließlich des sechsten das Zusammenziehen des PC-Muskels. Wenn Sie die »Tibeter« regelmäßig praktizieren, stärken Sie den PC-Muskel und beugen damit einer vorzeitigen Erschlaffung des Muskels und einer Harninkontinenz vor.

Richtige Ernährung: Phytoöstrogene

Neue Studien der Deutschen Homöopathie-Union zeigen, dass auch Phytoöstrogene bei Beschwerden im Klimakterium positiv wirken können. Phytoöstrogene sind Substanzen in Pflanzen, die ähnliche, allerdings schwächere Wirkungen haben als die menschlichen Hormone. Es gibt zwei für den menschlichen Organismus wichtige Phytoöstrogene: Lignane und Isoflavone. In Sojabohnen und daraus hergestellten Produkten ist viel von dem Phythöstrogen Isoflavon enthalten. Darum sollten Sie gerade in den Wechseljahren ausreichend Soja essen.

Weitere Tipps
- Die *Cimicifuga racemosa* (Traubensilberkerze) lindert körperliche Beschwerden. Laut Professor Wuttke von der Göttinger Universitätsklinik hat die Traubensilberkerze als Hormonersatztherapie am besten abgeschnitten. Beispielsweise verbessert sie die Knochendichte und vermindert das Infarktrisiko.
- *Sepia* wirkt bei seelischen Beschwerden.
- *Ignatia* (Ignatiabohne) hilft bei Stimmungsschwankungen und innerer Unruhe.
- *Sanguinaria* (kanadische Blutwurzel) ist gut gegen Hitzewallungen und Herzrasen.

WAS HILFT WIRKLICH?

Es gibt verschiedene Therapien bei klimakterischen Beschwerden, mit oder ohne Hormone. Nicht jede Frau im Klimakterium möchte oder benötigt eine Hormontherapie. Das Ziel einer jeden Behandlung sollte die Linderung oder Beseitigung der körperlichen und seelischen Störungen sein, die Verlangsamung oder Verhinderung von Rückbildungserscheinungen im Bereich der Harn- und Geschlechtsorgane sowie die Verminderung des Risikos von Osteoporose (Knochenbrüchigkeit), Herzinfarkt und Arterienverkalkung (Arteriosklerose).

Ich habe lange gesucht und ausprobiert, was für mich das Beste ist. Da ich schon nach kurzer Zeit der Hormoneinnahme unter Gewichtszunahme, Spannungsgefühlen und Schmerzen in den Brüsten litt, setzte ich die Hormone ab. Ich fühlte mich aber nicht wohl in meiner Haut. Das Gespräch mit meiner Ärztin half mir, mich für eine hormonfreie Therapie zu entscheiden. Begleitend dazu mache ich regelmäßig meine Fünf »Tibeter«, manchmal auch zweimal am Tag. Die Übungen helfen mir, mit den hormonellen Begleiterscheinungen besser umzugehen.

Es ist ein neuer Lebensabschnitt, der auch viel Positives in sich birgt. Denken Sie nur an die Lebenserfahrung, die man erlangt hat! Ich kenne viele Frauen, die die Wechseljahre wie eine Entdeckungsreise zu sich selbst sehen, mit allen Konsequenzen. Darum ein wichtiger Hinweis: Informieren

Sie sich ausgiebig über diese neue Phase in Ihrem Leben! Vergleichen Sie sich und Ihren Körper nicht mit dem Ihrer Freundin oder eines jungen Mädchens. Stehen Sie zu sich.

Weitere Tipps
- Ziehen Sie sich nicht in sich zurück, von wegen: «Da muss ich allein durch!» oder «Mich versteht ja doch keiner!» Sprechen Sie mit Freundinnen, Ihrem Arzt oder Ihrem Partner. Ein Gespräch kann so viel bewirken! Nicht zuletzt, dass Sie und die Ihnen nahe stehenden Menschen besser verstehen, was in Ihnen vorgeht.
- Bewegen Sie sich. Am besten durch die Fünf »Tibeter«, Joggen, Gehen.
- Vermeiden Sie Stress. Das beste Gegenmittel ist Ruhe und Entspannung.
- Denken Sie wieder mehr an sich selbst. Gönnen Sie sich einen bestimmten Tag in der Woche, der nur Ihnen gehört, an dem Sie das tun, was Ihnen Spaß macht. Diese Zeit brauchen Sie für sich, um Ihren Energiepegel wieder aufzufüllen und Kraft und Wohlbefinden zu schöpfen.
- Gehen Sie oft in die Natur. Mit ihren vielen verschiedenen Grüntönen – Grün bedeutet Ruhe und Harmonie – wird die Natur Sie in Ihrem inneren Prozess unterstützen.
- Tun Sie, was Ihnen im Moment gut tut!
- Essen Sie viel Soja. Sorgen Sie für eine vitale und nährstoffreiche Nahrung.
- Sorgen Sie für ausreichenden Schlaf. Wenn Sie unter Schlaflosigkeit leiden, meiden Sie koffeinhaltige Getränke und schwere Mahlzeiten am späten Abend. Am besten essen Sie nach achtzehn Uhr nicht mehr. Bei Schlaflosigkeit hilft auch ein altbewährtes Hausmittel: ein Glas Milch. Und wenn das nicht wirkt, dann nehmen Sie «Herzgespann», ein pflanzliches Beruhigungsmittel, das gerade für Frauen in der Menopause empfehlenswert ist. Es trägt zum Gleichgewicht der Hormone bei.[15]

4

DIE HAUT –
SPIEGEL DER SEELE

Obschon man es sich
nicht kann träumen lassen,
das Geheimnis der Seele
je auszuschöpfen,
so scheint es mir doch
zu den vornehmsten Aufgaben
des menschlichen Geistes zu gehören,
unermüdlich um eine stets
sich vertiefende Erkenntnis
des seelischen Wesens sich zu bemühen.

C. G. JUNG

Die Haut ist das Barometer unserer Seele. Wenn wir unsere eigentlichen Wünsche und Gefühle nicht genügend beachten, macht sich das im Körper bemerkbar, vor allem in der Haut. Eine strahlend schöne und gesunde Haut setzt die Harmonie von Körper, Geist und Seele voraus.

Sie kennen bestimmt Situationen, in denen Sie sich gefragt haben: «Was ist nur los mit meiner Haut? Warum reagiert sie so empfindlich? Mache ich etwas falsch? Wo kommen die Falten plötzlich her? Ich pflege mich doch regelmäßig!» Oft ist es nur ein stummer Hilferuf der Seele, die Zuwendung erwartet. Wir können ihn dann äußerlich als Hautirritation erkennen. Auch ein frühzeitiges Altern der Haut kann durch seelische Schmerzen und Stress bedingt sein.

Also: Akzeptieren Sie Ihre Haut als «Spiegel der Seele». Denn erst dadurch schenken Sie ihr wirklich Aufmerksamkeit und können etwas in

Ihrem bisherigen Alltag verändern, damit die Haut sich wieder wohl fühlen kann. Die Haut braucht Ruhephasen, um sich zu erholen und zu regenerieren.

AUF DIE SEELE HÖREN

Dass die Haut nicht bloß unsere äußere Hülle ist, sondern ein hochsensibles, mit unserem Innersten eng verbundenes Organ, erkennen auch immer mehr Wissenschaftler an. Die Haut kann einfach nicht lügen. Durch ihr Aussehen sendet sie Signale aus. Sie will etwas Wichtiges über unseren aktuellen seelischen und körperlichen Zustand sagen. Doch bevor die Seele über die Haut deutlich werden muss, können wir versuchen, sie direkt zu verstehen, von innen heraus. Und wie nehmen wir die Seele direkt wahr?

> Um zu hören, was deine Seele dir zu sagen hat, musst du still werden. Dies kann für ein paar Minuten, für Stunden und manchmal auch für Tage geschehen. Wenn du also hören möchtest, was deine Seele zu dir zu sprechen hat, was sie dir und nur dir allein mitteilen möchte, dann schaffe eine Situation, in der du sie hören kannst.[1]

LOSLASSEN

Das ist das Zauberwort – in den spirituellen Traditionen wie auch in der Arbeit vieler heutiger Psychologen. Aber was heißt «Loslassen»? Christof Langholf, Diplom-Psychologe und einer der ersten Schüler der Begründer des Releasing, Doc und Ruth Lindwall, veröffentlichte seine Forschungsergebnisse als Therapeut in seinem Buch *Ich lasse los*. Darin zeigt er, wie es sich auf den Körper auswirken kann, wenn wir der Seele keine Beachtung schenken.

Loslassen führt zu einer tiefen, seelischen Entspannung. Und dann kann die Botschaft der Seele unmittelbar wahrgenommen werden. Es gibt so vieles, das wir innerlich immer wieder loslassen können – Stress, emotionale Verletzungen, unerfüllbare Wünsche. Doch dazu brauchen wir Entspannung, die innere Stille, um die Probleme aus der Distanz wahrnehmen zu können. Deshalb schaffe ich in meiner Praxis zunächst eine ruhige Atmosphäre, damit sich der Geist entspannen und ruhig werden kann. Es geht darum, sich vorübergehend aus dem Alltagsgeschehen zu lösen, um wieder neue Kraft zu tanken.

Hier einige Beispiele:

Eine vierunddreißigjährige Kundin, Hausfrau und Mutter eines zehnjährigen Sohnes, meint: «Mir geht so viel im Kopf herum, und ich kann es nicht loslassen!» Ihre Haut spiegelt diese Unruhe und Angespanntheit deutlich wider. Ich lasse die Frau bei einer Tasse Tee und einer leichten Entspannungsmassage im Nacken-Schulterbereich erst einmal ankommen und erzählen. Dabei bemerke ich, dass Ihr das Sprechen gut tut und sie langsam entspannter wird. Sprechen heißt auch loslassen! Ich wende eine Intuitivbehandlung mit einem Farböl (grün) und der Atemlenkung an. Nach und nach spüre ich bei der Kundin ein tiefes Loslassen. Die Atmung wird entspannter. Nach der Behandlung ist sie erstaunt, wie schnell die Zeit vergangen ist, und dass sie keine Schwierigkeiten hatte, sich fallen zu lassen.

Eine andere junge Kundin sagt, sie müsse jetzt endlich etwas für sich tun. Ihre Gesichtshaut ist stark gereizt und gerötet. Die Ärzte konnten ihr bisher nicht helfen. Bei einer beruhigenden Tasse Tee kommt heraus: In ihrer Sorge um ihre zwei Kinder hat sie zwar ihre eigenen Bedürfnisse und Gefühle gespürt, sie aber ignoriert. Die Situation schien unveränderbar. Das hat schon viele Tränen und Wut ausgelöst. Während der entspannenden Behandlung erkennt sie, dass sie ihre Hautprobleme nur lösen kann, wenn sie sich Erholungspausen gönnt. Nach wenigen Wochen Behandlung mit begleitender Hautpflege und Streicheleinheiten für die Haut hat sich das Hautbild deutlich verbessert.

«Meine Haut spielt seit Monaten verrückt. Sie reagiert auf jede Kleinigkeit. Ich weiß nicht mehr, was ich machen soll. Ich glaube, die Haut reagiert auf meinen Stress!» Der junge Mann erzählt, dass er vor einem halben Jahr wegen Überbelastung im neuen Job einen Hörsturz hatte. Er arbeitete zwölf Stunden täglich und hatte nicht mehr auf seinen Körper und seine innere Stimme *gehört*. Er ignorierte die Signale einfach: «Ich hatte durch mein Angespanntsein im Job das Fühlen verloren!» Ich empfehle ihm, sensibel für die innere Stimme zu werden, um sie besser hören zu können. Und: sich selbst auszuhalten. Das heißt, sich durch nichts ablenken zu lassen. Nicht durch Lesen oder andere Aktivitäten. Dieser Mann brauchte die Erkenntnis und Erfahrung, um etwas in seinem bisherigen Leben zu verändern. Mittlerweile hat er seinen Job gewechselt, ist glücklich und zufrieden. Von

Hautproblemen keine Spur mehr. Wenn wir unserer Seele Schmerz zufügen, beeinflusst das unsere Haut. Der Schmerz spiegelt sich im Gesicht wider. Es wird starr und angespannt, die Falten vertiefen sich. Oder der Schmerz äußert sich durch Hautirritationen.

Ein sechzehnjähriges Mädchen hat in der Schule Stress und noch dazu Liebeskummer. Ihre Haut ist von Hautblüten *(Effloreszenzen)* bedeckt. Ich empfehle ihr, liebevoll mit sich und ihrer Haut umzugehen, außerdem eine regelmäßige Gesichtspflege mit Aloe Vera und eine vitamin- und ballastreiche Ernährung. Keine Fette, Süßigkeiten und leeren Kohlehydrate (Gebäck und Brot mit Weißmehl). Erst nachdem sie Abstand zu ihrer Lebenssituation gewonnen und mehrere Kosmetikbehandlungen hinter sich hat, beruhigt sich das Hautbild. Die Haut bessert sich von Tag zu Tag.

«Ich brauche dringend eine Balancebehandlung, um wieder auf die Füße zu kommen!» Mit diesen Worten betritt eine Frau, der das Leben tatsächlich den Boden unter den Füßen weggerissen hatte, meine Praxis. Das klassische Beispiel: Der Mann findet nach dreißig Jahren Ehe eine Jüngere. Die Kundin ist eine attraktive und gepflegte Frau, doch der Schmerz und der Schock sind ihr ins Gesicht geschrieben. Sie sagt: «Alles in mir ist erstarrt, innen und außen!» Die Gesichtshaut sieht fahl und energielos aus, ohne jede Spannung. Die mimischen Falten haben sich tief in die Haut gegraben. Auch hier hilft zunächst wieder Zuhören, ihr das Gefühl zu vermitteln, verstanden zu werden. (Mitgefühl bedeutet nicht Mitleiden!) Dann wende ich meine spezielle Akubimassage an, eine Kombination von beruhigenden, die Gesichtsmuskel stimulierenden und die Energieblockaden lösenden Griffen. Als Pflege für zu Hause empfehle ich Q10 als zusätzlichen Energiespender sowie ein Sauerstoffpräparat zur besseren Durchblutung der Haut. Und die Chi-Gesichtsmassage (siehe Kapitel 6, Seite 100).

Eine zweiunddreißigjährige Kundin kommt seit zehn Jahren zur Kosmetikbehandlung. Immer wieder hat es starke Veränderungen in ihrem Hautbild gegeben. An diesem Tag ist die Haut fleckig und gerötet und das Gesicht an einigen Stellen aufgekratzt. Die Kundin macht auf mich einen bedrückten, unglücklichen Eindruck. Ich frage sie mit einem Hinweis auf ihre Haut, warum sie sich selbst so verletze. Sie erzählt von ihrem Kinderwunsch. Dabei leuchten ihre Augen. Seit einigen Jahren lebt sie mit einem Mann zusammen, den sie liebt, der aber keine Kinder will. Sie kennt seine Meinung dazu schon seit langem und hofft doch, ihn umstimmen zu können. Deswegen hat es schon viele Tränen gegeben, und die Haut hat seit längerem darauf entsprechend reagiert. Eine Zeit lang konnte sie alle Gefühle, die mit dem Kinderwunsch zu tun haben, verdrängen. Doch nach einiger Zeit meldet sich ihre Seele immer wieder, was sich äußerlich auf der Hautoberfläche widerspiegelt. Wir können unsere Gefühle nicht einfach ignorieren. Unsere Seele macht sich bemerkbar. Erst vorsichtig und sanft, doch wenn wir ihr nicht zuhören, wird sie deutlicher und meldet ihre Bedürfnisse in körperlichen Störungen an. Wenn wir aber die Zeichen rechtzeitig erkennen, können wir vorher etwas dagegen unternehmen bzw. auch etwas verändern. Erst als diese junge Frau für sich entschieden hat, mit ihrem Partner ohne Kinder glücklich zu sein, kann sich das Hautbild positiv verändern. Damit lässt sie den inneren Druck los, und die Haut kann sich wieder entspannen.

«Ich bin so unglücklich mit meiner Haut. Seit Wochen ist sie fleckig und reagiert super empfindlich. Ich weiß nicht mehr, was ich noch machen soll. An meiner Pflege liegt es bestimmt nicht!» Die Kundin hat vor einem Jahr ein Studium angefangen und ist nicht sicher, ob es das Richtige für sie ist. Außerdem fühlt sie sich in der fremden Stadt unwohl, getrennt von der Familie und ihren Freunden. Nach einigen Behandlungen entscheidet sie sich, ihrer inneren Stimme zu folgen, das Studienfach zu wechseln und in ihre Heimatstadt zurückzukehren. Seitdem geht es ihr viel besser – und ihrer Haut auch. Das ist ein typisches Beispiel dafür, dass wir die Haut als Seismograph ernst nehmen sollten. Sie empfindet nicht nur äußere Reize wie Kälte und Wärme. Über sie spielt sich auch die individuelle Sensibilität ab. Oft übersehen wir die Zeichen, die uns die Seele über die Haut gibt.

Ein weiterer typischer Fall aus meiner medizinischen Tätigkeit: Eine junge Frau kommt mit einer starken Irritation der Gesichtshaut, die sich bis zum Hals hinzieht, in die Hautarzt-Praxis. Sie muss sich mehreren Tests unterziehen, bei denen eine Allergie ausgeschlossen wird. Auch die anschließende Behandlung mit Medikamenten bringt nicht das gewünschte Resultat. Ich habe während der Behandlungszeit immer wieder Gelegenheit, mit der Patientin zu sprechen und ihr aufmerksam zuzuhören. Dabei wird mir einiges klar. Gegen ihren Willen muss sie eine Lehre als Büroangestellte machen, die ihr Vater für sie ausgewählt hat. Sie wollte aber eigentlich Floristin werden. Jeden Morgen geht sie mit Widerwillen zur Arbeit. Ihre Seele wehrt sich immer mehr, was sich im Körper als Reaktion manifestiert. Zuerst war da nur eine Rötung am Hals, ein kleiner roter Flecken, der sich jedoch ausbreitete, je unglücklicher die junge Frau wurde. Es vergeht noch einige Zeit, bis sie die Haut als Barometer der Seele begreift. Dadurch bekommt sie die Chance, etwas in ihrem Leben zu verändern. Als ich sie einige Wochen später treffe, hat sie ihre Lebenssituation verändert, und ihre Haut sieht wieder ganz normal aus.

Viele solcher Fälle in der Hautarzt- und in meiner Kosmetikpraxis zeigten mir, dass Wohlgefühl, Loslassen und das Hören auf die Seele Voraussetzung für eine strahlend schöne und gesunde Haut sind. Es geht darum, ein Verantwortungsgefühl für sich selbst zu entwickeln, Entscheidungen zum eigenen Wohl treffen zu können und sich die Zeit für die eigenen Bedürfnisse zu nehmen, ohne ein schlechtes Gewissen zu haben.

«Die Seele baumeln lassen» – ein altbekannter Spruch, doch selten ernst genommen. Aber die Seele sehnt sich nach Ruhephasen, und wenn wir sie ihr geben, bekommen wir als Dank neue Kräfte und die Chance, Körper, Geist und Seele in eine harmonische Balance zu bringen. Das Resultat ist eine strahlend schöne Haut, ein schöner, gesunder Körper und mehr Lebensfreude. Und wer wünscht sich das nicht?

Immer wieder höre ich von Klienten, dass sie sich körperlich energievoller fühlen und erstaunt sind, wie klar und schön ihr Hautbild nach einer Wohlfühl- und Entspannungsbehandlung ist. Wenn wir in die Stille gehen und uns durch nichts ablenken lassen, können wir in uns ganz neue Kräfte aktivieren. Unsere Wahrnehmung verändert sich. Wir erleben, was einst Julius Hackethal sagte: «Jede Zelle hat einen Leib, einen Geist und eine Seele.»

SENSIBLES ORGAN HAUT

Warum kommt uns die Haut an manchen Tagen rosig und glatt vor und an anderen matt und grau? Manchmal scheint sie sogar über Nacht faltiger geworden zu sein. Das ist nicht etwa eine bloße Laune der Haut. Sie ist eben ein lebendiges, atmendes Organ, das sich ständig verändert und fortwährend erneuert.

AUFBAU

Die Haut ist mit einer Gesamtoberfläche von etwa zwei Quadratmetern das größte Organ des menschlichen Körpers. Sie besteht aus folgenden Schichten:

AUFBAU DER HAUT

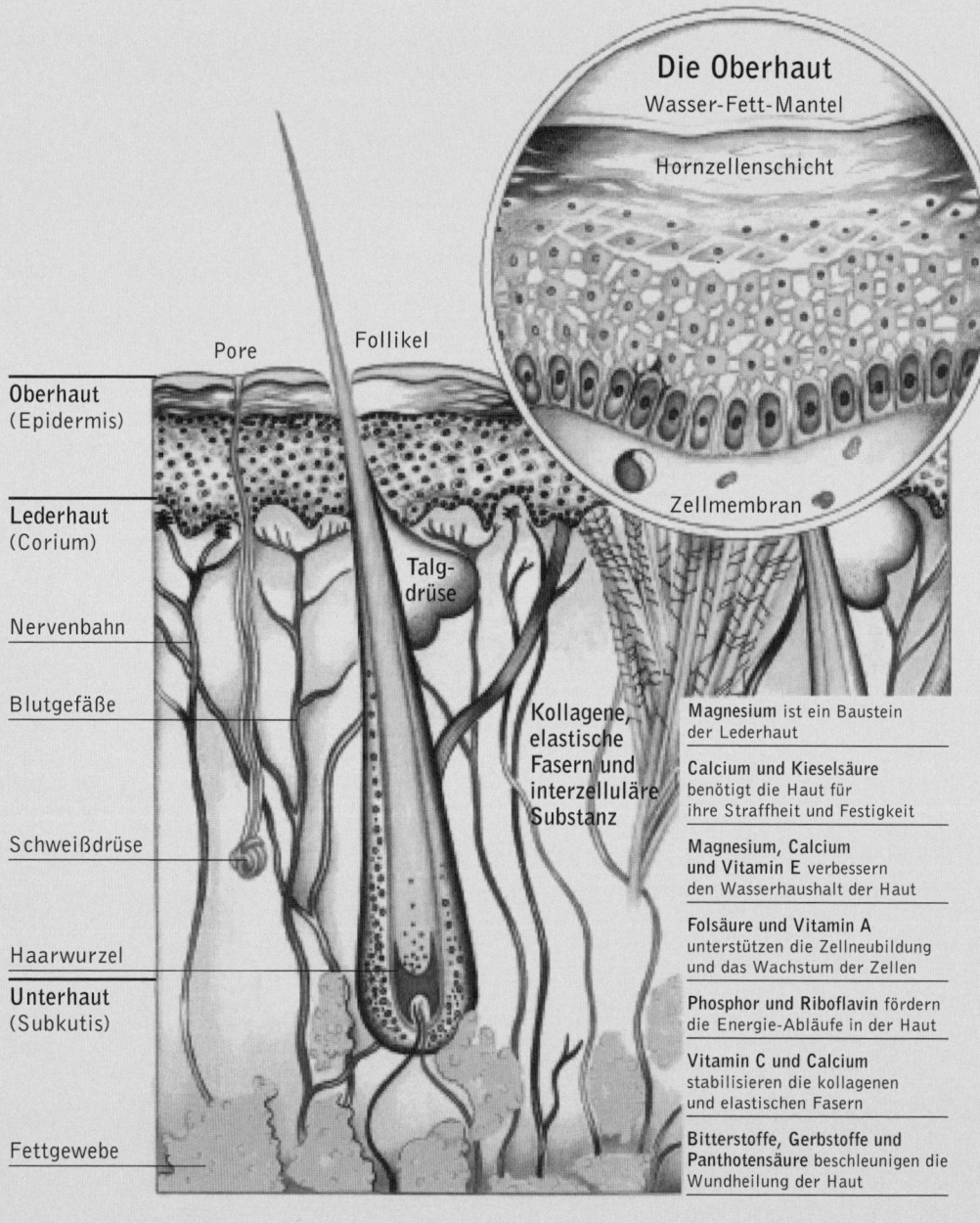

Die Oberhaut

Wasser-Fett-Mantel

Hornzellenschicht

Pore

Follikel

Oberhaut
(Epidermis)

Lederhaut
(Corium)

Zellmembran

Nervenbahn

Blutgefäße

Talg-
drüse

Kollagene,
elastische
Fasern und
interzelluläre
Substanz

Magnesium ist ein Baustein
der Lederhaut

Calcium und Kieselsäure
benötigt die Haut für
ihre Straffheit und Festigkeit

**Magnesium, Calcium
und Vitamin E** verbessern
den Wasserhaushalt der Haut

Folsäure und Vitamin A
unterstützen die Zellneubildung
und das Wachstum der Zellen

Schweißdrüse

Phosphor und Riboflavin fördern
die Energie-Abläufe in der Haut

Vitamin C und Calcium
stabilisieren die kollagenen
und elastischen Fasern

Haarwurzel

Unterhaut
(Subkutis)

**Bitterstoffe, Gerbstoffe und
Panthotensäure** beschleunigen die
Wundheilung der Haut

Fettgewebe

1. Oberhaut *(Epidermis)*
Gefäßlos, setzt sich aus mehreren Zellschichten zusammen, die sich deutlich voneinander abheben. Eine bindegewebige Membran verbindet die Epidermis mit der Lederhaut.

2. Lederhaut *(Corium)*
Sie besteht vor allem aus Bindegewebe, in der oberen, feinfaserigen, maschenartigen Schicht *(Stratum papillar)* überwiegend aus kollagenen Fasern. Die verlaufen örtlich verschieden, meist aber senkrecht zur Hautoberfläche. Die Papillen sind dicht stehende, kuppelförmige Ausstülpungen. Ihre große Oberfläche garantiert eine ausreichende Ernährung der gefäßlosen Epidermis und führt zugleich Stoffwechselprodukte (Schlacke) ab. Die einzelnen Papillen enthalten feinmaschige Kapillargefäße, die von Lymphräumen, Nervenfasern und teilweise auch Nervenendorganen umgeben sind. Um die kollagenen Fasern vor einer Überdehnung oder Zerreißung zu schützen, umfasst das zweite Fasersystem der Haut, die elastischen Fasern, netzartig die kollagenen Bündel.

3. Unterhaut *(Subkutis* oder Unterhautzellgewebe)
Verbindet die Haut mit den unter ihr liegenden Organen. Die Subkutis enthält reichlich Fettgewebe, umgeben von Bindegewebszügen. Dieses Fettgewebe ist ein Kälteschutz für den Organismus und sorgt zugleich für die Spannung der Haut. Die übrigen Hautschichten werden unterpolstert.

FUNKTIONEN

Die Haut hat viele Funktionen: Sie dient als Schutz vor äußeren schädlichen Einflüssen, ist Sinnes- und Ausscheidungsorgan, nimmt auf und gibt ab. Auf der Haut spüren wir die zärtlichen Berührungen des Partners, Regen und Wind, Kälte und Wärme. Auf der physischen Ebene ist die Haut mit den inneren Organen und Drüsen verbunden, auf der emotional-geistigen Ebene mit unseren Gefühlen. Als wichtiges Kontaktorgan spiegelt sie alle körperlichen und seelischen Vorgänge wider.

Die Haut als Schutzorgan
Die *Hornschicht* schützt vor Verletzungen durch Druck und Reibung. Ihr Fettgehalt, der aus fettartigen Stoffen des Hauttalgs und bei der Verhornung frei werdendem Hornfett besteht, schirmt gegen chemische und physika-

lische Einwirkungen ab. Vor zu viel Licht und Wärme schützt das in die Basalschicht eingelagerte *Hautpigment*. Der *Säureschutzmantel* (pH-Wert) wiederum ist eine körpereigene Bakterienschranke zur Abwehr von Infektionen.

Der Hauttalg wirkt sich entscheidend auf die Hautalterung aus. Das Oberflächenfett besteht aus Schweiß, abgegebenem Wasser, den *Lipiden* (Fetten) des Talgdrüsensekrets und des Hornzellkitts. Die Zusammensetzung und Menge dieser *Hydrolipidemulsion* hängt von der genetischen Anlage, der Körperregion sowie von Faktoren wie Tageszeit, Jahreszeit, Luftfeuchte, Krankheit, Ernährung oder Stress ab. Die Zusammensetzung des Hauttalgs spielt für die Wasseraufnahmefähigkeit und die Wasserdurchlässigkeit der Haut eine wichtige Rolle. Er verhindert eine zu starke Durchfeuchtung (atmosphärischer Schutz) und zugleich das Austrocknen (Abdunsten) der Haut. Ohne Talgfilm würde die Haut schneller das Hornwasser verlieren. So bewahrt die Talgschicht die Haut einerseits vor zu starker Quellung (Wasseransammlung) und andererseits vor zu intensivem Wasserentzug (übermäßige Sonneneinwirkung, Trockenheit). Dadurch bleibt die Haut elastisch und geschmeidig.

Mit zunehmendem Alter verändert sich die Hydrolipidemulsion durch die Verminderung der Talg- und Schweißdrüsensekretion, und es kommt zu einem Mangelzustand: Die Haut wird trocken. Die Geschmeidigkeit der Hornschicht geht verloren, die ersten Falten werden sichtbar. Im Alter von fünfunddreißig bis vierzig Jahren wird die Talgproduktion reduziert, ein Prozess, der sich mit zunehmendem Alter beschleunigt.

Die Abnahme von Hautspannung und Elastizität im Alter ist auch darin begründet, dass die elastischen Fasern schwinden. Weniger Wasser, *Turgor* (Spannung) und Hautschichtdichte ergeben die welke und schlaffe «Altershaut». Die Kollagenbildung verlangsamt sich, und dadurch verliert die Haut die Fähigkeit, Wasser zu binden. Die Folge ist nachlassende Spannung.

Denn auch die flüssigen Anteile unserer Haut in den weit verzweigten Lymph- und Blutgefäßsystemen spielen eine maßgebliche Rolle für eine schöne und gesunde Haut. Elastizität und Spannung des Hautturgors verhindern Deformation (Verdrängung von Flüssigkeit) und das Freisetzen von Wasser, das bei einer Verminderung des Turgors zum Ödem führt (Ansammlung von Gewebewasser).

Die Haut besteht aus Milliarden Zellen, die in einer salzigen Flüssigkeit (Natrium und Kalziumsalze) schwimmen. Jeden Tag verlieren wir etwa vier Prozent unserer Hautzellen, im Laufe des Lebens etwa fünfzehn Kilogramm Haut. Mehr als dreißig Prozent des gesamten Wassers, aus dem der Körper besteht, befinden sich in der Haut.[2]

Die Haut als Stoffwechselorgan

Die Haut steht in einer ständigen Stoffwechselbeziehung mit dem ganzen Körper. Sie kann bis zu zwei Fünftel der gesamten Blutmenge des Körpers aufnehmen. Durch die ständige Verbrennung der aus dem Blut nachgelieferten Nährstoffe strahlt sie laufend Wärme ab und wird so durchblutet. Im Alter wird die Durchblutung schwächer. Das erklärt die fahle Gesichtshaut älterer Menschen. Oft lässt der aktuelle Hautzustand *(Status)* einen Rückschluss auf den Gesundheitszustand des gesamten Organismus zu. Maßgeblich daran beteiligt sind Ernährung, Hormone, vegetatives Nervensystem und der altersbedingte Abbau der Haut.

Die Haut als Empfindungsorgan

Die Haut ist ein sehr feinfühliges Sinnesorgan. Wir spüren nicht nur den Unterschied zwischen zehn oder zwölf Grad Celsius, sondern auch die unterschiedlichen Grade menschlicher Wärme und Zuneigung. Zwar werden immer wieder bestimmte «erogene» Zonen der Haut besonders herausgestellt. Doch im Grunde ist jeder Teil unserer Haut erogen und für jede gefühlsmäßige Botschaft empfänglich.

Die Haut ist eng mit dem vegetativen Nervensystem verbunden, ja, beide sind aus ein und demselben Keimblatt, dem *Ektoderm* entstanden. Als ganzheitliche Kosmetikerin muss ich auf den Zusammenhang von Hautsymptom und Nervenfunktion achten. So können Störungen von Nervenfunktionen wie der Schweißdrüsen- oder Gefäß*innervation* (Nervenversorgung) Veränderungen der Oberflächenverhältnisse auf der Haut hervorrufen: Quellung der Haut, Feuchtigkeitsmangel oder eine Form von Dauerrötung (so genannte *Teleangiektasien,* bleibende Erweiterungen kleiner oberflächlicher Hautgefäße) oder *Rosacea.* Letztere betrifft nur die Kapillargefäße der Gesichtshaut, das schmetterlingsförmige Auftreten von *vasomotorischer* (die Gefäßnerven betreffender) Dauerrötung im Gesicht.

Allgemeine Tipps bei Erweiterungen der Hautgefäße

• Gönnen Sie sich ab und zu eine Pause, damit Ihr Nervensystem ausspannen kann.
• Meiden Sie die Sonne, oder schützen Sie die Haut mindestens mit Sonnenschutzfaktor 16.
• Testen Sie Kosmetikprodukte vor der Verwendung immer auf der Innenseite des Armes.
• Meiden Sie alles, was zu einer stärkeren Durchblutung führt (Sauna, scharfe Gewürze, extreme Wechselbäder).

- Betreiben Sie Sport, und ernähren Sie sich gesund. Es kann sein, dass Ihr Immunsystem dadurch wieder gestärkt wird.
- Decken Sie Ihre Haut bei Frost und Kälte mit einer Schutzcreme ab.

WAS DIE HAUT VERÄNDERT

Der Biorhythmus

Warum sind wir an manchen Tagen empfindlicher als sonst, reagieren auf normale Situationen mit gesteigerter Nervosität? Warum neigen wir an bestimmten Tagen stärker zu unreiner Haut? Dafür ist unser Biorhythmus verantwortlich. Nach der Biorhythmuslehre laufen im menschlichen Organismus drei Zyklen ab: die körperlichen, seelischen und intellektuellen Funktionsphasen. Der weibliche Rhythmus von achtundzwanzig Tagen drückt das unbewusste Seelische aus. In den Krisentagen – Beginn, Mitte und Ende einer Periode – kann es zu erhöhter Sensibilität, allergischen Reaktionen oder Hautunverträglichkeiten kommen.

Mit dem Biorhythmus lässt sich erklären, warum Behandlungen und Präparate, die vorher vertragen wurden oder ausgezeichnet gewirkt haben, nun genau das Gegenteil hervorrufen.

Diese dreifache innere Biorhythmik gibt jedem einzelnen Tag eine ganz bestimmte, individuelle Wert- und Zustandsstufe. Dies ist ein biotisches Gesetz, dem alle Lebewesen, insbesondere der Mensch, unterworfen ist, jeweils innerhalb der Grenzen seiner Eigenart![3]

Der Sieben-Jahres-Rhythmus

Mit sieben Jahren werden wir eingeschult, mit vierzehn erfahren wir die Pubertät, lange galt das einundzwanzigste Lebensjahr als Eintritt in die Mündigkeit, ins Erwachsenenalter. Seit alters her wird das Leben des Menschen in einen Sieben-Jahres-Zyklus aufgeteilt. Und diesen Zyklen entsprechend verhält sich auch unsere Haut.

Bis zur Pubertät, wo die Haut zu Unreinheiten neigt und der Pflege bedarf, ist sie, wenn nicht Krankheiten bestehen, jugendlich straff, zart, gut durchblutet und durchfeuchtet. Dann kommen drei weitere Perioden (Alter von dreiundzwanzig bis sechsundvierzig Jahren), die Zeit der Aktivität, des Existenzaufbaus und der Reife. Vor allem sensible Menschen haben in diesen Phasen Schwierigkeiten bei der Bewältigung des Lebens, was sich – psychosomatisch bedingt – an der Haut zeigt. Die Problemhaut ist überempfindlich, hypersensibel, gereizt und reagiert nervös. Sie entwickelt sich zur Mischhaut mit trockenen und schuppenden Flächen. In dieser Phase tritt ein weiteres Problem auf: Die Haut beginnt zu altern.

Die siebte Lebensphase liegt zwischen dem sechsundvierzigsten und dem vierundfünfzigsten Lebensjahr – für die Frau die Wechseljahre, das Klimakterium. Diese Phase wird als «kritische» bezeichnet. Denn in diesem Lebensabschnitt findet eine grundlegende Umstellung und Umstimmung im ganzen Organismus, vor allem im Hormonhaushalt statt. Die Hormonproduktion wird langsam eingestellt, die Haut altert unübersehbar. Die Folgen: Weniger subkutanes Fettgewebe, das Hautrelief vergröbert sich, die Hautoberfläche wird trockener, spröder und rauer. Es bilden sich Runzeln und Falten. Die Epidermis wird dünner, die Oberhaut verhornt und wird wasserärmer.

In den nachfolgenden Phasen verstärkt sich diese Entwicklung natürlich. Die Ursachen: ein wachsender Mangel an Fett, Feuchtigkeit, Aminosäuren und Kollagen, um nur einige Faktoren zu nennen. Daher besteht die kosmetische Behandlung im zunehmenden Alter vor allem in der Ergänzung der Grundstoffe der Haut.[4]

Die Gene

Natürlich ist unser Aussehen auch genetisch bedingt. Hatten unsere Eltern und Großeltern keine Hautprobleme, dann werden wir sehr wahrscheinlich auch davon verschont bleiben. Das ist ein wunderbares Geschenk. Wir sollten es hoch achten – durch einen Lebensstil, der diese natürliche Schönheit fördert und so lange wie möglich erhält.

Der Lebensstil

Eine glatte und zarte Haut zu haben, von Kopf bis Fuß, wer wünscht sich das nicht? Aber die Haut hat ihre Ansprüche, verlangt Aufmerksamkeit. Sie leidet und reagiert, z. B. auf aggressive Umweltgifte (Luftverschmutzung), UV-Strahlen, Rauchen, Alkohol oder unausgewogene Ernährung. All das beschleunigt die Alterung. Es führt zu einer Freisetzung der freien Radikalen, die den Kollagen- und Elastinaufbau, eine wichtige Stützstruktur der Haut, stören. So entstehen die ersten Fältchen, und diese wiederum werden zu tiefen Falten. Die Haut wird dünner, und der Feuchtigkeitsverlust nimmt zu. Die Spannung der Haut *(Tonus)* lässt nach. Unser Lebensstil beeinflusst den Alterungsprozess unserer Haut erheblich. Wichtige Negativfaktoren dabei sind: Stress, Alkohol, Nikotin, Sonne und unausgewogene Ernährung.

STRESS

«Ich komme nun schon seit Jahren zu Ihnen in die Behandlung und wende auch nach Ihren Anweisungen die kosmetischen Pflegeprodukte an. Aber schauen Sie mich doch an! Ich habe das Gefühl, das wirkt alles überhaupt nicht.» Der erwünschte Effekt einer Gesichts- oder Körperpflege kann ausbleiben, wenn das Entscheidende fehlt: die Veränderung des Lebensstils. Wer sich weiterhin Stress aussetzt, darf sich nicht wundern, wenn auch die Haut darunter leidet. Stress führt dazu, dass Säuren und freie Radikale das Kollagengewebe angreifen und den Alterungsprozess der Haut beschleunigen. «Je mehr negativen Stress wir haben, desto höher ist der oxidative Stress der Zellen, der das Immunsystem schwächt», erklärte mir die Heilpraktikerin Erika Dagge. «Freie Radikale beschädigen die Zelle, es oxidieren Fette, Eiweiss (Aminosäuren usw.). Durch diesen Oxidationsprozess entstehen Abfallprodukte.»

Tipps gegen Stress
• Überprüfen und verändern Sie eventuell Ihren bisherigen Lebensstil.
• Bleiben Sie bei der konsequenten Hautpflege, damit der Erfolg sichtbar wird.
• Machen Sie aktiv Sport, Aerobik und die Fünf »Tibeter« (erhöht den Sauerstoffgehalt im Blut und baut Stress ab).
• Achten Sie auf ausgewogene Ernährung und Ballaststoffe (in Obst, Salat, Rohkost, Gemüse, Vollkornprodukten). Die sorgen für einen gesunden Darm und wirken so reinigend auf die Haut. Die Haut liebt Vitamine, gerade in den lichtarmen Monaten. Sie werden auch die «Muntermacher der Haut» genannt. Vitamin C in frischem Obst beispielsweise hilft beim Neuaufbau von Hautkollagen.[5]
• Versorgen Sie die Haut mit den notwendigen Nährstoffen.
• Trinken Sie ausreichend.

ALKOHOL
Alkohol entzieht der Haut Wasser und beeinträchtigt die Durchblutung. Er nimmt dem gesamten Organismus die wichtigsten Vitamine und Mineralstoffe weg. Folge: eine glanzlose und trockene Haut.

Tipp
Gegen ein «Genuss-Gläschen» Wein ist nichts einzuwenden. Es kommt auf die Menge und Häufigkeit des Alkoholkonsums an. Trinken Sie ein Glas Wasser zum Alkohol; das neutralisiert die Säuren und gleicht den Wassergehalt der Haut wieder aus.

RAUCHEN
Dass Nikotin Gift für die Haut ist, weiß jeder. Rauchen verschlechtert die Blutversorgung und zerstört die elastischen und kollagenen Fasern der

Haut. Sie nimmt weniger Sauerstoff auf und wirkt dadurch grau, blass und müde. Sie ist trocken und bildet Falten. So entsteht das «Rauchergesicht»: tiefe Falten um die Mundwinkel und vertikale Fältchen auf der Oberlippe, die durch das Ziehen an der Zigarette entstehen, außerdem Falten um die Augen, da man ständig durch den Rauch blinzelt. Die Tiefe der so genannten «Krähenfüße» soll nach neun Jahren Rauchen fünfmal so tief sein wie bei Nichtrauchern.

Jede Zigarette stiehlt unserem Immunsystem fünfundzwanzig Milligramm Vitamin C, das der Haut beim Neuaufbau des Bindegewebes dann fehlt. Zigarettenrauch soll vierzigtausend giftige Stoffe enthalten, die in den Körper eindringen oder an der Haut hängen bleiben.

Tabak verengt die Blutgefäße und schwächt die Regenerationsfähigkeit der Gene. Die vermehrt freigesetzten Enzyme mindern die Spannkraft der Haut. Eine Studie, die im St. Thomas Hospital in London an fünfundzwanzig eineiigen Zwillingen durchgeführt wurde, zeigt, dass Rauchen starke Hautschäden verursacht. Der rauchende Zwilling hatte durchweg eine um bis zu vierzig Prozent dünnere Haut als der nichtrauchende. Tim Spector, Leiter der Abteilung der Zwillingsforschung am St. Thomas, bestätigt, dass die in Zigaretten enthaltenen Chemikalien den Stoffwechsel beeinträchtigen und die Produktion der freien Radikalen ankurbeln. Die wiederum beschleunigen die Zellalterung, da sie das Kollagen- und Elastingewebe der Haut angreifen.[6]

Eine vierunddreißigjährige, allein erziehende Mutter zweier Kinder mit Stress im Beruf kommt zu mir mit dem Wunsch, innere Ruhe zu finden und mit dem Rauchen aufzuhören. Ihre Haut ist blass, gräulich und schlecht durchblutet. Es besteht schlechter Turgor (Spannungszustand der Haut), in der T-Zone befinden sich Hautunreinheiten, und das Gesicht ist mit einem öligen Film überzogen (Nikotin regt unter anderem die Talgproduktion an).

Die Kundin ist über ihre fahle und unreine Haut unglücklich. Sie hat den starken Willen, mit dem Rauchen aufzuhören, und fragt mich, ob sich die Haut dann wieder bessert. Ich mache ihr Mut, indem ich ihr erkläre, dass der Organismus die geschädigten Körperzellen regenerieren und das geschädigte Bindegewebe zum größten Teil wieder aufbauen kann. Voraussetzung ist, mit dem Rauchen aufzuhören und genügend Nährstoffe durch eine gesunde Ernährung zu sich zu nehmen. Ich behandele die Klientin nach dem Ausreinigen mit Sauerstoffpräparaten, die den gesamten Stoffwechsel der Haut anregen und als Energieträger wirken. Nur mit Hilfe von Sauerstoff können die Zellen die Nährstoffe verarbeiten. Er unterstützt den Zellfluss, und dadurch erhöht sich die Anzahl der Blutzellknotenpunkte. Je mehr Blutzellknotenpunkte vorhanden sind, desto besser werden die Stoffwechselendprodukte in der Haut abtransportiert. Dann sieht die Haut viel gesünder und schöner aus. Die Sauerstoffpräparate können Sie auch für sich selbst zu Hause anwenden (siehe Kapitel 5).

Tipps für Raucher
- Viel Bewegung in der frischen Luft hilft der Haut, durch den verstärkten Stoffwechsel vermehrt Sauerstoff aufzunehmen. Gesundheit und Schönheit der Haut entstehen nicht nur durch äußerliche Pflege, sondern auch durch einen gut funktionierenden Stoffwechsel.
- Coenzym Q10 als Wirkstoffkonzentrat in der Pflege, in Kombination mit den Vitaminen A und E. Das Coenzym verstärkt die Wirkung dieser Vitamine und die oxidative Kapazität der Epidermis (Oberhaut).[7]
- Vitamin C (Ascorbinsäure oder frisch ausgepresste Zitronen), auch als Wirkstoffkonzentrat in der Pflege. Raucher brauchen täglich zwischen vierhundert und eintausend Milligramm Vitamin C mehr als Nichtraucher. Eine tägliche Sonderration von vier Gramm (vier Zitronen) ist zu empfehlen.[8]

SONNENBADEN

Auf die Frage, welches Wetter sie am meisten schätzen, antworteten in einer Kosmetik-Studie achtzig Prozent von eintausend Frauen, dass ihnen die Sonne Kraft gebe. Ein Grund zum Heulen hingegen ist für viele schlechtes Wetter. Die Sonne hebt unsere Stimmung, sorgt für körperliches Wohlbefinden und steigert die Leistungsfähigkeit. Das Sonnenlicht löst über das Auge und den Sehnerv eine Reaktion aus, die im Gehirn die Ausschüttung des Glückshormons Serotonin bewirkt. Es kommt zu einer angenehmen Entspannung von Körper und Geist.

Das ist die eine Seite. Wie aber geht es der Haut mit den intensiven Sonnenstrahlen? Bei allem Schutz, den Sie Ihrer Haut während des Sonnenbadens zukommen lassen, sollten Sie wissen, dass auch Sonnencremes mit einem hohen Sonnenschutzfaktor keine Garantie für ungefährliches Sonnenbaden sind.

Leider musste ich in meiner Praxis immer wieder feststellen, dass für viele Frauen und Männer immer noch das «goldene Sonnenbraun» zum guten Aussehen gehört, egal welche Konsequenzen es mit sich bringt. Bei erhöhter Sonnenbestrahlung kommt es zu Schädigungen der Haut. Die natürlichen Schutzmechanismen der Haut gegenüber dem Sonnenlicht reichen nicht mehr aus. Was passiert? Die UV-A-Strahlen dringen in das Bindegewebe, verändern das Kollagen und lassen die Haut schnell alt aussehen. Die UV-B-Strahlung verursacht den Sonnenbrand und kann krebsauslösend wirken. Außerdem zerstören die UV-Strahlen den Wasserschutzfilm der Haut. Die Hautzellen haben keine Schutzschicht mehr und werden vernichtet.

Ich möchte Ihnen keine Angst machen, denn wie vorher beschrieben, tut uns die Sonne gut und gibt uns ein wohliges Gefühl. Unerlässlich sind aber der intensive Sonnenschutz – je höher der Schutzfaktor, desto besser – und das regelmäßige Abdecken und Eincremen der Haut. Das Bundesgesundheitsamt empfiehlt, nicht mehr als fünfzig Sonnenbäder im Jahr zu nehmen. Diese Zahl schließt auch die Entspannung unter der künstlichen Sonne ein. Jeder Sonnenbrand, selbst die leiseste Rötung, sollte unbedingt vermieden werden. Nicht, weil die Haut anschließend pellt, sondern weil sie tief im Innern beschädigt wird.[9]

Inzwischen wird angenommen, dass mindestens achtzig Prozent der Symptome der Hautalterung durch UV-Strahlen (A und B) ausgelöst werden. Immer mehr deutet darauf hin, dass eine langfristige UV-A-Strahlenbelastung (die fünfundneunzig Prozent des UV-Lichts ausmacht, das die Erde erreicht) eine Hauptursache für den Alterungsprozess der Haut ist.

Die Dermatologin Martina Kerscher von der Universität Hamburg glaubt, dass durch zunehmende Intensität der UV-Strahlung in den Sommermonaten und durch längere Aufenthalte im Freien das Risiko für eine Hautschädigung durch die UV-Strahlung bedenklich steigt. Auch Erwin Tschachler, Dermatologe an der Universität Wien, bestätigt, dass die Sonnenbestrahlung die Hautalterung am stärksten beeinflusst: «Das ist hieb- und stichfest!» Beweisen konnten das die Wissenschaftler anhand der Ergebnisse zahlreicher Studien, bei denen sie mehrere tausend Frauen und Männer auf Zeichen von Foto-Aging untersuchten.[10]

Einige meiner Kunden sind leidenschaftliche Sonnenanbeter und lassen sich davon auch nicht abbringen. Bei Sonnenbrand oder einer gereizten Haut durch zu viel Sonne hilft Aloe Vera. Sie spendet Feuchtigkeit und wirkt entzündungshemmend. So kann sich die Haut schon nach kurzer Zeit wieder beruhigen. Ist die Haut bereits sonnengeschädigt, wende ich gern Pflegeprodukte mit Coenzym Q10 in Verbindung mit Vitamin A und E an.

Tipps zum Sonnenbaden
- Sonnenschutzmittel mit einem hohen Sonnenschutzfaktor (ab 16).
- Schützende Kleidung, Kopfbedeckung, Sonnenschirm und -brille.
- Meiden Sie die Mittagssonne.
- Nach dem Sonnenbaden eine After-Sun-Lotion auftragen.
- Nehmen Sie eine Feuchtigkeitsemulsion oder ein antioxidantienreiches Serum unter jede Pflegecreme. Sie sollte grundsätzlich einen hohen Son-

nenschutzfilter (mindestens Faktor 16, besser 20) enthalten, um der Haut-alterung vorzubeugen.
- Trinken Sie viel Wasser, damit Ihre Haut die Flüssigkeit bekommt, die die Sonne ihr entzieht. Statt während des Sonnenbadens zu rauchen, sollten Sie lieber Obst essen. Denken Sie auch an die Vitamine A, C, E (wirkt gegen freie Radikale).

WIE SICH DIE FÜNF »TIBETER« AUF DIE HAUT AUSWIRKEN

«Seitdem ich die Fünf »Tibeter« mache, fühle ich mich einfach wohl in meiner Haut!» Die Kundin, die das sagte, hatte jahrelang Probleme mit ihrer empfindlichen Haut, ausgelöst durch einen kontinuierlichen Stress, den sie nicht abschalten konnte. Erst durch die regelmäßige Anwendung der Übungen veränderte sich der Stresspegel, und dementsprechend verbesserte sich ihr Hautbild.

Das berühmte «Vorher und Nachher» habe ich in meiner Praxis oft erlebt, auch schon nach kurzer Zeit der Ausübung der Riten. Allein die Zufriedenheit darüber, es geschafft zu haben, sie regelmäßig zu praktizieren, führte oft zu mehr Ausgeglichenheit und Selbstbewusstsein. Die Haut spiegelt das wider.

Welche positiven Auswirkungen die Fünf »Tibeter« auf den Allgemeinzustand der Haut haben können, habe ich an mir selbst und an weit über einhundert Kunden bzw. Kundinnen sehen können (und auch, welche Folgen es hat, wenn man mit dem Üben aufhört). Zunächst ein knapper Überblick:

- Immunsystem: Der dritte »Tibeter« dehnt den Brustraum. Das regt die Thymusdrüse und damit unser Immunsystem an.
- Ausscheidung von Giftstoffen: Die Dehnung der einzelnen Körperteile in verschiedene Richtungen in Verbindung mit bewusster Atmung fördert die Ausscheidung von Giften und Schlacken. Die Haut kommt leichter an den nötigen Sauerstoff und die wichtigen Nährstoffe.
- Wohlbefinden: Durch die Übungen wird unser Gehirn durchblutet und aktiviert, die beiden Gehirnhälften werden synchronisiert. Es werden verstärkt Endorphine («Glückshormone») ausgeschüttet. Das steigert unser Wohlbefinden und hebt unsere Stimmung. Wir fühlen uns zufrieden und strahlen das auch aus. Dementsprechend sieht unsere Haut aus.

VERJÜNGUNG DER HAUT

Eine Kundin (dreiundfünfzig Jahre), seit einiger Zeit Single, kam vor einem halben Jahr zu mir in die Praxis, um eine Wohlfühlbehandlung zu machen, die ihr eine Freundin geschenkt hatte. Sie wirkte sehr gepflegt, doch ihr Gesicht war deutlich angespannt und die Haut schlecht durchblutet. Im Gespräch deutete sie an, dass ihr Leben total durcheinander geraten sei. Nach der Wohlfühlbehandlung fühlte sie sich relaxed, und auch die angespannte Gesichtsmuskulatur hatte sich gelöst. Ich wies sie in die Fünf »Tibeter« ein.

Als ich sie drei Monate später wiedersah, war ich angenehm überrascht. Die Gesichtszüge waren entspannt, die Haut rosig und gut durchblutet. Das ganze Hautbild sah geradezu jugendlich aus. Sie erzählte mir, dass sie die Riten vom ersten Tag der Einweisung an regelmäßig praktiziert und sich von Tag zu Tag besser gefühlt hatte. Auch Freunde hatten ihr jugendliches Aussehen bemerkt. «Ich wusste, das konnten nur die Fünf »Tibeter«-Übungen gewesen sein!», sagte sie.

Bei einer langjährigen Kosmetikkundin (einundfünfzig Jahre Jahre, Raucherin) konnte ich ebenfalls eine gravierende Veränderung des Hautbildes feststellen. Nachdem sie die Übungen einige Wochen lang regelmäßig praktiziert hatte, war ihre Haut straffer, die Fältchen wirkten flacher. Doch als die Kundin einige Zeit später wieder zur Kosmetikbehandlung kam, wirkte sie nicht mehr so strahlend und euphorisch wie vorher. Sie hatte zwar bemerkt, dass die Riten ihr zu einer inneren Ausgeglichenheit verhalfen, doch zum regelmäßigen Üben fehlten ihr Lust und Ausdauer. Sie bat mich noch einmal um eine Einweisung. Heute, zwei Jahre später, macht sie die Übungen regelmäßig und hat sogar mit dem Rauchen aufgehört. «Ich habe es geschafft!», sagt sie – und das ist deutlich zu sehen.

STÄRKUNG DES IMMUNSYSTEMS

Unser Immunsystem erkennt, kodiert, erinnert und reagiert. Es hat fast eine Art eigenes Bewusstsein. Ist der Stresspegel zu hoch, funktioniert es nicht mehr richtig; es erkennt und eliminiert nicht mehr alle seine Feinde. Kurz gesagt: Stress stört das Wahrnehmungsvermögen des Immunsystems, so wie er auch das Wahrnehmungsvermögen des *Kortex* (äußere Zellschicht eines Organs) stört.[11]

Eine langjährige Kosmetikkundin und Fünf »Tibeter«-Anwenderin kommt zu mir in die Praxis. Ihre Haut wirkt unruhig, fleckig und unrein, außerdem plagt sie eine starke Erkältung. Sie fühlt sich seit einiger Zeit matt und ausgelaugt durch privaten und beruflichen Stress und wirkt niedergeschlagen. Meine Frage, ob sie die Fünf »Tibeter« noch praktiziere, verneint sie. Aus zeitlichen Gründen habe sie die Energieübungen seit einem halben Jahr nur noch unregelmäßig gemacht. Während der Gesichtsbehandlung reagiert die Haut auf jeden mechanischen Reiz sehr empfindlich. Ich wende die Intuitivbehandlung und die Lymphdrainage an. Außerdem motiviere ich die Kundin, die Fünf »Tibeter« wieder etwas regelmäßiger zu praktizieren.

Als ich sie vier Wochen später in meiner Praxis wiedersehe, hat sich ihr Zustand seelisch und körperlich verbessert. Sie wirkt ausgeglichen, und das Hautbild hat sich normalisiert. Sie erzählt, dass sie die Fünf »Tibeter« regelmäßig morgens praktiziere. Außerdem hatte sie die Kraft, in ihrem Beruf und auch privat etwas für sich zu verändern. Sie ist ganz sicher, dass die »Tibeter« ihr dazu verholfen haben, wieder in die Balance zu kommen. Eine andere Kundin bekam durch das regelmäßige Üben der Fünf »Tibeter« ihren durch Stress bedingten Herpes in den Griff.

Wie stark die Übungen auf die psychische Verfassung wirken, zeigt auch das folgende Beispiel. Eine Kundin, zweiunddreißig Jahre, berufstätig, Ehefrau und Mutter einer zweijährigen Tochter, ist im Moment sehr angespannt in ihrem Job und fühlt sich daher mit allem überfordert. Die Fünf »Tibeter« macht sie aus Zeitgründen unregelmäßig. Ihre Haut wirkt unrein und fettig. Sie sagt: «Meine Psyche ist im Moment unstabil. Meine Haut sieht schrecklich aus, und ich habe das Gefühl, ich sehe alt und faltig aus!» In diesem Fall hat sich durch die «unstabile Psyche» auch die Wahrnehmung verändert. Denn diese junge Kundin hatte zwar eine unreine und unruhige Haut, aber von Falten war keine Spur. Ich rate der Kundin, die Fünf »Tibeter« so regelmäßig wie möglich zu machen, um wieder mehr Energie und Selbstvertrauen zu bekommen. Tatsächlich zeigt sich nach einigen Wochen eine deutliche positive Veränderung. Ich möchte mit diesem Beispiel sagen: Je stabiler wir im Innern sind, desto besser können wir unser Äußeres annehmen – selbst wenn die ersten Fältchen kommen oder bereits da sind.

WIRKUNG BEI ALLERGISCHEN REAKTIONEN

Eine Kundin (einundfünfzig Jahre) leidet seit Jahren an einer allergischen Reaktion der Haut. Sie kann nur ganz bestimmte Pflegeprodukte vertragen, zum Beispiel Aloe Vera. Außerdem reagiert sie allergisch auf einige Nahrungsmittel. Nachdem sie mit den Fünf »Tibeter«-Übungen angefangen hat, verändert sich das Hautbild nach und nach. Die Rötungen ziehen sich zurück, die Haut wird immer stabiler.

Ganz ähnlich ergeht es einer anderen Kundin, die unter einer Allergie auf Gräser, Pollen und Konservierungsmittel leidet: «Ich kann überhaupt keine Kosmetika vertragen und bin deswegen schon ganz unglücklich. Denn ich möchte mich pflegen, aber traue mich nicht, etwas anderes als eine medizinische Creme anzuwenden!» Seit sie die Fünf »Tibeter« macht, hat sich ihr Immunsystem stabilisiert, die allergischen Reaktionen sind zurückgegangen.

NEUE ENERGIE UND NEUE PERSPEKTIVEN

Eine Kundin, die ich seit Jahren behandele, litt an einer *Couperose* (sichtbare Äderchen unter der Haut) im Gesicht. Durch die regelmäßige Anwendung der Fünf »Tibeter« und die beruhigende Gesichtsbehandlung mit einer Lymphdrainage veränderte und stabilisierte sich das Hautbild sichtbar. Die Fünf »Tibeter« veränderten ihr ganzes Körperbewusstsein, und sie sah ihr Leben aus einer ganz neuen Perspektive. Sie begann, sich für weitere alternative Behandlungs- und Meditationstechniken zu interessieren. Heute arbeitet sie selbst als Therapeutin, macht immer noch regelmäßig die Fünf »Tibeter« und hat eine wunderbare Haut.

Seit zwei Jahren gebe ich einer zweiundvierzigjährigen Qi-Gong-Lehrerin regelmäßig Balancebehandlung inklusive Lymphdrainage. Von Anfang an fiel mir ihre positive Ausstrahlung auf. Sie wirkt zufrieden, und es geht eine tiefe Ruhe von ihr aus. Ihre Haut hat eine gute Spannkraft und ist glatt und rosig. Sie selbst sagt, ihre Haut sehe heute schöner aus als vor einigen Jahren. Ausschlaggebend dafür sei die innere Zufriedenheit, die durch die Entspannungsübungen komme. Doch auch sie musste erst lernen, sich für die Kraftquellen zu öffnen, ohne die sie nicht ihr Tagespensum schaffen würde. An manchen Tagen macht sie ihre Entspannungsübungen – zu denen auch die Fünf »Tibeter« gehören – mehrmals und fühlt sich anschließend wieder energiegeladen. Die ganze Familie profitiert davon. Sie meint: «Entspannung heißt für mich, sich durch nichts ablenken und den Geist ruhig werden zu lassen. Erst dann hat der Körper die Chance, sich zu entspannen, und der Geist bleibt wach!»

TIPPS FÜR EINE SCHÖNE HAUT

- Vermeiden Sie Alkohol, Nikotin, Süßigkeiten, Kaffee, Tee und körperliche Überanstrengung. Das bringt alles nur Säuren ein, die der Körper mühsam ausscheiden muss: über die Nieren, Lungen und auch über die

Haut. Hier lösen sich die Kollagenpolster, und das sieht dann meist nicht gut aus.

- Nehmen Sie viele Vitamine. Sie wirken Wunder für die Haut, besonders die Kombination von Vitamin A, C und E. Sie entschärfen freie Radikale, die für die vorzeitige Hautalterung verantwortlich gemacht werden.
- Verwenden Sie Cremes mit Antioxidantien (Vitamine A, C, E).
- Trinken Sie morgens heißes Wasser mit einigen Tropfen Zitrone. Das regt den Stoffwechsel und die Ausscheidung von Schlacken an. Die Entgiftungsorgane arbeiten vor allem nachts. Sie helfen ihnen, den «Müll» zu entsorgen, und Sie haben frische Energie für den neuen Tag.
- Trockenbürsten lösen alte und abgestorbene Hornzellen ab, außerdem wird die Haut besser durchblutet. Das wiederum hilft, die Schlackenabfallprodukte schneller auszuscheiden. Das Ergebnis ist eine straffe und schöne Haut. Benutzen Sie für den Körper eine festere, für das Gesicht eine weichere Bürste.
- Duschen Sie abwechselnd warm und kalt. Auch hierbei wird eine bessere Durchblutung der Haut erreicht. Außerdem macht es munter.
- Üben Sie die Fünf »Tibeter« am offenen Fenster – mit jedem Tag strömt mehr Sauerstoff in Sie hinein. Die positiven Effekte für die Haut: bessere Durchblutung, klareres Hautbild und mehr Spannung.
- Essen Sie Obst. Es liefert Ihnen die Vitalstoffe, die Sie brauchen, um eine strahlend schöne Haut und ein festes Gewebe zu bekommen.
- Essen sie morgens ein Energie-Müsli aus Dinkelflocken, einem Sojadrink (Milch, Quark), einigen Mandeln, Sonnenblumen oder Kürbiskernen. Das gibt Ihrer Haut Vitamine und Eiweiß.
- Trinken Sie während des ganzen Tages viel Wasser (mindestens zwei Liter) für eine schöne, glatte Haut und einen vitalen Körper.[12]
- Sorgen Sie für genügend Schlaf – ein wichtiges Schönheitsrezept.

5

WAS IST KOSMETIK,
UND WIE WIRKT SIE?

WIE ALLES ANFING

Das Wort «Kosmetik» kommt vom griechischen *Kosmos,* «Weltall, System der Himmelskörper, allumfassende Ordnung, Schmuck». Es bedeutet «Schönheitpflege» und «Verschönerungskunst». Durch eine besondere Pflege soll die Harmonie des Körpers erreicht oder erhalten werden. Kosmetik ist ein wichtiger Teil der Gesundheits- und Körperpflege.

Seit alters her kennen die Menschen Mittel und Techniken, die Jugendlichkeit der Haut zu erhalten und zu unterstreichen. Das beweisen zahlreiche archäologische Funde aus alten Kultstätten: Schminktöpfe, Behälter für Salben, Spiegel und Kämme, Schriften über Schönheitsmittel und kosmetische Behandlungen.

Die Wiege der Kosmetik ist im alten Ägypten zu suchen. Sieht man sich die Büste der berühmten Nofretete an – ihr Name bedeutet «Die Schöne kommt» –, kann man deutlich erkennen, welcher Aufwand bei der Kunst der Verschönerung betrieben wurde. Schönheits- und Gesundheitspflege gehörte ganz selbstverständlich zum Lebensstil der hochkultivierten Ägypter. Das galt nicht nur für die privilegierte Schicht, sondern insgesamt. Für die Zusammensetzung und Wirkungsweise der Kosmetikmittel waren Priesterärzte und Apotheker verantwortlich. Die alten Rezepturen etwa gegen Faltenbildung oder Sonnenbrand unterschieden sich kaum von unseren heutigen. Die aus Pflanzen und Mineralien gewonnenen Schönheitsmittel haben sich bis heute in der Kosmetik bewährt.

Von Ägypten aus verbreitete sich die Kosmetik in Griechenland und bei den Römern. «Gut und schön zu sein» war das Ideal. Und: Ein gesunder

Geist findet sich (nur) in einem ebenmäßig gebildeten und gepflegten Körper *(mens sana in corpore sano)*. Die Griechen und Römer wussten, was zur Schönheit nötig war – wie viel Wasser, wie viel Schlaf, welche Massagen, Diäten und Körperübungen. Sie erfanden die heute so aktuelle Biokosmetik: naturgegebene, naturgewollte Pflege des lebendigen menschlichen Leibes, um schön und gesund zu sein.

DIE MODERNE KOSMETIK

Auch heute möchte der Mensch natürlich schön und gesund sein. Doch stärker als früher ist dies ein Mittel zum Zweck geworden, nämlich um in der Gemeinschaft und Gesellschaft seine Position und seinen Stellenwert zu erhalten. Kann das Alter mit seinem seelischen Reichtum, seiner durch die Erfahrung gewonnenen Weisheit die Falten aufwiegen? Ich finde ja. Doch im Allgemeinen gelten Falten als Zeichen für «Altwerden». Entsprechend konzentriert sich die Suche nach ewiger Jugend darauf, sichtbare Anzeichen für das Altern, d. h. vor allem Falten, zu überdecken, wegzuoperieren, hinauszuzögern. «Falten sind eine ernste Erkrankung. Kennen Sie jemand, der sich täglich über Krankheiten den Kopf zerbricht? Aber alle machen sich regelmäßig Gedanken über Falten», sagt Albert Kligmann, ein führender amerikanischer Dermatologe.[1]

Millionen Frauen (und Männer!) in aller Welt sind wegen ihrer Falten besorgt. Allein in den USA geben Frauen zwischen dreißig und fünfzig Jahren jährlich über eine Milliarde Dollar für Antifaltencremes aus. Entsprechend viel Geld investieren Kosmetikfirmen in die Hautforschung. Dennoch sind längst nicht alle Hautcremes ausreichend getestet. Für den Endverbraucher entsteht ein Problem. Er muss viel Zeit und Geld investieren, bis er die geeignete Pflege für sich findet, die das Hautbild tatsächlich verbessert.[2]

Die moderne Kosmetik ist in verschiedene Bereiche unterteilt, die ich im Folgenden kurz beschreiben möchte.

GANZHEITLICHE KOSMETIK

Das ist eine pflegende und seelisch betreuende Kosmetik, eine vorsorgende Gesundheitspflege, die den ganzen Körper einbezieht. Gesundheit, Schönheit und Bewegung werden als Einheit verstanden. *Wellness* ist das Stichwort. Was immer Körper, Geist und Seele gut tut, ist in den Kosmetikinstituten gefragter denn je. Dadurch hat sich auch der Aufgabenbereich der Kosmetikerinnen verändert. Die Anforderungen sind gestiegen. Langjährige Berufserfahrung und medizinische Kenntnisse, ständige Weiterbildung – das alles fordert der Kunde, um Vertrauen haben zu können. Er informiert sich und wird informiert. Dementsprechend wünscht er Produkte und Behandlungen, die seine Gesundheit, Attraktivität und Vitalität fördern. Von der Kosmetikerin wird Kompetenz in allen Fragen der Schönheits- und Gesundheitspflege erwartet. Das schließt auch die kosmetische Chirurgie mit ein. Außerdem werden von der Kosmetikerin eine ausgeprägte Menschenkenntnis und die Fähigkeit, sich in die jeweilige Kundin hineinzuversetzen, verlangt. (Mehr zu Wellness und Wohlfühlen im nächsten Kapitel.)

KOSMETISCHE CHIRURGIE

Menschen, die von Geburt an (z. B. durch abstehende Ohren), durch einen Unfall (Kieferaufbau, Nasenkorrektur) oder durch eine Krankheit (Krebs: Nasenplastik, Brustaufbau) entstellt sind, erhalten ein neues Aussehen. In der «Ästhetischen dermatologischen Kosmetologie» werden solche Eingriffe oft ambulant in der Praxis vorgenommen, und zwar bei:

- Alterswarzen
- Talgzysten
- gutartigen Geschwülsten *(Fibromen)*
- Veränderungen des Unterhautfettgewebes, Fettgeschwülsten *(Lipomen)*
- Blutgefäßen (Äderchenzeichnung, Spinnenmal, Blutschwamm, Feuermal, Besenreiser – violette oder rote filigrane Äderchen unter der Haut, überwiegend an den Beinen und Oberschenkeln –, Couperose im Gesicht

Will jemand sein Aussehen so stark verändern, dass ein chirurgischer Eingriff erforderlich ist, versuche ich in einem aufklärenden Gespräch, die Wünsche und Bedürfnisse zu ergründen und zu verstehen. Zu einem Eingriff rate ich zum Beispiel bei Schlupflidern. Meistens schränkt die herunterhängende Haut des Schlupflides das Sehfeld ein. Außerdem wirkt das Gesicht oft müde und ausdrucksloser. Etliche Frauen haben Probleme mit zu starkem Haarwuchs im Gesicht. Auch das lässt sich entweder operativ oder mit Laserbestrahlung beheben. Hier unterstütze ich den Wunsch der Klienten und weise sie weiter an den entsprechenden, kompetenten Arzt.

DEKORATIVE KOSMETIK

Sie hilft, die Individualität eines Gesichtes dezent zu unterstreichen oder hervorzuheben. Da kann ein Hauch Rouge oder ein dezentes Make-up Wunder bewirken. Blasse Haut wird rosig, Fältchen verschwinden. Doch sollten Sie sparsam damit umgehen und es an den richtigen Stellen verwenden. Lassen Sie sich von einer Visagistin oder einer dafür qualifizierten Kosmetikerin beraten.

Bei Hautunebenheiten, Muttermalen, Narben, geplatzten Äderchen, Altersflecken oder dem auffälligen Feuermal hilft ein spezielles Beauty-Make-up, auch *Camouflage* genannt. Das ist eine effektive Abdecktechnik, die jeder für sich erlernen und im täglichen Leben umsetzen kann. Auch hier ist eine gut ausgebildete Visagistin oder Kosmetikerin hilfreich. Neuerdings gibt es Camouflagecenter, in denen Sie die Abdecktechnik erlernen können.[3]

PFLEGENDE KOSMETIK

Sie unterstützt die Durchströmungsverhältnisse und damit den Stoffwechsel der Haut und sorgt für genügend Wasser bzw. Feuchtigkeit. Das geschieht durch Massagen, Packungen, Masken, Cremes und weitere spezielle Mittel. Die Haut kann wie Zellmembranen Stoffe ansaugen *(absorbieren)*, aufsaugen *(resorbieren)* und teilweise hindurchtreten lassen *(dialysieren)*. Bestimmte Mittel können die Haut auch durchwandern *(penetrieren)*. Vor einigen Jahren war man noch der Meinung, dass die Wirkstoffe in den Kosmetikpräparaten nur an der Oberfläche wirken und nicht in die Tiefe dringen. Der beste Gegenbeweis sind Hormon-, Nikotin- oder Rheumapflaster.

Die in der pflegenden Kosmetik eingesetzten Wirkstoffe stoppen die Hautalterung, liefern die nötige Feuchtigkeit und helfen bei Hautirritationen. Ich wende sie in Form von Ampullen, Seren oder Gels in meinen Behandlungen an. Sie lassen sich individuell kombinieren. Hier ein Überblick:

Wirkstoffkonzentrate
ALGENEXTRAKT
Wirkt talgabsorbierend, teintklärend, entschlackend, hautberuhigend, hautstraffend und mineralisierend. Algen verwende ich bei unreiner, jugendlicher Haut genauso wie bei einer reiferen, müden, feuchtigkeitsarmen und

zu Falten neigenden Haut und erziele immer ein positives Ergebnis. Bei einer reifen, feuchtigkeitsarmen oder müden Haut schleuse ich zusätzlich einen speziellen Wirkstoff ein, z. B. durch Ampullen. (Ampullen sind kleine Fläschchen, eine wertvolle Bereicherung in der Behandlung, weil sie individuell, gezielt und in konzentrierter Form auf die Haut einwirken können. Sie garantieren eine Langzeitwirkung.)

Algen sind vielseitig einsetzbar in Masken, Cremes, Peelings, Ampullen und Gesichts- und Körperpflege. Meeresmineralien binden Feuchtigkeit aus der Luft und umgeben so die Haut mit einem natürlichen Feuchtigkeitsmantel. Dadurch wird sie vor dem Austrocknen geschützt. Die Mineralien bewirken eine stärkere Durchblutung der Haut und sorgen dadurch für eine bessere Versorgung der Zellen mit Sauerstoff und Nährstoffen. Die elastischen und kollagenen Fasern der Haut werden aktiviert, und entsprechend sieht die Haut jünger, frischer und straffer aus. Die Algen enthalten das oxidationshemmende Vitamin E (in Antifalten-Cremes).

Algen spielen auch in Bädern und Körperpackungen eine wichtige Rolle – z. B. in der Thalassobehandlung. Dort wirken sie Stoffwechsel anregend, entschlackend und Feuchtigkeit spendend.

COENZYM Q10

Schützt vor Falten, stabilisiert den Stoffwechsel, pflegt gestresste und sensible Haut. Dient als Energieträger und Energieversorger. Die Anwendung wirkt unabhängig vom Alter. Das Ergebnis ist oft nach einer Behandlung schon sichtbar. Q10 wird in der Kosmetik insbesondere in Cremes für die reife Haut in Kombination mit den Vitaminen A und E eingesetzt. Es verstärkt die Vitamine und hat eine antioxidative Wirkung auf die Haut, außerdem wirkt es gegen freie Radikale. Meine zusätzliche Empfehlung: Q10 als Nahrungsergänzung (stärkt das Immunsystem).

ALOE-VERA-EXTRAKT

Schließt die Poren. Die pflanzlichen Stoffe machen die Haut elastisch, glätten Fältchen, wirken gegen Rötungen, Reizungen und Akne. Die Enzymaktivität des Saftes fördert die Durchblutung und wirkt beruhigend, Reiz lindernd, Feuchtigkeit spendend und entzündungshemmend. Außerdem versorgt Aloe Vera die Haut mit lebensnotwendigen Nährstoffen und regt Zellregeneration und -wachstum an.

Als Kosmetikzusatz oder -basis sind die Wirkstoffe der Aloe Vera und ihre Vorteile längst bekannt (Vitamine, Aminosäuren, Polysaccharide, Mineralsalze, Proteine und Enzyme). Ich bin von Aloe Vera begeistert und wende sie für mich täglich in großen Mengen an, für die Haut als zusätzlichen

Feuchtigkeitsspender und auch als Nährstoffgetränk. Als After Sun wirkt Aloe Vera wohltuend, und bei Verbrennungen hat sie eine beruhigende und heilende Wirkung. In meiner Behandlung verwende ich Aloe Vera bei einer unreinen, jugendlichen Haut sowie bei einer trockenen und reifen Haut. Auch hier kombiniere ich die Wirkstoffe je nach Beschaffenheit und Bedürfnissen der Haut.

AKTIVER SAUERSTOFF

Sauerstoff kann unsere Haut zum Strahlen bringen – nicht nur mit jedem Atemzug, sondern auch durch die äußerliche Pflege. Er fördert Mikrozirkulation und Hautdurchblutung und erhöht Elastizität und Feuchtigkeit der Haut. Gut bei Problemhaut, Aufbau-, Feuchtigkeits- und Anti-Stress-Behandlung. Erfolge zeigen sich auch bei einer kurmäßigen Anwendung von Sauerstoffpräparaten. Straffung der Gesichtskonturen, Verbesserung der Hautstruktur, vitaleres Hautgefühl sind die Folge. Sauerstoffpräparate regen den gesamten Stoffwechsel der Haut an und wirken so als Energieträger. Nur mit Hilfe von Sauerstoff können die Zellen die Nährstoffe verarbeiten.[4]

MASSAGEN IN DER KOSMETIK

Die Massage gehört zu den ältesten Behandlungsmethoden in der Gesundheitspflege, somit auch in der Kosmetik. Im Rahmen meiner kosmetischen Behandlung spielt sie eine bedeutende Rolle. Es gibt manuelle und apparative Massagemöglichkeiten. Ich führe alle Massagen manuell aus, um den Kontakt zu meiner Kundin herzustellen, und gehe dabei individuell auf ihre Bedürfnisse und die ihrer Haut ein.

Folgendes kann die Massage bewirken:

- *Unterstützung der Hautreinigung.* Durch Kneten, Walken, Druck und Sauggriffe werden Komedonen und Talg gelockert und können leichter ausgereinigt werden.
- *Erhöhung der Durchblutung.* Die Hände reiben und erwärmen die Haut. So wird sie besser durchblutet.
- *Verbesserung der Hautspannung.* Durch eine entsprechende Massage wird der Haut mehr Gewebeflüssigkeit zugeführt. Dadurch erhöht sich die Spannung des Gewebes und der einzelnen Zellen, sodass die Haut vor dem Erschlaffen bewahrt wird.

- *Straffung des Bindegewebes.* Die Spannung der Haut ist unter anderem von der Beschaffenheit des Bindegewebes abhängig. Mit zunehmendem Alter machen sich das Doppelkinn und die Tränensäcke bemerkbar. Die Haut verliert ihren inneren festen Halt, sie fällt ein, und die Fettschicht sackt ab. Hier hilft eine festigende Massage (Kneten und Walken).
- *Lockerung- und Entspannung.* Stärkt die Muskulatur durch eine tief greifende Massagetechnik.

Tipp
Massieren Sie jeden Morgen und Abend die Haut beim Eincremen, immer von den Mundwinkeln nach oben. Machen sie regelmäßig Gesichtsgymnastik. Versuchen Sie, Ihre Gesichtsmuskulatur zu erspüren, festzuhalten und wieder zu lösen. Die Wirkung ist frappierend. Bei regelmäßiger Anwendung wird die Gesichtsmuskulatur wieder straffer.

WIRKSTOFFMASSAGE

Durch eine Massage können die angewandten Präparate und Wirkstoffe besonders gut von der Haut aufgenommen werden. Frauen, die vor der Behandlung nicht so recht an die Kombination von Massage und Präparaten glauben, sind anschließend umso verblüffter.

So auch eine sechsundfünfzigjährige, sehr schlanke und gepflegte Frau, die zum ersten Mal zu mir kommt. Sie möchte eine Gesichtsbehandlung mit Ausreinigung. Leider haben sehr schlanke Frauen oft auch eine dünne Haut mit wenig Unterhautfettgewebe. Daher sind Falten und absackende Haut auch früher zu bemerken als bei dickeren Frauen. Fett füllt die Falten aus und kann so einige altersbedingte Veränderungen wie den Verlust an Knochenmasse im Kinn-/Wangenbereich kaschieren. Die Kundin erhält eine Kombination von Coenzym Q10 als Energieträger, Sauerstoff zur besseren Hautdurchblutung und Einschleusung der Wirkstoffe, Aloe Vera, Algen und Hyaluronsäure, die für viel Feuchtigkeit sorgen. Begleitend dazu findet eine Gesichtsmassage statt, die durchblutend wirkt, die Hautspannung verbessert, die Muskulatur stärkt und die Wirkstoffe optimal in die Haut einschleust. Außerdem wirkt die Massage auf Seele und Körper entspannend, ausgleichend und doch energetisierend.

Die Frau ist über den Verjüngungseffekt so erstaunt und erfreut, dass sie ihre Haut zu Hause konsequent weiterpflegt. Und das ist der entscheidende Punkt: Motivation zur regelmäßigen Pflege.

LYMPHDRAINAGE

Die Lymphdrainage wird von Hand ausgeführt. Sie kann auf das Nerven-system beruhigend wirken. Im Bindegewebe verursacht sie den Abtrans-port von überschüssiger Gewebeflüssigkeit (Schlacken, Ödeme). Es kommt zur Entgiftung des Körpers und zu einer besseren Versorgung des Gewe-bes, dadurch wird eine Reinigung und Vitalisierung bewirkt. Eine Lymph-drainage kann auch die Immunabwehr des Körpers mobilisieren.[5]

AKUBIMASSAGE

Dies ist eine von mir entwickelte Massage, bei der ich bestimmte Akupres-surpunkte im Gesicht aktiviere bzw. stimuliere und anschließend mit einer speziellen Massagetechnik die Schlackenendprodukte abtransportiere. Die Massage bewirkt außerdem eine gezielte Durchblutung der jeweiligen Orga-ne und entspannt zugleich die Gesichtsmuskulatur, sodass sich Energie-blockladen im Gesicht lösen können. In Kombination mit Algenwirkstoffen, die zusätzlich entschlackend und reinigend wirken, kommt es zu einem klaren und reinen Hautbild. Diese Massagetechnik, auch mit anderen Wirk-stoffen kombinierbar, setze ich für viele verschiedene Haut-bilder ein, z.B. bei unreiner Haut, beim Rauchergesicht, bei (alters- und hormonell beding-ten) Gesichtsstauungen. Auch hier sind sofort gute Erfolge zu sehen.

Bei einer Kundin zeigt sich der Lebensstil – schlechte Er-nährung, wenig Schlaf, viel Al-kohol, keine ausreichende Pfle-ge – schonungslos in der Haut. Ich wende die Akubimassage mit folgenden Wirkstoffen an: Algen, Q10. Die Haut ist da-nach besser durchblutet, straffer und energievoller. Der Harn-drang zeigt: Die Ausscheidung

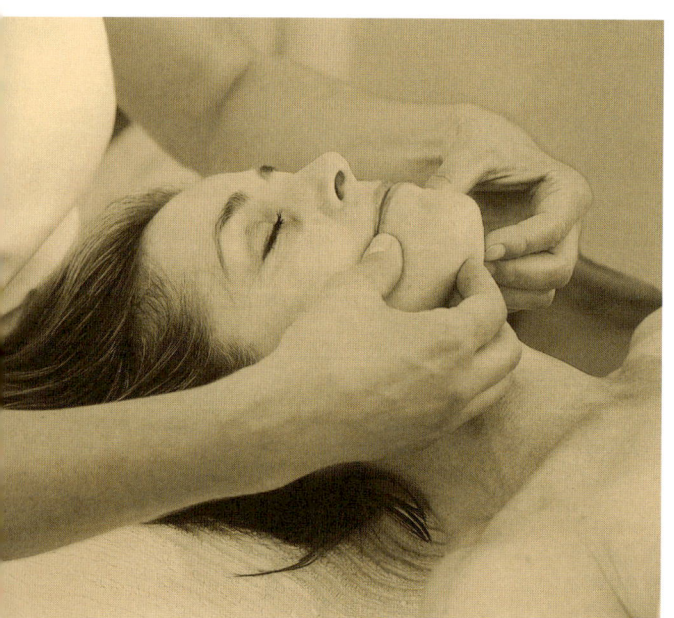

Akubimassage. funktioniert sofort.

WIRKSTOFFPROGRAMME

Um von dem Standardprogramm wegzukommen, eifern viele Kosmetikerinnen dem amerikanischen Vorbild von Customized Cosmetics nach. Während dieses auf den Kunden individuell zugeschnittene Kosmetikprogramm in Amerika erlaubt ist, da die verwendeten Basisemulsionen und Wirkstoffkomplexe bereits die Sicherheitsbewertungen aufweisen, besteht hierzulande eine Kosmetikverordnung, die ein eigenes Zusammenmischen von chemischen Stoffen verbietet. Das ist auch sinnvoll, denn immer häufiger werden allergische Reaktionen auf nicht ausreichend getestete Stoffe beobachtet. Damit man den individuellen Ansprüchen der Kunden gerecht werden kann, gibt es in der Kosmetikpraxis als Alternative zu Customized Cosmetics die sinnvolle Kombination von Grundlagen (Basiscremes) mit Wirkstoffkonzentraten. Hierbei hat man die Möglichkeit, die Wirkstoffe einzeln auf die Verträglichkeit der jeweiligen Kundin hin zu testen.

Um auf die Individualität der Haut effektiv eingehen zu können, kombiniere ich je nach Hautzustand und Bedürfnis Packungen, Masken oder Ampullen, die individuell verändert werden können. Das Wirkstoffkonzentrat, pur auf die Haut aufgetragen, gefolgt von der jeweiligen Basiscreme, ermöglicht eine partiell höhere Wirkstoffkonzentration, was sich nach einer Behandlung deutlich auf der Haut zeigt.

MASKEN UND PACKUNGEN FÜR ZU HAUSE

Tipps
Regelmäßig ein- bis zweimal in der Woche eine Maske oder eine Packung, je nach Bedürfnis und Jahreszeit. Masken und Packungen können den Stoffwechsel der Haut regulieren und normalisieren. Sie helfen der Haut, sich zu regenerieren, und versorgen sie mit Feuchtigkeit. Vor jeder Maske und Packung möglichst eine Gesichtsreinigung und ein Peeling, um die abgelagerten Hornzellen und Hautunreinheiten zu entfernen.

Die Haut mag Masken. Gönnen Sie sich, unabhängig von der Tageszeit, eine Feuchtigkeitsmaske als Pause. Benutzen Sie auch mal statt der Nachtcreme eine Feuchtigkeitsmaske. Es gibt Masken, die gleichzeitig entgiftend wirken und die Haut von Zellrückständen und Schadstoffen befreien (z. B. Algen, Sauerstoff). Ich schwöre auf Algenmasken. Morgens ist die Haut dann klar und gut durchblutet.

Beachten Sie bei der Maske folgenden Ablauf:

1. Die Haut reinigen. Haut durch warme Tücher und Kompressen aufnahmebereit machen.
2. Wirkstoff auf die Haut auftragen (sehr gut wirken Seren mit Liposomen, Algen, Sauerstoff, Q10, Aloe Vera).
3. Geben Sie Ihre Maske bzw. eine Basiscreme auf die Haut.
4. Lassen Sie die Maskenmischung zehn bis zwanzig Minuten auf der Haut, je nach Bedürfnis.
5. Den Rest mit einem Zellstofftuch abnehmen oder einmassieren (je nach Gebrauchsanweisung).
6. Nehmen Sie Ihre Tagescreme (schützend) bzw. Nachtcreme (regenerierend).

WIRKSTOFFKONZENTRATE MIT ANTI-AGING-EFFEKT

Kosmetische Produkte, die jugendliches Aussehen versprechen, sind nach wie vor der Hit. Die ersten Anti-Aging-Hautpflegeprodukte wurden Ende der Achtzigerjahre entwickelt. Dazu gehören Seren wie Liposome, AHAs (Alphahydroxysäuren), Vitamine, essenzielle Fettsäuren, Polyphenole aus Trauben. Diese Hautpflegeprodukte sollen die Haut schützen und den Alterungsprozess verlangsamen.

- *Seren* werden oft mit Pumpspendern geliefert. So lassen sie sich besser dosieren und bleiben keimfrei. Sie sollen der Hautalterung vorbeugen. Meist enthalten sie Antioxidantien, die die Haut vor schädlichen freien Radikalen schützen, oder AHAs (Fruchtsäuren), die die normale Abschilferung der abgestorbenen Hautzellen beschleunigt und die Haut schon nach kurzer Zeit frischer erscheinen lässt, weil sie die Feuchtigkeit besser halten kann. Einige Seren (s. u.) sollten täglich benutzt werden, denn sie beschleunigen die Zellbildung. Seren sollten immer in Verbindung mit einer Feuchtigkeit aufgetragen werden.
- *Liposome* haben sich in meinen Behandlungen besonders bewährt. Es sind kleine, mit Flüssigkeit gefüllte Fettkügelchen. In ihre wässrigen Innenräume lassen sich Wirkstoffe einbauen. Sie sind ein natürliches Transportmittel, das Wirkstoffe schnell und zielgerecht dort einsetzt, wo sie ihre Wirkung in der Haut entfalten sollen. Ich arbeite in meiner Praxis mit einem Sauerstoff-Liposomen-Gel. Der eingekapselte Sauerstoff stimuliert die lebensnotwendigen Hautfunktionen, und die anderen regenerierenden Wirkstoffe versorgen zusätzlich die Haut.

- *Fruchtsäuren* (AHAs = *Alpha Hydroxy Acids,* ein sanftes chemisches Peeling). Verhornte Zellen bilden die äußere Schicht im Deckgewebe der Oberhaut. Sie schuppen ständig ab. Täglich verlieren wir eine Lage Hornzellen. Mit dem Alter werden diese Hornzellen größer und verhornen stärker. Neue und junge Zellen bilden sich langsamer. Folge: Die Haut wirkt müde und fahl, Falten sind sichtbarer. Nach einer Fruchtsäurebehandlung verändert sich das Hautbild deutlich. Bei einer solchen Behandlung mit Fruchtsäuren muss darauf geachtet werden, dass die zu stark verhornten Zellen der Hautoberfläche schonend abgetragen werden, damit die Haut nicht verätzt. Zu empfehlen ist eine sanfte Dosierung der Fruchtsäure. Das Peeling kann in der Kosmetikpraxis als Kur eingeleitet und zu Hause mit den darauf abgestimmten Pflegeprodukten fortgeführt werden. Beste Jahreszeiten: Frühjahr und Herbst. Eine Kundin, fünfundvierzig Jahre alt und starke Raucherin, beklagt sich über müde, glanzlose und fleckige Haut. Hier ist zum Beispiel eine Fruchtsäurebehandlung angebracht. Mit zunehmendem Alter verliert die Haut an Transparenz. Durch das Rauchen wird dieser Prozess noch verstärkt. Peelings mit Fruchtsäure lassen die neue, glatte Haut unter der abfallenden, alten Hornschicht schnell zum Vorschein kommen. Die trockene Haut kann wieder Feuchtigkeit speichern und das hauteigene Kollagen wieder aktiviert werden.

ANTI-AGING-HAUTPFLEGE: NEUE FORSCHUNGSERGEBNISSE

Ewige Jugend und ein faltenfreies Gesicht – das versprechen Anti-Aging-Präparate. Und was hilft wirklich? Wer sich heute in einer Kosmetikpraxis behandeln lässt oder Kosmetika kauft, will oft Testergebnisse erfahren. Und die gibt es. Einige Fakten:

- Neunzig Prozent der Hautschäden werden ausgelöst durch Umweltfaktoren wie Rauchen, Wind, Luftverschmutzung, Chemikalien und UV-Strahlen.
- Der Hauptgegner der Haut sind freie Radikale, die ihr u. a. Elastizität und Spannung nehmen.
- Mit modernsten Methoden arbeiten Wissenschaftler heute an der Entwicklung von Kosmetika, die den Alterungsprozess der Haut verlangsamen. Die Henkel-Arbeitsgruppe «Biochemie Haut» vergleicht in ihren Tests bereits bekannte Wirkstoffe mit neuen Substanzen, die dem Hautalterungsprozess entgegenwirken sollen. Einer der neuen Wirkstoffe: die

Alge Spirulina. Das in ihr enthaltenen Protein Filaggrin fördert nachweislich jugendliches Aussehen.[6]

- Spurenmineralien und Aminosäuren kombiniert stärken die Zellenergie und versorgen die Haut so mit mehr bioverfügbaren Mikronährstoffen.
- Mikronährstoffe können mit Cremes, die die Zellschutzvitamine A, C und E enthalten, auch von außen wirken. Sie machen die Haut elastischer, stärker und glätten Fältchen sichtbar. Zudem stoppt Vitamin E das Foto-Aging (das vorzeitige Altern durch Licht/Sonne).

«Produkte der neuen Generation werden bis in die vitalen Epidermiszellen vordringen. Der Alterungsprozess der Haut wird durch Regeneration der Zellen zwischen vier bis sieben Jahre aufgehalten werden können», meint C.-Julius Heuberger von Mercatura Cosmetics Bio Tech. Er kann Testergebnisse von über einhundert Probanten vorweisen.

ALTERSBREMSEN FÜR DIE HAUT

- *Vitamin A* fördert Haut- und Schleimhautregenation und verbessert das Hautbild.
- *Vitamin C und E* schützen die Haut vor freien Radikalen. Vitamin C unterstützt zusätzlich den Aufbau kollagener Fasern im Bindegewebe. Der Vitamin C-Bedarf ist abhängig vom Lebensstil. Raucher brauchen vierzig Prozent mehr als Nichtraucher.
- *Ceramide.* Lipidbausteine, regenerieren den Fettfilm auf der Haut und setzen als eine Art Kittsubstanz die angegriffene Hautbarriere in Stand.
- *Coenzym Q10* wirkt nicht nur als Energieträger, sondern schützt außerdem vor Sauerstoffmolekülen, die die Haut altern lassen. Wichtig bei Sonnenbestrahlung.
- *DMEA.* Körpereigener Zellschutzstoff, dessen Produktion mit den Jahren nachlässt. Die Substanz (z. B. in «Vita-Gerin-Geistlich») erhöht die Lebensdauer der Zellen um über fünfzig Prozent.[7]
- *Pflanzliche Hormone,* z. B. Traubensilberkerzen-Extrakt, östrogenartige Substanzen (Pillen, Cremes), halten die Haut straff und machen die Blutgefäße geschmeidig.
- *Enzyme* (Proteine, also Eiweiß) sind Katalysatoren, die den Zellstoffwechsel anregen.
- *Feuchthaltende Faktoren* wie Harnstoff, Glycerin, Aloe Vera, Alantoin und Vitamin E halten Wasser in der obersten Hautschicht zurück und lassen die Haut praller aussehen.

- *Fett*. Eine Extraportion Fett liefert das Nachtkerzenöl.
- *Glucan* in Cremes soll den Zellstoffwechsel stabilisieren und mehr Feuchtigkeit in der Haut speichern. Die Stiftung Warentest dazu: «Wissenschaftlich ist die Wirkung nicht bewiesen.»
- *Hyaluronsäure,* eine stark feuchtigkeitsbindende Substanz im Bindegewebe. Füllt die Räume zwischen den Kollagenfasern aus und hält so die Haut elastisch.
- *Vitamin C und Molkeproteine* kurbeln die Kollagenbildung an.
- *Kreatin und Carnitin* stärken in Verbindung mit körperlicher Aktivität die Muskeln nach zirka sechs Monaten.[8]
- *Sauerstoff* ist an allen Stoffwechselprozessen beteiligt.
- *Phytohormone* (steuern das Wachstum der Pflanzen) gewinnen in der Anti-Aging-Hautpflege immer mehr an Bedeutung. Sie sollen beim Menschen die zellulären Prozesse beeinflussen. In Cremes und Salben z. B. werden Phytohormone aus Soja und Rotklee verwendet, um die Haut zu straffen und Falten vorzubeugen. Auch Ginkgo, Olivenblatt und Kaktusextrakte werden gegen frühzeitiges Hautaltern eingesetzt.
- *Wasser* als Schönheitselexier. Viel trinken, empfehlen Anti-Aging-Experten. Und: im Winter einen Befeuchter in die Räume stellen. Sonst entzieht die Luft der Haut die Feuchtigkeit. Folge: trockene und schuppige Haut, Faltenbildung.

DIE TÄGLICHE GESICHTSPFLEGE FÜR ZU HAUSE

REINIGUNG

Warum überhaupt Reinigung? Mit dieser Frage werde ich oft konfrontiert. Grundsätzlich ist Reinigung für jeden Hauttyp wichtig, bei einer jungen ebenso wie bei einer reifen, älteren Haut. Abends wird sie von den Schmutzpartikeln gereinigt, die von außen kommen (Staub, Umweltbelastungen), morgens vor allem von den eigenen Ausscheidungsprodukten. Es reicht nicht, sich Duschwasser übers Gesicht laufen zu lassen. Das erfrischt zwar, hat aber nicht den nötigen reinigenden und pflegenden Effekt.

Die Haut ist ein Ausscheidungsorgan und muss auch als solches behandelt werden. Ohne intensive Reinigung haben die in der anschließenden Pflege eingesetzten Präparate keine Wirkung. Die Talgproduktion und die Regenerationsprozesse für die Zellneubildung stellen sich über Nacht nicht ab, die Zellteilung ist nachts sogar am stärksten. Um die Haut von dem leichten Ölfilm und den abgestorbenen Hautzellen zu befreien, bedarf es morgens einer gründlichen Reinigung (mit warmem Wasser).

Zur Reinigung gehört immer ein Gesichtswasser (möglichst warm, ohne Alkohol). Es schließt die Poren und wirkt jetzt adstringierend (zusammenziehend). Außerdem befreit es die Haut von den Rückständen des Leitungswassers (Kalk, Chlor, Blei, Nitrate), die die Haut austrocknen und reizen können.

Fast jede Haut (abgesehen von einer sehr fettigen) produziert im Laufe der Jahre weniger Talg, wird dünner und trockener. Die Reinigung sollte daher mild und rückfettend sein. Vermeiden Sie entfettende Seife oder Reinigungsschaum. Verwenden Sie eine Reinigungsmilch. Achten Sie auf Spannung oder Schuppung der Haut, und wechseln Sie nötigenfalls Ihr Reinigungspräparat. Sie brauchen auf das kühle und erfrischende «Nass» des Wassers nicht zu verzichten, denn alle Reinigungsmittel werden mit Wasser abgespült, und abschließend sollte das Gesichtswasser in Ihrer Pflege nicht fehlen.

Die Pubertät verstärkt meist die Talgproduktion im Bereich der T-Zone (Stirn, Nase, Kinn). Bei dieser öligen *Seborrhoe* sollte die Kosmetikerin zu Rate gezogen werden. Das Austrocknen der Oberhaut mit Vitamin-A-Säure hat sich nicht immer bewährt. Die Haut wurde zu trocken und hart, das Ausdrücken der Unreinheiten war dann meist sehr schmerzhaft und nicht immer effektiv.

Ich empfehle fettfreie Reinigungsemulsionen oder Waschgels. Sie wirken adstringierend und entzündungshemmend, entfernen schonend den Talgfilm auf der Haut. Dazu für die morgendliche und abendliche Reinigung ein Gesichtswasser mit Sauerstoff. Es unterstützt den Abtransport der Stoffwechselendprodukte in der Haut und führt so schneller zu einem gesunden Hautbild.

PEELINGS

Durch Peelings sollen abgestorbene Hautzellen entfernt werden. Mit zunehmendem Alter lässt die Regeneration der Haut nach. Die oberen Hautzellen werden langsamer abgestoßen, dadurch wirkt die Haut fahl. Es gibt verschiedene Peeling-Methoden:

• mit Fruchtsäuren (AHAs): Vitamin-A-Basis, Retin A, Retinova
• als Kräuter-Tiefenschälkuren

90

- als *Mikrodermabrasion*: ein mechanisches Peeling, das die Hornschicht abträgt und mit Hilfe eines Vakuum- oder eines Druckluftsystems sowie speziellen Mikrokristallen ausgeführt wird.

Reife Haut sollte vorsichtig gepeelt werden, da sie dünner ist. Ich empfehle einmal pro Woche ein sanftes Peeling mit Aloe Vera und eine anschließenden Feuchtigkeitsmaske von Aloe Vera. Auch bei einer jugendlichen und unreinen Haut hilft einmal die Woche ein Peeling mit einer anschließend aufgetragenen Aloe-Vera-Maske.

DIE HAUT MIT FEUCHTIGKEIT VERSORGEN

Die Hornschicht enthält wasserlösliche Substanzen, die die Feuchtigkeit halten und gleichmäßig verteilen sollen. Diese Substanzen nennt man *NF-Faktor (Natural moisturizing factor* = «natürlicher Feuchthaltefaktor»). Wenn wir zum Beispiel unsere Haut zu oft reinigen oder stark austrocknende Reinigungsmittel anwenden, entfernen wir den NF-Faktor der Haut, und sie kann das Wasser nicht mehr binden.

Auch das Austrocknen einer atrophischen Haut ist oft auf eine Verminderung des NM-Faktors zurückzuführen. Um das zu verhindern, ist es wichtig, der Haut nicht nur Fett, sondern auch eine Substanz wie Seren, Liposom (Ampulle) oder Aloe Vera (alle Wirkstoffe sind im flüssigen Bereich) zuzuführen. Dadurch wird der Wasserhaushalt der Haut wieder normalisiert. Wasser trinken unterstützt zusätzlich den NM-Faktor. Viele Frauen vergessen das Trinken, und gerade sie klagen über trockene Haut.

Feuchtigkeitsemulsion/-creme
Tagcreme besteht aus einer Öl-in-Wasser-Emulsion. Sie schützt vor äußeren Einflüssen und Feuchtigkeitsverlust und sollte immer einen Sonnenschutz- und einen NM-Faktor haben. *Nachtcreme* besteht aus einer Wasser-in-Öl-Emulsion. Am Abend ist die Pflege der Haut besonders wichtig. Denn das Organ Haut hat einen anstrengenden Tag hinter sich, mit allen belastenden Einflüssen des Tages. Es ermüdet genauso wie die Muskulatur und das Nervensystem. In der Nacht regeneriert sich die Haut durch einen erhöhten Zellstoffwechsel und eine Zellteilungsrate, die wesentlich höher ist als am Tag. Deswegen kann die Haut in der Nacht die Wirkstoffe aus der Kosmetik besser aufnehmen und verarbeiten als am Tag.

WEITERE SCHÖNHEITSTIPPS

Augen

Die Haut um die Augen ist besonders dünn. Sie hat wenig Elastin und nur eine dünne Schicht Kollagen. Darum trocknet sie auch schneller. Nehmen Sie regelmäßig eine Augencreme – und nichts anderes. Damit vermeiden Sie ein Brennen in den Augen. Seien Sie vorsichtig beim Abschminken. Verwenden Sie Baumwollpads. Tupfen Sie die Augencreme vorsichtig auf den Ansatz der Augenhöhle auf.

Hals

Der Hals verrät das Alter, sagt man. Leider ist die Haut am Hals meist sehr trocken und fein, da sie hier nur wenige Fettzellen hat und nur eine geringe Menge an Talg vorhanden ist. Vermeiden Sie die Sonne! Beziehen Sie Ihren Hals in die tägliche Hautpflege mit ein. Gönnen Sie ihm öfters einmal eine Gesichtsölpackung. Um den Feuchtigkeitsgehalt zu erhalten, verwenden Sie täglich eine Halslotion.

6

SICH WOHL FÜHLEN

WELLNESS

Verwöhnen, eine entspannte Atmosphäre schaffen und kompetent beraten – das ist mein Wohlfühlkonzept für die ganzheitliche Behandlung. Vieles von dem, was ich in meinen ganzheitlichen Behandlungsmethoden anwende, wird heute Wellness genannt.

Der Begriff Wellness ist aus *Well-being* und *Fit-ness* zusammengesetzt. Es scheint unterschiedliche Meinungen darüber zu geben, wer der eigentliche Erfinder war: der Arzt Kenneth H. Cooper oder der Sozialmediziner Halbert I. Dunn. In jedem Fall entstand der Begriff in den USA um 1960. Wellness umfasst alles, was Gesundheit und Wohlbefinden fördert und uns schön und vital macht. Dazu gehören eine gesunde und bewusste Ernährung, Bewegung und kosmetische Behandlungen, die Körper, Geist und Seele gut tun.

Jeder Mensch braucht sein eigenes, ganz persönliches Wohlfühlprogramm. Dabei werden fünf Charaktertypen unterschieden, die sich allerdings oft mischen:

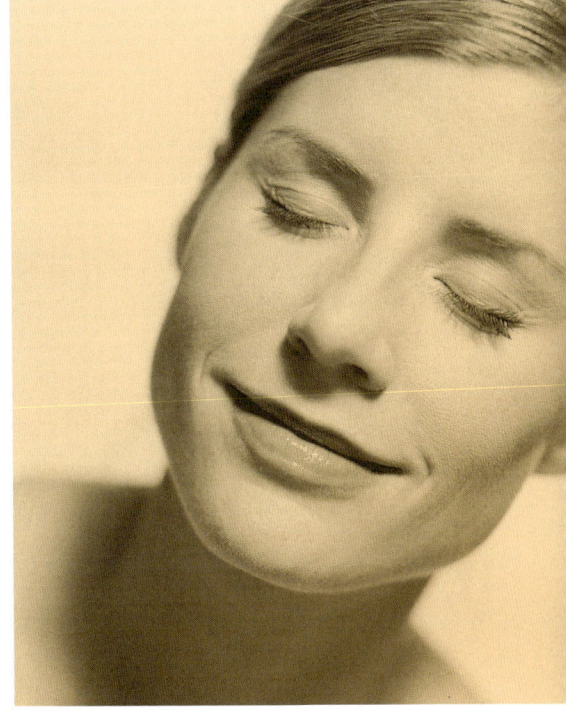

Wellness.

- *Der temperamentvolle Typ* braucht bewegungsreichen Sport zum Abbauen der Stresshormone und als Ergänzung fernöstliche Entspannungsmethoden, um innere Ruhe zu finden.
- *Der melancholische Typ* möchte ein Verwöhnprogramm, das die Lebensenergie zurückbringt: Reiki, Fußreflexzonenmassage und später ergänzend dazu Tanzen und Power-Walking.
- *Der gesellige Typ* sollte sich ein Fitnessprogramm aussuchen, bei dem viele Gleichgesinnte dabei sind. Ergänzend dazu sind Entspannungsmassagen gut.
- *Der schüchterne Typ* wünscht sich ein Beautyprogramm, das das Selbstbewusstsein stärkt. In kleinen Gruppen oder Einzelsessions kann er seine inneren Kräfte mit Reiki, Yoga, Atemtherapie oder Lymphdrainage sammeln.
- *Der genesende Typ* sollte sich sein Genesungsprogramm von einem Mediziner verschreiben lassen. Es darf gern eine ganzheitliche Therapiemethode beinhalten: Akupunktur, Akupressur, die richtige Ernährung und Physiotherapie.

Schönheit wird in der Individualität, in der Einzigartigartigkeit eines jeden Menschen – ja, eines jeden *Wesens* – offenbar. Individualität steht im Zentrum meiner intuitiven und alternativen Behandlungen. Ganzheitliche Wohlfühlbehandlungen sollen Spannungen lockern und Blockaden auflösen, damit die Energie wieder frei fließen kann. Aus der Verbindung von alten asiatischen Traditionen (Zen-Meditation, Taiji, Akupressur, Fußreflexzonenmassage und Körperübungen wie den Fünf »Tibetern«) und westlichen Methoden sind neue Kosmetik- und Wellnessbehandlungen entstanden. So beziehen auch meine Behandlungsmethoden östliches Wissen mit ein. Das Motto ist: sich regenerieren, sich rundum erneuern, voller Energie in den Alltag zurückkehren.

FÜNF WEGE ZUR SCHÖNHEIT

TEE – SCHÖNHEIT TRINKEN

Es gibt nichts Schöneres, als erst einmal anzukommen und mit einer Tasse Tee begrüßt zu werden. Trinken Sie Tee, und nehmen Sie teil an einem alten Geheimnis. Seit Jahrtausenden gilt Tee in den Kulturen Asiens als Lebenselixier gegen das Altern. Auch für die Beduinen ist das Teetrinken ein Ritual. Es bedeutet für sie nach Hause kommen, ankommen. Durch meine Reisen in die Wüste habe ich das schätzen gelernt und gebe es gern in meiner Praxis weiter.

Eine Tasse Tee, frisch aufgebrüht, entspannt und wirkt auf den gesamten Organismus positiv. Forscher haben festgestellt, dass Tee die oxidations-hemmende Tätigkeit im Blut um zirka fünfzig Prozent belebt. Die Tests wurden mit schwarzem und grünem Tee gemacht.[1]

Tipp
Trinken Sie grünen Tee mit etwas Ingwer oder Zitrone. Oder mischen Sie grünen Tee mit etwas Rooibuschtee.

MUSIK – SCHÖNHEIT HÖREN

Seit vielen Jahren arbeite ich in meiner Praxis mit entspannender und beru-higender Musik, die ich je nach Bedürfnis der Kundin aussuche. Erstaun-lich, wie stark die Musik wirkt. Sie kann im Menschen ähnlich positive Empfindungen auslösen wie Sex oder Schokolade. Das ergab eine amerika-nisch-kanadische Studie. Anne Blood vom Massachusetts General Hospital in Charlestown hat zusammen mit ihrem Kollegen Robert Zatorre von der McGill University in Montreal mit Hilfe eines Positronen-Emissions-Tomographen die Reaktionen im Gehirn von Testpersonen beobachtet, während Musik und Geräusche vorgespielt wurden. Bei der selbst ausge-wählten Musik verzeichnete das Gerät besondere Aktivitäten im mittleren Gehirn. Ähnliche Reaktionen an dieser Stelle waren bei früheren Studien beobachtet worden, wenn es um Sex oder die Lieblingsspeise ging. Anne Blood: «Da Musik den Teil des Gehirns aktiviert, der uns glücklich macht, liegt es nahe, dass sie unser Wohlbefinden verbessert.»

Tipp
Entspannungsmusik von Arndt Stein (zirka dreißig CDs).

AROMAÖLE – SCHÖNHEIT EINATMEN

Eine weitere sinnliche Behandlungsmethode sind die Düfte. Die pflanzli-chen Essenzen haben eine erstaunliche Wirkung auf uns Menschen. Sie heilen, betören und verzaubern. Die Aromatherapie nutzt diese Wirkung ätherischer Öle zur Aktivierung der Selbstheilungskräfte. Außerdem machen ätherische Öle jung und verleihen der Haut Vitalität. Sie können, individuell

auf den jeweiligen Hauttyp und Hautzustand abgestimmt, auf jedes Haut-
problem positiv einwirken, besonders in Verbindung mit einer Massage. Die
Haut absorbiert sie in sechzig bis hundertzwanzig Minuten komplett; so
können sie tief ins Gewebe eindringen.

Doch vor allem dringen ätherische Öle tief in unsere Psyche und ins Unter-
bewusste. Sie wecken Erinnerungen an längst vergessene Erlebnisse oder Orte
und Sehnsüchte nach Harmonie und Liebe. Schon ein leichtes Schnuppern
gibt Signale an Körper, Geist und Seele weiter und wirkt wohltuend. Ätherische Öle wirken positiv auf das Immunsystem, helfen bei Schlafstörungen,
Muskelkater und Erkältungen. Allerdings müssen sie hundertprozentig natur-
rein sein, dann erst wirken sie stresslösend und haben den heilenden Effekt.
Wenige Tropfen genügen. Anwendung: Duftlampen, Bäder, Massagen.

Tipp für die Gesichtsmassage zu Hause
2 Tropfen Sandelholz, 1 Tropfen Rose, 2 Tropfen Lavendel oder Bergamotte
mischen mit zirka 50 ml Mandelöl. Auch für eine wunderbare, sinnliche
Körpermassage geeignet.

Oder gönnen Sie sich zum Ausklang des Tages ein Wannenbad mit 1 Tropfen Rose, 2 Tropfen Sandelholz, 2 Tropfen Ylang-Ylang, 2 Tropfen Lavendel.

Für meine entspannenden Körpermassagen nehme ich gern Ylang-Ylang
(2–3 Tropfen auf 50 ml Jojoba/Mandelöl). Ölmassagen mit dem entsprechenden Duft wirken auf Körper, Geist und Seele entspannend und erholsam. Die
Muskulatur im Gesicht und am Körper löst sich, und der Gesichtsausdruck
wirkt entspannt und schön. Massagen mit ätherischen Ölen können als Teil
eines ganzheitlichen Programms zur Altersvorbeugung Wunder wirken. Sie
entspannen, entgiften und unterstützen das Immunsystem.

Zur Pflege für Gesicht und Körper empfehle ich:

ÄTHERISCHES ÖL	WIRKUNG AUF DIE HAUT
Rosmarin, Salbei, Thymian	strafft müde und reife Haut, verfeinert Linien und Fältchen
Lavendel, Minze, Eukalyptus, Zitrone	entschlackend
Thymian, Rosmarin, Zitrone, Lavendel	regulierend
Salbei, Rosmarin, Lavendel, Thymian	porentiefe Hautreinigung
Ylang-Ylang	hautpflegend, entzündungshemmend, beruhigend, entspannend

96

Tipp für eine Aroma-Gesichtskompresse
Je 2 Tropfen Aromaöl von Lavendel, Melisse, Kamille und Bergamotte mit heißem Wasser vermischen. Ein Handtuch damit tränken und auf das Gesicht legen.

FARBEN – SCHÖNHEIT SEHEN

Was ist Ihre Lieblingsfarbe? Für welche Farbe würden Sie sich spontan entscheiden? Stelle ich meinen Kunden diese Fragen, dann zeigt sich dabei häufig, dass die ausgewählte Farbe mit einem Mangel an Energie oder mit Blockaden zu tun hat. Sie hilft, die fehlende Energie zu ersetzen oder die Blockaden aufzulösen. Farben sind Schwingungen. Sie geben den Zellen (der Haut) Energie und Informationen. Der Fluss des Energiestroms wird angeregt und über die Reflexzonen der Haut harmonisiert. Farbbehandlungen ergänzen die klassische Kosmetik. Sie können positiv auf das innere Gleichgewicht wirken und die Balance der Hautfunktionen wieder herstellen. Farben verschönern nicht nur die Haut, sondern auch unser Inneres. Sie festigen Lebensfreude und Selbstbewusstsein und somit automatisch unseren Energiepegel. Farben helfen uns, die Balance zwischen dem Inneren und dem Äußeren zu halten, zwischen dem, was wir sehen, und dem, was wir fühlen.

Immer mehr Kosmetikhersteller kommen hinter das Geheimnis der ganzheitlichen Wirkung von Farbenergie. Mittlerweile gibt es Präparate mit den sieben Chakrenfarben, die genau auf die Bedürfnisse von Haut, Körper, Geist und Seele abgestimmt sind, und zwar nach den Prinzipien und dem Wissen um die sieben Energiezentren.

Farben kann man in der klassischen Kosmetik auf unterschiedliche Weise anwenden, beispielsweise in Form von

* *Farbmasken,* die entweder nach Hautproblemen oder als Reflexzonenmaske angewendet werden
* *Farbölen* in Verbindung mit einem Farblichtbad, das während der Maskeneinwirkzeit durch die Lichtfarbe Energie bis zu den Zellen transportieren soll. Dadurch wirkt die Maske intensiver und lässt die Haut wieder strahlen.

Wirkung
Folgende Wirkungen werden den Farben zugeschrieben:

Rot: aktivierend, anregend, durchblutend, kräftigend
Orange: straffend, glättend, entgiftend, mineralisierend

Gelb: beruhigend, immunisierend, entzündungshemmend
Grün: harmonisierend, beruhigend, ausgleichend, regulierend, heilend
Blau: beruhigend, kühlend, entspannend
Indigo: beruhigend, entspannend, die Spannkraft regulierend
Violett/Weiß: glättend bei Narben, regenerierend, straffend,
    entspannend

Farbberatung

Ist Ihnen schon einmal aufgefallen, dass die Farbe Ihrer Kleidung Ihnen Energie schenken oder rauben kann? Damit befasst sich u. a. die Farbberatung. Hier werden vier Grundtypen unterschieden, die den vier Jahreszeiten entsprechen. Der jeweilige Typ wird am Hautton und der Farbe der Augen und der Haare erkannt. Vor dem Spiegel werden verschiedene Farben (meist mit Hilfe von Tüchern oder Schals) getestet. Wie passen sie zum Typ? Wird die natürliche Ausstrahlung hervorgehoben oder eher verdeckt? Der Sommer- und der Wintertyp brauchen kalte Farben (Farben mit einem blauen Unterton), der Frühlings- und der Herbsttyp warme Farben mit einem gelben Unterton.

Eine Frau mittleren Alters kommt zu mir. Ihre Haut wirkt fahl, die Augen blicken müde drein. Sie erzählt, dass sie durch eine lange Krankheit ihre Haare verloren hat. Deswegen trägt sie eine Perücke. Ich bitte sie, die Perücke während der Behandlung abzunehmen. Eine erstaunliche Verwandlung geschieht! Das Gesicht wirkt sofort offener, die Haut nicht mehr fahl, sondern leicht gebräunt. Die Augen sind klar, von Müdigkeit keine Spur. Was ist geschehen?

Die Perücke ist goldblond, eine warme Farbe, die zum Frühlings- oder Herbsttyp passt. Die darunter wieder nachwachsenden Haare sind jedoch schwarz mit einem leichten Grauton und Naturkrause. Die Kundin entpuppt sich als Wintertyp. Ich empfehle ihr, zu ihrem Typ zu stehen und auf die Perücke zu verzichten. Zunächst hat sie noch Widerstände. «Ich fühle mich nicht wohl mit den kurzen schwarzen Haaren!» Zur Intuitivbehandlung gehört eine geführte Farbmeditation. Die Frau entscheidet sich für die Farbe Gelb. Diese Farbe wird dem 3. Chakra (Solarplexus) zugeordnet und steht unter anderem dafür, das Selbstbewusstsein zu stärken, Altes loszulassen, Neues aufzunehmen und Entscheidungen zu treffen.

Ich beginne mit meiner Intuitivbehandlung – wie gewohnt mit einer Nacken- und Entspannungsmassage, wobei ich die von der Kundin ausgewählte Farbe mit einem Mandelöl vermische. Begleitend dazu lasse ich im Hintergrund eine entspannende Musik laufen. Danach fahre ich mit der Gesichtsbehandlung fort, dann folgt die Farbmeditation. Auch hier verbinde ich die pflegende mit der ganzheitlichen Behandlungsmethode. Die Farb-meditation bewirkt, dass die einzelnen Chakren durch die ihnen zugeord-nete Farbe stimuliert werden. Die entsprechende Körperregion bekommt mehr Energie.

Ich bitte die Kundin, sich auf ihren Atem zu konzentrieren und sich vor-zustellen, wie sie mit jedem Atemzug nach und nach alle Blockaden, Ver-spannungen und alles, was eben noch wichtig war, loslässt. Mit jedem Atemzug mehr und mehr. Dann fordere ich sie auf, sich die Farbe Gelb vor-zustellen. Zuerst fällt es ihr sehr schwer. Ich empfehle ihr, sich das Gelb ei-ner Sonnenblume vorzustellen und mit jedem Atemzug dieses leuchtende Gelb durch den ganzen Körper und durch das mit der Farbe verbundene Energiezentrum fließen zu lassen. Mit jedem Einatmen soll sie sich vorstel-len, die Blockaden, die sie spürt, mit dem strahlenden Gelb einzuhüllen und mit dem nächsten Ausatmen loszulassen. Das Tempo bestimmt sie selbst. Erst dann bitte ich sie, durch einen tiefen Atemzug langsam wieder anzu-kommen.

Nach der Behandlung verließ sie mit einem entspannten Hautbild und selbstbewusster Ausstrahlung meine Praxis – ohne Perücke auf dem Kopf.

EDELSTEINE – SCHÖNHEIT SPÜREN

Stellen Sie sich einen Bergkristall vor, der im Licht funkelt und strahlt. Wel-che Schönheit! Auch Steine werden – neben Pflanzen – seit Urzeiten zur Heilung eingesetzt. Die berühmtesten Edelsteintherapeuten des Mittelalters waren Hildegard von Bingen (1098–1179) und Paracelsus (1494–1541).

Die feine energetische Wirkung von (Edel-)Steinen ist mit der Wirkung der Homöopathie oder den Blütenessenzen (Bachblüten) zu vergleichen. Unser Körper nimmt die Schwingungsenergien als heilende Informationen auf. Er bekommt positive Energie und leitet die negative ab. Man sollte die heilenden Steine je nach Beanspruchung täglich, mindestens aber einmal die Woche unter fließendem Wasser entladen. Zum Aufladen legt man sie zwi-schen Bergkristalle oder Hämatittrommelsteine.

Eine Möglichkeit, die Wirkung der Steine am eigenen Leibe zu testen: Legen Sie auf jedes Chakra einen Stein mit der passenden Farbe. Bleiben Sie entspannt auf dem Boden liegen – vorerst nur zehn Minuten. Die energeti-sche Kraft der Steine sollte nicht unterschätzt werden.

Chakren und Edelsteine
Folgende Steine werden den einzelnen Chakren zugeordnet:

1. Chakra: Achat, Blutjapis, Granat, Rote Koralle, Rubin
2. Chakra: Karneol, Mondstein
3. Chakra: Tigerauge, Bernstein, Edeltopas (goldgelb), Zitrin
4. Chakra: Kunzit, Smaragd, Jade (grün), Rosenquarz, Turmalin (rosarot)
5. Chakra: Aquamarin, Türkis, Calcedon
6. Chakra: Lapislazuli, indigoblauer Saphir, Sodlith
7. Chakra: Amethyst, Bergkristall

CHI-GESICHTSMASSAGE

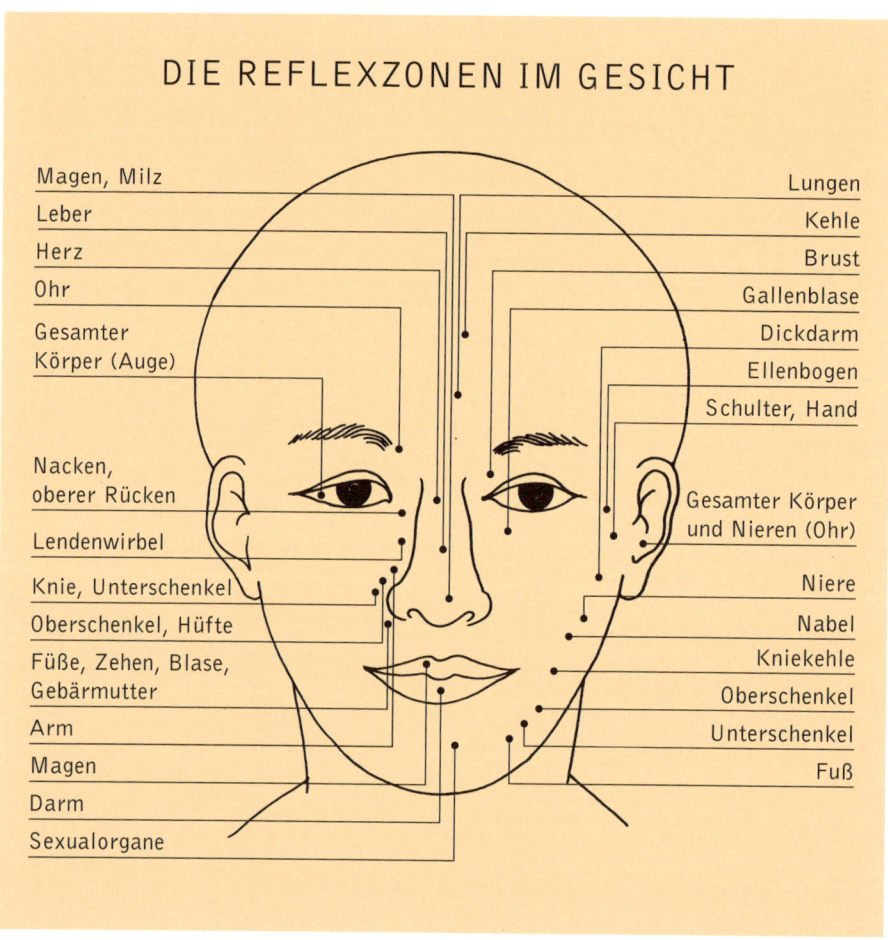

Das Gesicht hat – ähnlich wie Hände und Füße – Reflexzonen, also Nervenendpunkte, die den verschiedenen Körperorganen zugeordnet sind. Außerdem verlaufen im Gesicht viele wichtige Meridiane, Bahnen, durch die die Energie *(Chi)* fließt. Sowohl die Reflexzonen als auch die Meridiane können durch Massage aktiviert werden. Sorgenfalten, Verspannungen und Gesichtsverhärtungen, die z. B. durch Stress oder Ärger entstehen, werden so aufgelöst. Die Chi-Gesichtsmassage setzt genau hier an. Sie löst die Energieblockaden in den Energiebahnen und aktiviert die Reflexzonen im Gesicht. Die Energie kann wieder fließen, das Gesicht entspannt sich.

Energietipps
- *Hände:* Reiben Sie die Hände aneinander, und halten Sie sie dann in geringem Abstand mit den Handflächen zueinander. Was Sie jetzt spüren, ist Energie.
- *Energie für ein müdes Gesicht:* Reiben Sie Ihre Hände einige Sekunden lang aneinander, und legen Sie sie dann auf das Gesicht. Mehrmals wiederholen.
- *Massage des ganzen Gesichts.* Sammeln Sie Energie (Chi) in Ihren Händen (Reiben der Hände aneinander wie oben beschrieben), dann atmen Sie tief ein, bedecken Ihr Gesicht mit den Handflächen und massieren es mit Aufwärtsbewegungen. Atmen Sie aus, und entspannen Sie das Gesicht. Lächeln Sie dabei. Lassen Sie die Hände auf dem Gesicht, während Sie entspannen.[2]
- *Ohren-Reflexzonen-Massage,* auch Fitness-Massage genannt. Sie belebt und harmonisiert. Massieren Sie vom Ohrläppchen aus die äußere Ohrmuschel nach oben. Anschließend die Ohrmuschel von oben nach unten ausstreifen. Mehrmals wiederholen.
- *Massage der Hand-Reflexpunkte:* Bewegen Sie die Qi-Gong-Kugeln in den Händen; so werden deren Reflexpunkte stimuliert.

Entdecken und genießen Sie Ihre Chi-Energie!

7

ATEM UND
KÖRPERBEWUSSTSEIN

Der Atem ist ein Strom,
der von der physischen Ebene
Zu unserem innersten Zentrum fließt,
ein Strom, der sich seinen Weg
durch unseren Körper,
durch unsere Seele
und unseren Geist bahnt.
Er strömt zu unserem innersten Lebenskern
Und wieder zurück.

HAZRAT INAYAT KHAN

Die Fünf »Tibeter« führen dazu, dass wir uns in unserem Körper richtig wohl fühlen. Wir strahlen Gesundheit und Lebensfreude aus. Und, Hand aufs Herz, was finden Sie attraktiver: einen angespannten Model-Hochglanz-Körper oder einen, der sich natürlich und gelöst bewegt und innere Lebendigkeit ausdrückt?

Die Fünf »Tibeter« lassen uns tiefer und bewusster atmen. Das allein erhöht schon unsere Energie. Die Inder nennen sie *Prana*. Prana wirkt auf allen Ebenen. Die Gedanken werden klar, die Augen funkeln, der Körper bewegt sich geschmeidig und anmutig. Außerdem verändern die Übungen Körperhaltung und Körperbewusstsein. Wir spüren unseren Körper viel mehr, gehen aufrecht, genießen jede Bewegung. Wir sind einfach schön in dieser Natürlichkeit. Ob und wie wir auf andere wirken, ist gar nicht mehr wichtig. Wir fühlen uns gut. Und das wirkt anziehend.

102

Robert Cope, ein amerikanischer Arzt, der seit vielen Jahren die Fünf »Tibeter« praktiziert und sie auch seinen Patienten empfiehlt, sagt:

Die fünf Riten sind nicht einfach nur Körperübungen. Wenn ich sie ausgeführt habe, empfinde ich ein tiefes Wohlergehen, das ich vermisse, wenn ich sie einmal nicht übe. Ich glaube, sie wurden entwickelt, um ein Gleichgewicht zwischen Körper und Geist herzustellen![1]

IM ATEM SEIN

Atem ist Leben. Versuchen Sie mal, die Luft so lange wie möglich anzuhalten. Der sechste »Tibeter« ist dazu eine gute Übung. Schon bald wird es unerträglich. Ah, welch ein Segen – endlich wieder atmen!

Atem ist Gefühl. Wenn Sie einmal so richtig wütend sind, achten Sie auf Ihren Atem. Oder wenn Sie Angst haben, Lampenfieber. Tief und ruhig atmen hilft fast sofort. Wir achten auf den Atem und werden ruhig.

Richtiges Atmen sieht so aus:

Einatmen – die Bauchdecke dehnt sich.
Ausatmen – der Bauchnabel senkt sich in Richtung Wirbelsäule.

Einatmen heißt: Energie aufnehmen, Kraft schöpfen, danken.
Ausatmen heißt: Energie abgeben, loslassen, danken.

ATEMÜBUNGEN

Bewusster Atmen
Achten Sie, um sich des Atmens bewusst zu werden, auf Folgendes: Wo strömt der Atem hin? Wie fühlt er sich an? Was fällt leichter: das Ein- oder das Ausatmen?

Verspannungen ausatmen
- Beobachten Sie den Atem, wie er ruhig und gleichmäßig ein- und ausströmt.
- Legen Sie nun Ihre Hände auf die Stellen Ihres Körpers, wo Sie die Verspannungen spüren.
- Stellen Sie sich beim nächsten Einatem vor, wie Sie die Verspannungen nach und nach aus Ihrem Körper hochziehen.

- Atmen Sie die Verspannung aus, geben Sie das, was Sie als Verkrampfung empfinden, einfach an das Universum ab.

Farben atmen

Stellen Sie sich Grün vor, die Farbe der Harmonie, der Beruhigung, des Ausgleichs und der Heilung. Atmen Sie die Farbe Grün mit dem nächsten Atemzug über die Fußsohlen in den Körper ein und mit jedem Atemzug tiefer in den Körper hinein, bis zu dem Punkt der Verspannung. Spüren Sie, wie die heilende Wirkung der Farbe Grün Ihren ganzen Körper durchströmt und die Blockaden auflöst. Atmen Sie durch die Nase ein und durch den Mund wieder aus. (Sie können diese Übung mit allen Farben ausführen, die den sieben Chakren zugeordnet sind.)

Der tibetische Atem

Die folgende Übung ist ein rhythmisches Atmen. Dadurch können Sie zehnmal mehr Sauerstoff und Energie aufnehmen als normalerweise. Der ganze Körper und jede Zelle werden optimal mit Sauerstoff und Energie versorgt. Müdigkeit verwandelt sich in Lebendigkeit. Die Sinne werden geschärft, physische und psychische Verspannungen abgebaut. Alte Gedankenmuster und Blockaden können sich lösen. Das heißt, unser Denken und Handeln kann sich zum Positiven verändern. Sie können diese Übung überall praktizieren, besonders beim Spazierengehen oder Joggen. Oder morgens nach dem Aufstehen bei geöffnetem Fenster.
Der tibetische Atem ist ganz einfach:

1. Einatmen – zweimal kurz und scharf durch die Nase, ohne zwischendurch auszuatmen.
2. Ausatmen – komplett und bewusst durch den Mund. Sie können dabei auch Ihre Stimme einsetzen. Das kann Verspannungen lösen.

Gähnen

Tun Sie so, als müssten Sie ausgiebig und herzhaft gähnen. Das wird in jeder Atemschulung geübt. Beim Gähnen entspannen sich Mund und Rachenraum. Sie dehnen sich aus, und dabei öffnet sich automatisch der gesamte Bauch- und Beckenraum. Beim Gähnen werden unter anderem alle Atemorgane entspannt, gelöst und geöffnet. Gähnbewegungen sind zugleich Zwerchfellbewegungen.

Atem und Stimme

Jeder menschliche Laut hat eine ganz spezifische Klangfarbe und Schwingung und wirkt daher auch in besonderer Weise auf Körper, Geist und Gefühle. Die unterschiedlichen Laute setzen verschiedene Organe und darüber hinaus unseren Energiekörper in Schwingung. Bei der folgenden Übung wird beim (vollständigen) Ausatmen sanft und ohne jede Anstrengung ein Vokal gesungen. Die fünf Vokale erzeugen eine Resonanz im Körper und in der Seele.

VOKAL	KÖRPER	SEELE
I	Rachen	Freude
E	Hals, Kehlkopf, Schulter	Heiterkeit
A	obere Brust und Herz	Freude
O	Solarplexus und Bauchbereich	Kraft
U	Becken, Unterleib	Erdung

Atmen Sie tief ein, und lassen Sie mit jeder vollständigen Ausatmung den jeweiligen Vokal sanft aus Ihrem Körper strömen, je Vokal dreimal. Diese einfache Übung verlängert und vertieft den Atem und gibt der Stimme mehr Ausdruckskraft.

DIE ZILGREI-ATMUNG

Gute Erfahrungen mache ich seit Jahren mit einer bestimmten Atmung, die ich meinen Fünf »Tibeter«-Anwendern zu jeder Ausgleichsübung empfehle: die Zilgrei-Atmung. Sie wurde von der Italienerin Adriana Zillo und dem amerikanischen Chiropraktiker Dr. Hans Greising entwickelt. Aus der Zusammensetzung der Anfangssilben der Namen Zillo und Greising entstand der Begriff Zilgrei. Es ist eine aus der Chiropraktik abgeleitete, wirkungsvolle, sanfte und leicht erlernbare Methode zur Selbstbehandlung von Verspannungen und von Muskel-, Gelenk- und Nervenschmerzen. Durch die Kombination von bewusster rhythmischer Atmung mit einfachen Körperhaltungen oder sanften Bewegungen wird verkrampfte Muskulatur gezielt entspannt, und Blockaden in der Wirbelsäule werden gelöst.

Das wichtigste Element beim Zilgrei ist die so genannte Zilgrei- oder *dynamogene* (krafterzeugende) Atmung. Sie besteht aus einer tiefen Bauchatmung mit Pausen von maximal fünf Sekunden jeweils nach der vollständigen Ein- und Ausatmung. Jede tiefe Bauchatmung bewirkt eine ziehharmonikaähnliche Bewegung in der gesamten Wirbelsäule. Bei der Einatmung krümmt sich die Wirbelsäule, bei der Ausatmung streckt sie sich. Die Muskeln werden angespannt und wieder entspannt. Wenn auch die atembedingten Bewegungen minimal sind, sorgen sie doch für die Beweglichkeit der Wirbelsäule und der mit ihr verbundenen Gelenke. Dieser Vorgang wird durch die Zilgrei-Atmung mit dem Ziel der Heilung unterstützt.

Die Fünf-Sekunden-Pausen vertiefen die Atemphasen, verhindern eine Hyperventilation und verstärken die Konzentration und Entspannung. Denn Pausen sind Akzente, lebenswichtige Zeiträume, in denen Kräfte, die nicht unserer direkten Steuerung unterliegen, am besten ihre Wirkung entfalten können. Wird die Zilgrei-Atmung mit angenehmen Körperhaltungen oder Bewegungen kombiniert, die zuvor durch einfache Selbstuntersuchungen ermittelt wurden, ergibt sich ein tief greifender, entspannender und lösender Effekt auf die Muskulatur. Zilgrei verstärkt die Sauerstoffversorgung und regt den Blut- und Lymphstrom an, sodass alle Gewebe besser mit Nährstoffen versorgt werden. Die Organfunktionen, die Beweglichkeit und das Körpergefühl werden verbessert.

Das Wirkungsspektrum von Zilgrei umfasst: Wirbelsäulen- und Gelenkprobleme, Rheuma, Arthrose, Arthritis, Hüft- und Kieferprobleme, Kopfschmerzen, Ohrgeräusche, Atembeschwerden, allgemeine Muskelverspannungen, Nervosität, Schlafstörungen, Verdauungsbeschwerden, Haltungsschäden und Schmerzlinderung bei Skoliose, Morbus Bechterew und MS, Förderung der Selbstheilungskräfte und Geburtsvorbereitung.

Kombiniert man die Zilgrei-Atmung mit den Entspannungsübungen, die zwischen die »Tibeter« eingeschoben werden, ergibt sich eine besonders tiefe Entspannung der gesamten Muskulatur. Das macht die Fünf «Tibeter» noch effektiver.

DAS ATEMPOTENZIAL ERHÖHEN

Durch die Kombination von fließender Bewegung und bewusster Atmung lernen wir beim Üben der Fünf «Tibeter» den richtigen Atemrhythmus und die Vertiefung der Atmung, was wiederum die Atemorgane stärkt. Dadurch bekommen wir mehr Atempotenzial.

Eine Kundin hatte vor den Übungen immer Schwierigkeiten mit dem Atem. «Ich vergaß regelrecht zu atmen. Mein Atem war kurz und flach, dementsprechend hatte ich auch wenig Atempotenzial. Erst jetzt weiß ich, dass ich durch eine bewusste Atmung meinen gesamten Gesundheitszustand verbessern kann. Ich habe seitdem im täglichen Leben viel mehr Kraft und Potenzial.»

106

IM KÖRPER SEIN

Wir sitzen viel – im Auto, vor dem PC, dem Fernseher. Dabei verkümmern die Muskeln. Als Ausgleich empfiehlt jeder Arzt und jedes Gesundheits- oder Fitnessmagazin ein Training, das den Körper fit hält und uns außerdem die wohltuende Entspannung gibt, um die einseitigen Belastungen durch den Beruf oder auch im Alltag auszugleichen. Die Fünf »Tibeter« sind hier als ganzheitliche Bewegungsübungen und gerade in Verbindung mit der bewussten Atmung ideal.

WIE SICH DIE HALTUNG VERÄNDERN KANN (FALLBEISPIELE)

Ein dreiundsechzigjähriger regelmäßiger Teilnehmer meiner Fünf »Tibeter«-Gruppe, ein sehr großer und gut proportionierter Mann, litt unter seiner schlechten Körperhaltung. Er hatte einen typischen Rundrücken, der ihm zunehmend Schmerzen und Verspannungen bereitete. Da er in seinem Beruf viel sitzt, hatten sich die Bänder und Sehnen in den Kniegelenken verkürzt, sodass er seine Knie nicht mehr ganz durchdrücken konnte.

Inzwischen, nach vier Jahren regelmäßiger Praxis der Fünf »Tibeter«, hat er kaum noch Schmerzen und Verspannungen. Er fühlt sich wohl in seinem Leib, geht achtsamer mit sich um und hört immer mehr auf seinen Körper. Alte Gewohnheiten und Muster veränderten sich, was ihm zu viel mehr Selbstbewusstsein verhalf. Er ist nicht wiederzuerkennen. Häufig wird er von anderen Menschen auf seine Jugendlichkeit und kraftvolle, aufrechte Körperhaltung angesprochen.

Kennen Sie das? Der Rücken schmerzt, der Nacken zieht, die Schultern sind verspannt, und der Kopf dröhnt. Sie fühlen sich einfach nicht mehr wohl in Ihrem Körper. Der Alltag hat Sie fest im Griff! Die Fünf »Tibeter« stärken die Rückenmuskulatur und dehnen die Wirbelsäule, halten sie geschmeidig. Viele Seminarteilnehmer mit Rückenproblemen verspürten Besserung und Linderung.

Peter, sechzig Jahre, übt die Fünf »Tibeter« seit zwei Jahren regelmäßig. «Seit ich denken kann, hatte ich Probleme mit dem Rücken. Aber seitdem ich die Übungen praktiziere, sind die Beschwerden viel weniger und manchmal gar nicht existent. Wenn ich die Übungen nicht mache, verspannt sich meine Muskulatur, und kurze Zeit später bekomme ich Rückenschmerzen.»

Bei einem »Tibeter«-Treffen erzählt er der Gruppe, dass er seit einiger Zeit die Übungen nicht mehr macht, weil er zu viel zu tun hat. Das habe ihn unzufrieden gemacht – und die Rückenschmerzen seien viel stärker geworden. Die Gruppe motiviert ihn, sich wieder für die Riten Zeit zu nehmen. Ich empfehle ihm zusätzlich, konsequent die Zilgrei-Atmung anzuwenden. Bei unserem nächsten Fünf »Tibeter«-Treffen sechs Wochen später sind die Rückenschmerzen, das körperliche Unwohlsein und die Unzufriedenheit wie weggeblasen. Er bedankt sich bei allen Teilnehmern für die Unterstützung und Motivation, die ihm dazu verholfen haben, die Übungen wieder regelmäßig anzuwenden.

KONTINUUM – BEWEGUNG IN ZEITLUPE (ZWEI ÜBUNGEN)

Diese Übungen werden «Kontinuum» genannt, weil sich der Körper kontinuierlich in seinem eigenen, spontanen Rhythmus bewegen darf. Wir werden dabei zum Beobachter, spüren jedes Unwohlsein auf und lassen es einfach da sein. In der bewussten Wahrnehmung verschwindet es wie der Schatten im Licht.

Übung 1
Auf dem Rücken liegen mit angewinkelten Knien. Dann die Beine auseinander fallen lassen.
Kopf und Nacken hochheben, dabei die Beine anziehen und wieder strecken, Kopf und Nacken ablegen.
Im Schneidersitz (gerader Rücken) den Körper kreisen lassen.
Nach jeder Übung eine Minute ruhig verharren.
Drei bis sechs Durchgänge.

Übung 2
Kopf und Hals kreisen lassen, dann eine Minute ruhig verharren.
Auf die linke Seite legen und mit den Beinen und Füßen kreisen wie beim Fahrradfahren. Eine Minute ruhig verharren.
Eine Brücke machen (mit dem Gesicht nach unten, die Arme sind die Stützfeiler) und sich wie eine Schlange bewegen. Eine Minute ruhig verharren.
Im Lotussitz meditieren.
Drei bis sechs Durchgänge.

WOHLFÜHLTIPPS

Es gibt unzählige Methoden der Körper- und Energiearbeit. Denken Sie nur an die verschiedenen Massagetechniken, die Blockaden auf der physischen und emotionalen Ebene lösen und die Energie wieder zum Fließen bringen sollen. Hier einige Tipps aus meiner Praxis:

- Aromatherapie und Massage. Eine wunderbare Kombination, um den Körper zu verwöhnen und gleichzeitig zu entspannen. Die Heilkräfte der duftenden Pflanzenessenzen verstärken die wohltuende Wirkung der Massage und lösen Verspannungen auf. Ich nenne sie auch Schönheitsmassage, weil sie die innere Schönheit mit der äußeren verbindet.
- Entspannungsgriffe aus westlichen und fernöstlichen Massagetechniken aktivieren die Eigenenergie des Körpers, regen den Lymphfluss an und fördern so die Entschlackung.
- Ein Wannenbad mit dem sinnlichen Duft von Ylang-Ylang hebt das Wohlgefühl auf allen Ebenen.
- Genießen Sie ein Farbbad. Für besonders Gestresste empfehle ich Blau. Rot dagegen füllt Sie mit Kraft und Energie.
- Die sinnliche Partnermassage. Genießen Sie es, von Ihrem/Ihrer Liebsten sanft massiert und geknetet zu werden. Auch hier empfehle ich Ylang-Ylang, gemischt mit einem Massage-Öl. Die Gelegenheit, alle An- und Verspannungen loszulassen. Es wird nicht Ihre letzte Wohlfühlmassage sein!

8

ERNÄHRUNG

FIT UND SCHÖN BIS INS HOHE ALTER

Eine gesunde und richtige Ernährung ist die Voraussetzung für innere und äußere Schönheit. Denn gute und gesunde Ernährung wirkt sich positiv auf unseren ganzen Körper aus, beeinflusst unser Aussehen, unsere Gesundheit, die Stimmung und den Energiepegel.

In meiner kosmetischen Praxis werde ich täglich und deutlich sichtbar mit dem Thema Haut und Ernährung konfrontiert. Durch die richtige Ernährung können Sie nicht nur der Faltenbildung vorbeugen, sondern außerdem Ihre körperliche und geistige Leistungsfähigkeit steigern, tatsächlich «fit und schön bis ins hohe Alter» bleiben.

Wenn wir dem Körper durch optimale Ernährung und Pflege die gebührende Aufmerksamkeit schenken, ist das Resultat eine schöne Haut und ein gesunder Körper. Voraussetzung dafür ist das Bewusstsein für die Nahrung und mehr Wissen darüber, wie Ernährung wirkt und was sie bewirkt. Es geht nicht darum, nur die Kalorien zu zählen, sondern um die Qualität und biologische Wertigkeit der Nahrung. Diäten, die auf weniger Kalorien bauen, bringen auf Dauer nur einen frustrierenden Jo-Jo-Effekt. Auch ich habe viele verschiedene Diäten erfolglos ausprobiert und irgendwann abgebrochen.

Es gibt die widersprüchlichsten Empfehlungen, was wir essen sollen und können. Was ist nun richtig? Viele Menschen sind verunsichert, möchten aber ihre Ernährungsweise verändern. Ich habe einige Informationen und Erfahrungen zusammengetragen, um Sie mit einfachen Ernährungsregeln vertraut zu machen, die Sie in Ihrem Alltag anwenden können.

110

Seit einigen Jahren biete ich Seminarreisen zum Thema Schönheit, Gesundheit und Bewegung in Verbindung mit den Fünf »Tibetern« an. Auf diesen Reisen habe ich festgestellt: In einer entspannten Atmosphäre und in der Gemeinschaft von Gleichgesinnten ist es viel einfacher, neue Informationen aufzunehmen und umzusetzen. Und vor allem: Eine konstante Ernährungsumstellung setzt Willen voraus. Dazu gehören Zeit und Geduld. Die Ernährung umzustellen, geht meist nicht von heute auf morgen. Jahrzehntelange Essgewohnheiten und Ansichten verhindern das in der Regel.

ERNÄHRUNGSUMSTELLUNG MIT DEN FÜNF »TIBETERN«

Auf Grund meiner eigenen Bewusstseinsveränderung durch die Fünf »Tibeter« und der daraus entstandenen Ernährungsumstellung und auf Grund der persönlichen Erfahrungsberichte vieler Seminarteilnehmer bin ich zu folgendem Ergebnis gekommen: Bei regelmäßiger Anwendung der Übungen verändern sich unser Appetit, unser ganzes Essverhalten. Die fünf Riten verbinden unseren Körper mit unserem Bewusstsein, was wiederum automatisch dazu führt, dass sich unsere Bedürfnisse verändern.

In Peter Kelders Buch *Die Fünf »Tibeter«*® führt Colonel Bradford die Vitalität der Lamas u. a. auf ihre Ernährung zurück:

> Nun, es stimmt, dass die Lamas Vegetarier sind, wenn auch nicht im strikten Sinne. Sie verwenden Eier, Butter und Käse in genau den Mengen, die ausreichend sind, um bestimmten Funktionen des Gehirns, des Körpers und des Nervensystems zu dienen. Sie essen jedoch kein Fleisch, denn die Lamas, die stark und gesund sind und den sechsten Ritus üben, scheinen kein Bedürfnis nach Fleisch, Fisch und Geflügel zu haben.

Vor allem aßen die Lamas nur ein Nahrungsmittel zur selben Zeit. Denn sie vertraten die Ansicht, dass es weniger Verdauungsprobleme gibt, wenn man immer nur eine Nahrungsart zu sich nimmt, weil die Nahrung dann ohne großen Energieverlust problemlos verdaut wird. So kann der Körper mit weniger Nahrung besser und optimal genährt werden.

Viele Male setzte ich mich in der Speisehalle des Klosters mit den Mönchen an den Tisch zu einem Mahl, das nur aus Brot bestand. Dann wieder aßen wir nichts als Gemüse und Obst, wie es geerntet worden war. Bei anderen Mahlzeiten aß ich nichts als gekochtes Gemüse und Früchte.[1]

In meinen Seminaren stelle ich die Frage: «Was hat sich durch die Anwendung der Fünf »Tibeter«-Übungen in deinem Bewusstsein bezüglich deiner Ernährung verändert?» Alle Seminarteilnehmer sind sich einig, dass eine allmähliche Ernährungsumstellung stattgefunden hat, und zwar aufgrund eines neuen Körperbewusstseins. Das wiederum bewirkte ein Wohlbefinden in Körper, Geist und Seele.

Hier einige Antworten:

Inge (neunundfünfzig Jahre) hatte jahrelang Probleme mit ihrem Übergewicht. Sie hat deutlich abgenommen. «Mein Selbstwertgefühl ist stärker geworden, und ich spüre mehr Lebensfreude. Ich habe vorher gern und regelmäßig Süßigkeiten gegessen, worauf ich jetzt ohne Probleme verzichten kann. Außerdem habe ich festgestellt, dass ein Zusammenhang zwischen der ganzheitlichen Wirkung der Fünf »Tibeter« im Innern und der tief wirkenden, äußerlichen kosmetischen Pflege bestehen muss. Ich werde immer wieder darauf angesprochen, was ich für eine schöne und strahlende Haut habe!»

Klaus (zweiundsechzig Jahre): «Ich habe immer erst spät abends gegessen und das reichhaltig. Ein guter Wein und frisches Weißbrot mussten immer dabei sein. Seitdem ich die Fünf »Tibeter« mache, nehme ich meinen Körper ganz anders wahr: Mir ist, als würde er mir sagen, was ihm gut tut und was nicht. Ich versuche jetzt, nicht mehr so spät zu essen. Der Wein muss auch nicht mehr jeden Abend sein.»

Annette (achtundzwanzig Jahre): «Früher habe ich ohne ein Hungergefühl, einfach aus Frust, Chips und Süßigkeiten in mich hineingeschlungen. Durch die Fünf »Tibeter«-Übungen ist mir das ganz klar geworden, und ich habe die Kraft bekommen, darauf zu verzichten.»

Petra (vierunddreißig Jahre): «Seit vielen Jahren hatte ich Probleme mit der Verdauung, sodass ich immer wieder Abführmittel nehmen musste. Die Fünf »Tibeter« haben mir so geholfen, dass ich darauf jetzt verzichten kann.»

112

Was zeigen diese Beispiele? Dass ein gesundes und erfülltes Leben voller Energie auf einem bestimmten (Körper-)Bewusstsein beruht. Ein solches Bewusstsein kommt nicht so einfach durch die Lektüre von Gesundheitsmagazinen. Da muss man/frau etwas tun. In diesen Fällen war es das regelmäßige Üben der »Tibeter«.

Tipps
• Bewegung an der frischen Luft fördert die Durchblutung, beschleunigt den Schlackenabtransport, steigert die Sauerstoffaufnahme.
• Entspannungsübungen
• Lymph-Bürstenmassagen, morgens vor dem Duschen
• Warme und kalte Wechselduschen
• Basische Bäder/Körperpflege zur Entschlackung und Entsäuerung

QUALITÄT UND ENERGIE DER NAHRUNG

Der Mensch ist,
was er isst.

Themen wie Fitness, Wellness, Ernährung und Gesundheit sind voll im Trend. Bekanntlich verschlechtern sich die Nahrungsqualität und die Essgewohnheiten ständig. Bei vielen Erkrankungen spielt die Ernährung eine maßgebliche Rolle. Viele Menschen sind deshalb bereit, ihr Essverhalten zu verändern. Sie besuchen Informationsseminare in einer schönen und entspannenden Umgebung. Entscheidend ist aber die Umsetzung des Erlernten im Alltag.

Untersuchungen des Bundesgesundheitsministeriums ergaben, dass Krankheiten, die durch falsche Ernährung bedingt sind, Kosten von mehr als fünfzig Milliarden Euro im Jahr verursachten. Ein alarmierendes Ergebnis, meint der Arzt Ulrich Bauhofer. Es beweise zum einen, wie falsch wir uns ernährten, und zeige zum anderen, wie wichtig eine ausgewogene Ernährung für die Gesundheit sei.[2]

Wir wollen Nahrungsmittel, die nicht unzählige chemische Prozesse durchlaufen haben und nicht genmanipuliert sind. Und was sollten wir essen? Gemüse, Obst, wenig Fleisch, etwas Fisch, Käse, Getreide, Hülsenfrüchte und ein gutes Öl.

In meiner Kindheit ernährten meine Familie und ich uns hauptsächlich von selbst angebautem Gemüse und Obst. Je nach Jahreszeit hatten wir Kinder ausreichend davon, wir entbehrten nichts, fühlten uns wohl und gesund. Noch heute gehören zu meinen Lieblingsnahrungsmitteln Obst und frisches Gemüse in jeder Variation. Mein Tag beginnt immer mit frischem Obst. Wenn möglich bleibt es dabei den ganzen Vormittag hindurch. So decke ich meinen täglichen Vitaminbedarf. Ganz einfach.

Energiereiche und frische Nahrung zu bekommen, ist heutzutage nicht so leicht. Zwar schießen die Bio- und Gesundheitsläden wie Pilze aus dem Boden. Die Frage ist nur: Wie lange liegen Gemüse und Obst dort in den Regalen? Und: Erhalten wir mit der täglichen Nahrung alle nötigen Vitalstoffe? Es sind oft weniger Vitamine, Mineralien und Spurenelemente darin enthalten, als wir denken. Durch Lagerzeiten, Transport oder industrielle Verarbeitung büßen Obst und Gemüse oft schon viele Vitalstoffe ein, bevor wir sie verwerten können.

In der alternativen Gesundheitsszene wird heute viel über Lichtenergie in der Nahrung gesprochen. Frisch geerntetes Obst, Gemüse und Getreide geben Lichtenergie ab, allerdings nur wenige Tage lang. Das fand der Biophysiker Fritz Popp heraus. Nehmen wir Nahrungsmittel in möglichst natürlichem Zustand zu uns, dann kann sie Heilnahrung für uns sein. Durch das Kochen, Verarbeiten oder Konservieren geht die für unseren Organismus wichtige Lichtenergie jedoch verloren. Erschöpfung, Immunschwäche, Stress und Schlafstörungen sind die Folge, wie Popp in seinem Institut für Biophysik in Kaiserslautern nachweisen konnte. Darum ist gefrorenes Gemüse oder Obst besser als das aus der Dose. Beim Konservieren wird der Inhalt unter sehr starkem Druck gekocht, um ihn steril und haltbar zu machen. Damit wird auch alle nährende Energie zerstört.

Ernährungsexperten empfehlen Nahrungsergänzungsmittel wie die AFA-Algen vom Klamath Lake in Oregon. Sie sollen alle wichtigen und in normaler Nahrung mittlerweile nicht mehr vorhandenen Vitamine, Spurenelemente, Amino- und Fettsäuren und darüber hinaus Lichtnahrung für die Zellen enthalten. Außerdem wirken sie antioxidantisch.[3]

Wie wichtig Licht auch für unsere Seele ist, zeigt sich u. a. an der «Winterdepression». In nördlichen Ländern leiden sechs Prozent der Menschen im Winter an Depression. Sie hat nachweislich mit dem Mangel an Sonnenlicht zu tun und geht meist mit einem starken Verlangen nach Süßigkeiten einher. Spezielle Lichttherapien (Infrarotstrahlung usw.) haben sich als hilfreich erwiesen.[4]

114

VERDAUUNG

Colonel Bradford lernte von den Lamas, langsam zu essen:

> Das Kauen ist der erste wichtige Schritt bei der Verdauung der Nahrung, damit sie vom Körper verwertet werden kann. Alles was man isst, *sollte im Mund verdaut werden,* bevor es im Magen verdaut wird.[5]

Das Verdauungssystem beginnt schon im Mund, denn dort findet durch ausreichendes Kauen eine Vorverdauung statt. Bis zum Ende im Darm windet es sich über 6,5 Meter durch unseren Körper – mit einer Gesamtoberfläche von dreihundert Quadratmetern.

Die zugeführte Nahrung stelle noch lange nicht die Ernährung dar, meint der österreichische Arzt Franz Xaver Mayr. Er fand heraus, dass viele Krankheiten ihre eigentliche Ursache in einer gestörten Verdauung haben und bereits entstandene Krankheiten über eine verbesserte Verdauung geheilt werden können. Ernährung ist eine Funktion der Verdauungskraft. Diese Verdauungskraft wiederum wird von vielen Faktoren beeinflusst, darunter auch von psychischen wie Stress und Ärger. Redensarten wie «Mir läuft die Galle über» oder «Es ist mir auf den Magen geschlagen» deuten diesen Zusammenhang an.

Ich hatte jahrelang Probleme mit der Verdauung, weil ich permanent unter Anspannung und Stress litt und mir oft nicht die Zeit für eine ausreichende Mittagspause nahm. Essen im Stehen, so zwischendurch – alles musste immer schnell gehen. Durch die regelmäßige Anwendung der Fünf »Tibeter« änderte sich mein Körperbewusstsein.

Gesunde Nahrung sollte sich wie folgt zusammensetzen:

- *Kohlenhydrate:* fünfundfünfzig Prozent (Vollkorngetreide, Gemüse, Obst, Zucker, Honig)
- *Fett:* dreißig Prozent (Nüsse, Fisch, mageres Fleisch, kaltgepresste Öle)
- *Proteine:* fünfzehn Prozent (Fisch, Fleisch, Bohnen, Erbsen, Linsen, Soja, Eier)

Bei den meisten Menschen sieht es jedoch so aus:

- *Kohlenhydrate:* achtundvierzig Prozent (bei zwanzig Prozent Zucker)
- *Fett:* vierzig Prozent
- *Proteine:* zwölf Prozent[6]

TRENNKOST

Colonel Bradford empfiehlt die Trennkost:

> Unterschiedliche Nahrungsarten, wie beispielsweise Kohlehydrate und Eiweiß, werden im Magen auch auf völlig unterschiedliche Weise verdaut. Wird deshalb ein kohlehydratreiches Nahrungsmittel wie Brot mit einem eiweißhaltigen wie Fleisch gegessen, erschwert das eine die Verdauung des anderen. Letzten Endes werden dann weder das Brot noch das Fleisch vollständig verdaut, und ein großer Teil des Nährwertes geht verloren. Es kommt zu Völlegefühl und anderen körperlichen Beschwerden, und wertvolle Energie, die besser genutzt werden könnte, wird dabei sinnlos verschwendet.[7]

Und Gerhard Eggetsberger bestätigt:

> Falsch kombinierte Nahrungsmittel bleiben zu lange im Verdauungssystem und entziehen dem Körper unglaubliche Mengen an innerer Energie. Wenn Sie aber Ihre Nahrung nach der Verträglichkeit zusammenstellen, werden Sie anstatt eines großen Energieverlustes einen Energiezuwachs erlangen![8]

Wenn Sie sich nach dem Essen manchmal müde oder schlapp fühlen, könnte es daran liegen, dass Sie zu viel, zu spät oder falsch (Kombination) essen. Meist ist die Müdigkeit darauf zurückzuführen, dass die Nahrung zu lange im Magen bleibt. Wenn in dieser Phase nicht genügend Magensäure gebildet wird, kommen die Verdauungsenzyme nicht richtig zur Wirkung. Das Resultat: Die Kohlenhydrate beginnen im Magen zu gären, es entstehen höhere Alkohole, das verzehrte Eiweiß geht gleichzeitig in Fäulnis über. Die so entstandenen Stoffwechselgifte, die in den Blutkreislauf kommen, erzeugen das Gefühl der Benommenheit, Müdigkeit und verringern die Vitalität.

Das Konzept der Trennkost stammt von dem amerikanischen Arzt Howard Hay und findet immer mehr Anhänger. Sie können essen, was Ihnen schmeckt, müssen aber darauf achten, bei Ihrer Hauptmahlzeit eiweißreiche Lebensmittel mit Salaten und Gemüse zu kombinieren. Bei der nächsten Mahlzeit, am besten abends, nehmen Sie kohlehydratreiche Lebensmittel, ebenfalls mit Salat und Gemüse kombiniert. Sie essen also nie eiweißreiche Lebensmittel mit kohlehydratreichen (z. B. Fleisch und Kartoffeln).

116

Tipp
- Ei, Käse, Fleisch, Fisch, Soja getrennt essen von Kartoffeln, Getreide, Reis, Mehl, Zucker, Süßigkeiten
- Obst, Salat und Gemüse sind als Beilage immer okay.

Ein wichtiger Aspekt bei der Trennkost ist die Anregung des Stoffwechsels. Denn ein aktiver Stoffwechsel ist die Voraussetzung für Vitalität, Lebensfreude und Genuss. Außerdem weiß man heute, dass jedes Nahrungsmittel unterschiedlich verdaut wird. Durch eine falsche Nahrungszusammensetzung kann der Verdauungsprozess um zwei bis acht Stunden verlängert werden. Da die Verdauung viel Energie verbraucht, fühlen wir uns dann wie zerschlagen und energielos. Außerdem können wir unter einem «verdorbenen Magen» oder Sodbrennen leiden.

FASTFOOD

Nahrung ist Energie für unsere Zellen. Der menschliche Organismus hat einen hohen Nährstoffbedarf. Er ist auf die regelmäßige Zufuhr von mehr als fünfzig Bausteinen angewiesen, inklusive Vitamine und Mineralstoffe. Fastfood kann dies nicht bieten, denn es enthält keine Vitalstoffe. Denken Sie an Hamburger, Hotdogs oder Pommes. Steigt Ihnen dabei der verlockende Duft in die Nase? Wussten Sie, dass wir mit jedem Bissen dieser angeblichen Köstlichkeiten Lebensmittelzusatzstoffe zu uns nehmen? Auch bei allen anderen Fertiggerichten und sogar Grundnahrungsmitteln ist dies der Fall. Farb- und Konservierungsstoffe, Gelier- und Verdickungsmittel, Feuchthaltemittel und Emulgatoren sind fast immer dabei. Zusätzlich sind Aromastoffe enthalten, die im menschlichen Organismus allergische Reaktionen auslösen können.

Unsere Einstellung zum Essen spiegelt wider, wie wichtig wir uns selbst nehmen. Ich erinnere mich an eine junge Studentin, die zu einer Balancebehandlung in meine Praxis kam. Im Gespräch erwähnte sie, wie unglücklich sie über ihre Gewichtszunahme und die Antriebslosigkeit am Morgen sei. Wegen des Studiums, das ihre gesamte Zeit in Anspruch nahm, hatte sie kaum Gelegenheit für eine gute, abwechslungsreiche, gesunde Ernährung und Bewegung. Sie ernährte sich ausschließlich von Fastfood, aß noch am späten Abend. Die Haut sah fettig und schlecht durchblutet aus. Sie litt unter Übergewicht und hatte deswegen schon mehrmals eine Diät angefangen.

Hier spielen mehrere Faktoren eine Rolle. Durch das späte Essen wird die Nahrung nicht mehr verdaut, die dadurch entstehenden Gase verbreiten sich im Blut. Fazit: Müdigkeit am Morgen. Und Fastfood ohne Nähr- und Ballaststoffe wirkt sich negativ auf die Haut und den Körper aus. Die Folge: unreine Haut und Gewichtszunahme.

Ich empfahl dieser Kundin, nach neunzehn Uhr keine feste Nahrung mehr zu sich nehmen (siehe Organuhr), sich ein Basiswissen über gesunde und ausgewogene Ernährung anzueignen und ein ganzheitliches Fitnessprogramm aufzustellen, z. B. Bürstenmassagen und warm/kalt duschen. Kalte Duschen oder Bäder sind basisch und alkalisieren das Blut und alle anderen Körperflüssigkeiten. Heiße Bäder machen das Blut sauer. Man kann in kleinen Schritten damit anfangen. Erst lauwarm, am Ende kalt. Außerdem wirkt das vitalisierend und macht eine straffe Haut. Begleitend dazu könnte man mit einem Bewegungs- und Entspannungsprogramm, z. B. mit den Fünf »Tibetern«, beginnen.

Inzwischen hat die junge Frau es geschafft, Lebensweise und Ernährungsgewohnheiten grundlegend umzustellen, ihrer Aussage zufolge dank der Fünf »Tibeter«. »Ich hätte es nie für möglich gehalten, dass ich im Stande bin, so konsequent meine Ernährung umzustellen. Mir geht es von Tag zu Tag besser«.

Dies ist kein Einzelfall. Aber oft ändern wir erst etwas an unseren Lebensgewohnheiten, wenn wir uns nicht mehr wohl fühlen. Dieses Unwohlsein beinhaltet also auch eine Chance, etwas im Leben zu verändern und neue Wege zu gehen.

BALLASTSTOFFE

Vor kurzem wurden Ballaststoffe noch als nicht verwendbare Bestandteile der Nahrung für unwichtig gehalten. Das hat sich geändert, seit man um ihre verschiedenen Eigenschaften und Fähigkeiten weiß. Sie sorgen für eine gesunde Darmflora und wirken somit reinigend auf die Haut. Außerdem beeinflussen sie den Stoffwechsel und können eine Senkung der Blutfette bewirken.

Viele Ballaststoffe sind in Vollkornbrot, Vollkornnudeln, ungeschältem Reis, Obst, Gemüse und Hülsenfrüchten enthalten. Wenig Ballaststoffe haben Toast, Brötchen, Weißbrot, Obstkonserven, Obst- und Gemüsesäfte. Tauschen Sie nach und nach weißen Zucker gegen Vollrohrzucker und weißes Mehl gegen Vollkornmehl aus. Sie nehmen so mehr Ballaststoffe auf. Ihr Dickdarm freut sich darüber. Erst vor einigen Jahren hat man entdeckt,

dass bestimmte afrikanische Stämme aufgrund ihrer ballaststoffreichen Er-
nährung gesünder sind als die meisten Völker der Welt. In der Zeitschrift
Fit & gesund las ich, dass durch eine ballaststoffreiche Ernährung z. B. der
Cholesterinspiegel bedingt gesenkt werden kann.

Mit den üblichen Lebensmitteln werden auch unverdaubare Faserstoffe
verzehrt. Der Rohfasergehalt der herkömmlichen Lebensmittel liegt zwischen zwei bis drei Gramm pro einhundert Gramm Lebensmittel. In den
letzten Jahren ist dieser Wert stark zurückgegangen. Optimal wäre eine
Ernährung mit mindestens zehn Gramm Rohfaser/Tag.

DIE ORGANUHR

Auch ich stellte bei mir fest, dass sich einige schlechte Essgewohnheiten ein-
geschlichen hatten, so zum Beispiel am späten Abend zu essen. Das Ergebnis
am nächsten Morgen war Müdigkeit und Energielosigkeit. Die Fünf »Tibeter« halfen mir auch hier zu einer Veränderung.

«Morgens essen wie ein König, mittags wie ein Edelmann und abends wie
ein Bettler.» Eine alte Volksweisheit – wer kennt sie nicht? Noch älter sind
die Weisheiten der traditionellen chinesischen Medizin (TCM). Schon seit
viertausend Jahren beschäftigt sie sich mit dem Rhythmus und Wechsel der
Organtätigkeit. Da gibt es Phasen der Aktivität und der Ruhe, der Höchst-
leistung und der Regeneration. So hat jedes Organ seinen individuellen
«Morgen» (die Aktivität nimmt zu), «Mittag» (hier werden die Höchstleis-
tungen erreicht), «Abend» (Abnahme der Aktivität) und seine «Nacht» (Zeit
der Ruhe). Entsprechend der biologischen Uhr verdaut der Körper nichts
mehr, was wir nach achtzehn/neunzehn Uhr zu uns nehmen. Die Verdauung setzt erst wieder morgens zwischen fünf und sieben Uhr ein.

Der Kinesiologe Kim da Silva hat das Konzept der Organuhr mitent-
wickelt. Die Aufmerksamkeit des Körpers wechselt alle zwei Stunden von einem Organ zum anderen. Laut Organuhr ist z. B. der Dickdarm morgens von
fünf bis sieben Uhr aktiv (Stuhlgang), der Dünndarm wiederum von dreizehn
bis fünfzehn Uhr (Nahrungsaufnahme). Wir haben gegessen, das Verdauen
verbraucht Energie, das Blut von Gehirn und Herz sammelt sich im Magen.
Deshalb liegt uns das Essen «schwer im Magen» und macht uns müde. Kim da
Silva: «Wir wandeln zu dieser Stunde auf einer schwachen Brücke der Energie.» Wir sollten sie mit Bewusstsein, mehr Respekt und Disziplin bei der
Nahrungsaufnahme überqueren. Doch die Versuchung, nach Kaffee, Cola

und Powerdrinks zu greifen, ist gerade jetzt am stärksten. Am liebsten würden wir ein Mittagsschläfchen halten – leider ist es nicht immer möglich.[9]

Auch der bekannte Darmspezialist Franz Xaver Mayr empfiehlt: «Die Abendmahlzeit sollte nicht zu spät ausfallen, denn der Darm geht mit den Hühnern schlafen und steht wieder mit ihnen auf.»[10]

Der Grund für Müdigkeit und Trägheit am Morgen ist, dass der Darm ab neunzehn Uhr seine Verdauungstätigkeit reduziert und durch Nahrung, die danach aufgenommen wird, Zersetzungsgifte während der Nacht entstehen und in die Blutbahn gelangen. Also: nach neunzehn Uhr keine schwere Kost mehr, dafür ein großes Glas Mineralwasser oder auch einfach nur heißes Wasser. Damit belasten Sie Ihren Darm nicht, und Sie können gut schlafen.

Wenn wir bewusst mit dem Tagesrhythmus unseres Körpers leben und uns darauf einlassen, ist uns die Gesundheit sicher. Die Beschäftigung mit der Organuhr ermöglicht es, individuell Gesundheit, Vitalität und Widerstandskraft zu stärken und Krankheiten vorzubeugen.[11]

MEDITATIVES ESSEN

Durch eine größere Achtsamkeit
auf Art und Ausmaß
unserer Nahrungsaufnahme
können wir körperlich und seelisch
wesentlich leistungsfähiger sein
und uns wohler fühlen.
REINHARD TAUSCH

Ein weiterer wichtiger Aspekt einer gesunden Ernährung – da sind sich die Ernährungsexperten und immer mehr Ärzte einig – ist nicht nur, *was* oder *wann* wir essen, sondern *wie* wir essen. Das Wie bedeutet, dass wir uns Zeit nehmen, damit wir uns auf das Essen einschwingen können und das Essen auf uns.

In vielen Kulturen empfinden die Menschen beim Essen Dankbarkeit und Demut, die sie z. B. im Gebet ausdrücken. Das habe ich bei meinen Reisen durch die Wüste selbst erlebt. Könnten wir doch alle davon lernen! Dankbar und meditativ essen! Viele gesundheitliche und psychische Probleme würden verschwinden. Wir wären glücklicher, würden uns lebendiger fühlen. Ist das nicht Schönheit?

Machen Sie doch einmal aus Ihrer Mahlzeit eine Meditation!

Auch wenn Sie allein essen, sorgen Sie für sich und machen es sich gemütlich. Zünden Sie eine Kerze an. Stellen Sie Blumen auf den Tisch. Nehmen Sie Ihr schönstes Geschirr. Lassen Sie sich durch nichts ablenken, z. B. Fernsehen oder Zeitung. Essen und kauen Sie ganz bewusst. Dazu zwingt Sie beispielsweise eine Artischocke, von der Sie nach und nach die kleinen Blättchen abzupfen müssen. Wenn Sie das erste Geduldspiel gewonnen haben, fällt es Ihnen beim nächsten Mal schon leichter.

Weitere Tipps
- Mehrere kleine Mahlzeiten am Tag sind besser als ein, zwei üppige.
- Essen Sie Früchte zwischen den Mahlzeiten oder als Vorspeise. Als Nachspeise gären sie im Verdauungstrakt.
- Frühstücken Sie in Ruhe, und nehmen Sie sich dafür Zeit, auch wenn es morgens nur der Tee ist oder frisch ausgepresster Orangensaft. Denken Sie dann beim zweiten Frühstück an die Kohlehydrate und die Ballaststoffe. Machen Sie sich aus verschiedenen Getreidesorten ein Vollkornmüsli, das Ihnen keine Energie nimmt, sondern gibt.

Mein Müsli-Rezept
- ½ Tasse Dinkelflocken oder Crispies
- je ein Teelöffel Sesam, Leinsamen, Sonnenblumenkerne
- 3 Mandeln, 3–5 Walnüsse
- 1 Kiwi
- alles mit flüssigem Soja übergießen
- Wenn Sie süßen wollen, nehmen Sie Honig (enthält Mineralstoffe und Vitamine) oder Vollrohrzucker (1,5 Prozent Mineralstoffe, Vitamine).

Rezept für eine Miso-(Soja-)Suppe
Pro Person 1–2 Tassen Wasser zum Kochen bringen, 1–2 TL Miso in lauwarmem Wasser anrühren und in das nicht mehr kochende Wasser einrühren. 5 Minuten ziehen lassen und nach Lust und Laune mit Zwiebeln, Schnittlauch oder anderen Kräutern garnieren und genießen.[12]

SÄUREN UND BASEN

Je nachdem, was und wie wir essen, ändert sich unser Säuren-Basen-Haushalt. Stehen die Säuren in einem ausgewogenen Verhältnis zu den Basen, dann sind wir gesünder, altern langsamer, und unsere Haut sieht besser aus. Schon 1920 wies Ragnar Berg darauf hin, dass die zugeführte Nahrung zu achtzig Prozent aus basischen und zu zwanzig Prozent aus sauren Nahrungsmitteln bestehen sollte. Diese Faustregel gilt heute erst recht.[13]

MINERALSTOFFDEPOTS

Etliche Experten sehen einen Grund für das Altern darin, dass dem Körper Mineralstoffe entzogen werden, weil zu viele Säuren neutralisiert werden müssen.

> Die stoffliche Alterung des Menschen ist ein kontinuierlicher Verzehr von Spurenelementen und Mineralstoffen aus dem Gebiss, dem Haarboden, aus den Knorpeln, Knochen und Sehnen sowie aus der Haut des Menschen, zwecks Neutralisierung von Giften und Säuren. Am Ende unseres Lebens haben wir kaum noch Haare auf dem Kopf, keine Zähne mehr im Mund, eine dünne, faltige und schrumpelige Haut.[14]

Männer verbrauchen ihre Mineralstoffe übrigens kontinuierlich, Tag für Tag und Jahr für Jahr. Bei Frauen beginnt der Mineralstoffverzehr erst mit den Wechseljahren. Konnten sie vorher Säuren noch durch die Menstruation ausscheiden, müssen sie jetzt äußerst gesundheitsbewusst leben, um sich ihre Schönheit und Gesundheit möglichst lange zu bewahren. Schon Hildegard von Bingen wusste, dass die Frau ihre schlechten Säfte (Säuren) bis zur Menstruation zurückhält, und zwar in Blut, Lymphe, Hüfte, Gesäß, Oberarmen und Oberschenkeln. Unsere Mineralstoffdepots sind die Säulen unserer Gesundheit und Schönheit. Sie versorgen:

• Haare und Haarboden
• Nägel, Haut, Knochen, Gefäße bzw. Adern
• Knorpel, Kapseln, Sehnen

EIN SÄURETEST

Überprüfen Sie einmal den Säuregrad Ihrer Körperflüssigkeit. In jeder Apotheke ist der Teststreifen zur Urinkontrolle erhältlich. Dieses Indikatorpapier sollte einen pH-Bereich von 5,0 bis 8,0 abdecken. Die Selbstmessung des pH-Wertes des Urins sagt viel über den aktuellen Zustand des Säure-Basen-Geschehens im Körper aus. Hierfür gibt es eine allgemeine Messgrundlage,

ALTERUNGSVERLAUF BEI MANN UND FRAU

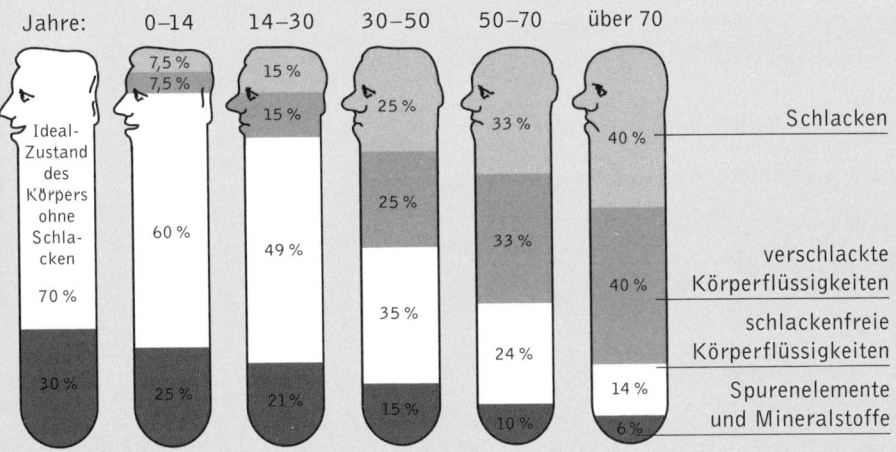

Jahre: 0–14 14–30 30–50 50–70 über 70

Ideal-Zustand des Körpers ohne Schlacken

7,5 %
7,5 %
15 %
15 %
25 %
25 %
33 %
33 %
40 %
40 %

60 %
49 %
35 %
24 %
14 %

70 %
30 %
25 %
21 %
15 %
10 %
6 %

Schlacken

verschlackte Körperflüssigkeiten

schlackenfreie Körperflüssigkeiten

Spurenelemente und Mineralstoffe

MANN

Die Verstoffwechselung der Mineralstoffe zu Schlacken ist gleichzeitig Säureneutralisierung, Verschlackung und Alterung.

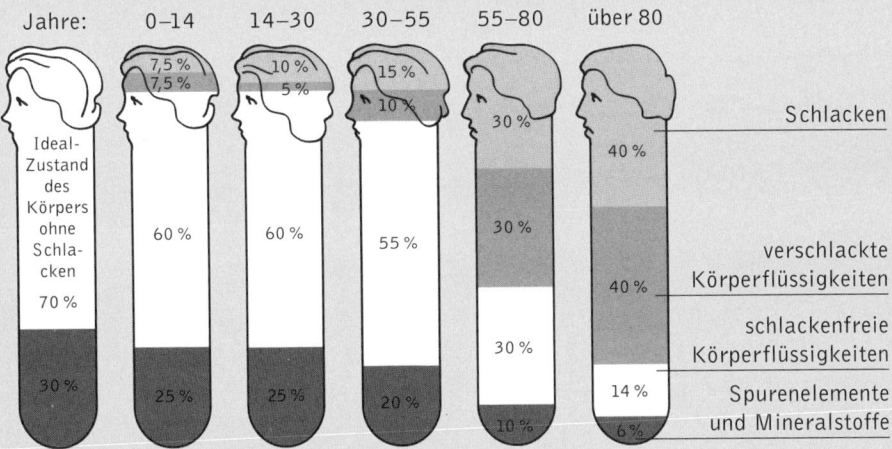

Jahre: 0–14 14–30 30–55 55–80 über 80

Ideal-Zustand des Körpers ohne Schlacken

7,5 %
7,5 %
10 %
5 %
15 %
10 %
30 %
40 %

60 %
60 %
55 %
30 %
40 %

70 %
30 %
25 %
25 %
20 %
30 %
30 %
14 %
10 %
6 %

Schlacken

verschlackte Körperflüssigkeiten

schlackenfreie Körperflüssigkeiten

Spurenelemente und Mineralstoffe

FRAU

Der Mineralstoffverzehr von Mann und Frau verläuft unterschiedlich. Beim Mann erfolgt er kontinuierlich Tag für Tag und Jahr für Jahr. Die Frau erleidet nennenswerte Mineralstoffverluste erst ab dem Beginn der Wechseljahre. Ab diesem Zeitraum muss sie äußerst gesundheitsbewusst leben, um sich ihre Schönheit möglichst lange zu bewahren. Im Gegensatz zum Mann ist die Körperchemie der Frau nicht daran gewöhnt, Säuren zu verstoffwechseln.

die in der Medizin und der Chemie angewendet wird. Die pH-Skala: Bei einer Skalenbreite von 0 bis 14 ist 7 der Neutralpunkt. Je stärker eine Säure ist, umso kleiner wird der pH-Wert. Zwischen 7 und 14 liegt der Basenbereich.[15]

Die Mischung macht's
Die tägliche biologische Vollwertkost sollte sich zu zwei Dritteln aus basenbildenden und zu einem Drittel aus säurebildenden Lebensmitteln zusammensetzen.

Basenbildende Lebensmittel:
- Essener Brot
- Gemüse- und Fruchtsäfte, Kräutertee
- Gemüse: Auberginen, Kartoffeln, Wurzeln, Kohlrabi, Blattsalate
- Früchte: Feigen, Rosinen, Bananen, Zitronen, Melonen, Weintrauben

Säurebildende Lebensmittel:
- Schwarzer Tee, Bohnenkaffee, Alkohol, alle Cola- und Limonadengetränke
- tierisches Eiweiß: Fleisch, Wurst und Fisch
- Fastfood und Fertiggerichte
- die meisten Milchprodukte wie Hartkäse
- Industriezucker, Süßstoffe, Süßigkeiten
- Weißmehl, Weißmehlprodukte
- Erdnüsse und Paranüsse

Natürlich beeinflussen nicht nur Nahrungsmittel den Säuren-Basen-Haushalt. Stress, Ärger, Zorn, Streit, Angst, negative Gedanken machen «sauer». Frische Luft, Harmonie, Frieden, Zufriedenheit und positive Gedanken wirken basisch dagegen.

ENTSCHLACKUNG UND KÖRPERREINIGUNG MIT DEN FÜNF »TIBETERN«

Zusammen mit einer Heilpraktikerin leitete ich vor einigen Jahren in Portugal ein Seminar zur Rundum-Entspannung. Unser Programm umfasste ganzheitliche Behandlungsmethoden (individuelle Gesichts- und Körperbehandlungen), die Fünf »Tibeter« und Yoga, dazu eine gesunde Ernährung im Sinne des Säure-Basen-Gleichgewichts, Bäder und energetische Massagen. Ziel war, die Energie wieder zum Fließen zu bringen, eine Reinigung auf der emotionalen und physischen Ebene. Die Seminarteilnehmer sollten lernen, den Atem zu spüren und zu lenken und insgesamt ihren Körper neu und bewusster zu erleben.

Morgens praktizierten wir die Fünf »Tibeter« oder Yoga, tranken Entschlackungstee oder heißes Wasser mit Ingwer. Wir machten ayurvedische Reinigungsrituale mit Öl, und die Ernährung war überwiegend basisch – sie bestand hauptsächlich aus frischem Obst und Gemüse. Abends gab es basische Fußbäder (zirka zwanzig bis dreißig Minuten). Jede Teilnehmerin bekam eine individuelle Körper- und Gesichtsmassage. Schon nach einigen Tagen strahlten alle mehr Leichtigkeit und Vitalität aus.

In der abschließenden Runde kamen Berichte wie:

«Ich hab das Gefühl, alten Müll losgelassen zu haben, ich fühle mich gestärkt. Diese Woche hat mich dazu ermuntert, mich konsequenter und bewusster auf meinem neuen Lebensweg einzusetzen und mir meinen Raum zu nehmen.»

«Ich konnte endlich all meine Gefühle rauslassen.»

«Ich habe durch die Übungen und die ganzheitlichen Anwendungen sehr viel Energie bekommen; ich fühle mich leicht und beschwingt.»

Meine Erfahrung auf dieser Reise war: Die Ernährung im Säuren-Basen-Gleichgewicht in Verbindung mit den Fünf »Tibetern« bewirkte eine starke Reinigung und Entschlackung auf der physischen und emotionalen Ebene. Die Energie konnte wieder ungehindert fließen. So entstand das Gefühl von Leichtigkeit und Energie, von dem die Teilnehmer berichteten, und die Haut wirkte frischer und glatter als vorher.

Schlacken entstehen aus Säuren und Giften, die der Körper unter Zuhilfenahme von Mineralstoffen und Spurenelementen (Mineralstoffraub) aus organischen und anorganischen Säuren bildet bzw. bilden muss, um nicht verätzt bzw. vergiftet zu werden.[16]

Der griechische Arzt Hippokrates (460–377 v. Chr.) ging (wie übrigens auch das indische Ayurveda und die tibetische Medizin) davon aus, dass Säfte durch unseren Körper zirkulieren, die unser Wohlbefinden beeinflussen. Die schlechten Säfte müssen aus dem Körper ausgeleitet werden, um ihn zu entschlacken und zu harmonisieren. Gerade die Fünf »Tibeter« wirken sich günstig auf die innere Körperreinigung und Entschlackung aus. Der zweite »Tibeter« regt die Verdauung an und fördert somit die Entschlackung, der vierte bearbeitet den Unterleib und spricht besonders die Ausscheidungsorgane an.

All das wirkt sich positiv auf die Gesundheit und Schönheit aus. Unreine Haut wird wieder klarer und schöner. Durch das Anspannen der Muskulatur während des Übens werden die Bauchmuskulatur gestärkt, die Brust gestrafft und der Po fester. Das stärkt unser Selbstbewusstsein, und wir strahlen Zufriedenheit und Wohlsein aus.

ZELLULITIS DURCH SÄUREN

Oft spielen bei der Entwicklung der Zellulitis außer der Ernährung auch mangelnde Bewegung und Genussmittel eine wichtige Rolle. In der Ganzheitskosmetik muss genau überlegt werden, welche Wirkstoffe angewendet werden sollten, weil viele gar nicht tief genug in die Haut eindringen. Bei der Zellulitis handelt es sich zunächst nur um aufgeblähte Fettzellen, die in der untersten Schicht der Haut angesiedelt sind (ein bis zwei Millimeter im Durchmesser). Sie können aber so groß wie weiße Bohnen werden.

Was gegen Zellulitis hilft:

- Lymphdrainage (transportiert die Schlackenstoffe ab)
- Tiefengewebsmassage (ersetzt die fehlende Bewegung der inaktiven Muskelpumpe)
- Zimtöl, in Verbindung mit einem Massageroller oder einer Bürste (regt die Durchblutung an); nicht anwenden bei sehr empfindlicher Haut
- Wickelmethoden – Stützstrümpfe oder Kompressionsstrumpfhosen (Haut und Muskulatur werden eng zusammengedrückt)
- apparative Tiefenwärme

TIPPS FÜR EIN ENTSCHLACKUNGSPROGRAMM ZU HAUSE

- Reduzierung von Säuren
- Vitalstoff- und mineralstoffreiche Ernährung
- Zwei bis drei Liter Wasser pro Tag trinken (½ Liter schlackenlösender Kräutertee)
- Ausleitungen von Säuren und Schlacken durch Basenbäder
- Zusätzlich zu den täglichen Fünf »Tibeter«-Übungen fünf bis zehn Minuten Bewegungstraining
- Salz-Öl-Anwendung: Geben Sie etwas Öl (spezielles Massage-/Olivenöl) in die Hände, und vermischen Sie es mit basischem Badesalz. Massieren Sie diese Mischung von unten nach oben mit kreisenden Bewegungen auf

Oberschenkel, Po und Bauch, bis sich das Salz aufgelöst hat. Am besten abends auftragen, damit es nachts seine Wirkung entfalten kann.

SCHÖNHEITSELIXIER WASSER

Unser Körper besteht zu siebzig Prozent aus Wasser. Jede Zelle hängt in ihrer Funktion von Wasser ab. Wir nehmen das als selbstverständlich hin, genauso wie die Tatsache, dass wir hierzulande jederzeit mehr als genug Wasser zum Trinken, Duschen, Wäschewaschen usw. haben. Doch wie sauber und gesund ist unser Wasser? Schon längst wurde wissenschaftlich nachgewiesen, dass viele Giftstoffe in unserem Körper auf unsauberes Wasser zurückzuführen sind.

In jüngster Zeit erregte der japanische Wasserforscher Masaru Emoto Aufsehen. Er konnte an weit über zehntausend Wasserkristallaufnahmen nachweisen, dass reines, lebendiges Wasser aus natürlichen Quellen «schöner» kristallisiert als stark belastetes Wasser. Und nicht nur das. Klänge, Wörter, Bilder und Gedanken scheinen die Kristallbildung zu beeinflussen. Harmonische Musik, positive Wörter und Gedanken («Liebe», «Ja, du schaffst es!») erzeugten schöne Kristalle, harte und laute Musik («Heavy Metal») und negative Begriffe («Hass», «Du kannst nichts!») weniger schöne.[17]

Vergleichen Sie selbst!

Die Worte «Danke» und «Dummkopf» wirkten sich auf die Kristalle sehr unterschiedlich aus.

«Danke»

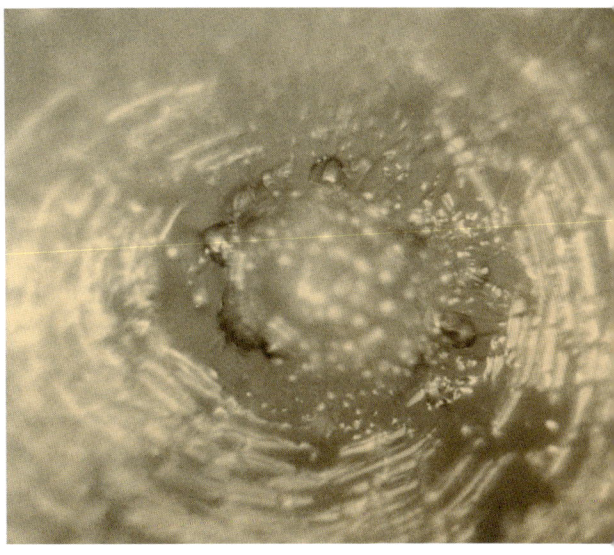

«Dummkopf»

Ist dies ein Beweis dafür, dass geistige Kraft unmittelbar auf die Natur einwirkt? Dass gute Gedanken Schönheit, Reinheit und Gesundheit erzeugen? Und zwar schon auf einer so grundsätzlichen Ebene wie dem Element Wasser? Vieles spricht dafür. Die Forschung steht hier erst am Anfang. Doch ganz sicher ist: Die Bedeutung des Wassers für unser Wohlbefinden, unsere Gesundheit, Energie und Ausstrahlung kann nicht hoch genug eingeschätzt werden. Wir sollten uns deshalb bewusst machen, welche Art von Wasser wir trinken.

Wasser ist der wichtigste Bestandteil einer gesunden Ernährung. Leider trinken wir im Allgemeinen zu wenig, im Durchschnitt nur 1,6 Liter pro Tag. Das ist jedoch nur bei mäßiger körperlicher Belastung ausreichend. Bei normaler Belastung werden vom Körper täglich bis zu drei Liter abgegeben. Je mehr Flüssigkeit er bekommt, desto besser. Bei einer nicht ausreichenden Flüssigkeitszufuhr wird das Blut dickflüssiger und kann weniger Sauerstoff transportieren. Die möglichen Folgen: frühzeitige Falten, Müdigkeit oder Konzentrationsschwierigkeiten – so Monika Erdmann von der Deutschen Gesellschaft für Ernährung.[18]

Es ist also wichtig, jeden Tag möglichst viel (1,5 bis drei Liter) gutes Wasser (z. B. energetisiertes Wasser) zu trinken. (Tipp: Legen Sie einen Rosenquarz in das Wasser). Fangen Sie morgens schon damit an: auf nüchternen Magen eine große Tasse heißes/lauwarmes Wasser, zur Stärkung des Immunsystems und für die Entschlackung ein Spritzer Zitrone. Erinnern Sie sich im Laufe des Tages immer wieder daran, dass ihr Körper flüssige Nahrung benötigt. Trinken Sie nicht nur dann, wenn Sie Durst haben. Gutes Wasser ist buchstäblich ein Jungbrunnen und eine Quelle der Jugend.

HEILFASTEN
MIT DEN FÜNF »TIBETERN«

Bei den Naturvölkern ist die erste Maßnahme zur Heilung Nahrungsentzug. Ein natürlich reagierender Organismus lehnt automatisch jede Nahrung bei Erkrankungen ab. Eva Exner rät:

> Geben Sie Körper, Geist und Seele ab und zu einmal Gelegenheit, sich gründlich zu regenerieren und ohne Belastung durch die Verdauung alte Gifte und Schlackenstoffe loszuwerden![19]

Fasten entgiftet, reinigt den Organismus von Stoffwechselrückständen und mobilisiert seine Heilungskräfte. Der Verdauungstrakt kann sich erholen. Fasten kann bei chronischem Gelenkrheumatismus, Verdauungs- und Stoffwechselstörungen, Erkrankungen der Atmungsorgane und der Haut, Allergien, nervösen und seelischen Störungen helfen. Fastende fühlen sich oft euphorisch – dafür sorgt das «Gute Laune»-Hormon Serotonin, das sich beim Fasten vermehrt bildet. Alle Sinne und Gefühle werden sensibilisiert. Fasten kann die Basis für ein neues Bewusstsein für Körper und Geist sein (zu empfehlen bei Nahrungsumstellung).

1998 leitete ich mit einer Ernährungsberaterin und Fastenexpertin ein Seminar auf Mallorca. Thema: Fasten mit den Fünf »Tibetern«. Dabei machten wir eine interessante Entdeckung: Durch das Loslassen von allem Materiellen (Schlacken), die Reinigung und Entgiftung des Organismus und die Fünf »Tibeter« wurde bei den Seminarteilnehmern schon von Beginn an so viel Energie freigesetzt, dass die üblichen Anfangsschwierigkeiten des Fastens erst gar nicht zum Tragen kamen. Es ging alles leicht und ohne Anstrengung. Wir wanderten viele Kilometer in sommerlicher Hitze, und kein Seminarteilnehmer litt an den Symptomen der Fastenkrise. Alle fühlten sich vom Anfang bis zum Schluss topfit.[20]

ANTI-AGING

Lange leben möchte jeder, aber wer will schon altern? Die Anti-Aging-Medizin beruht auf den Erkenntnissen verschiedener Wissenschaftsdisziplinen. Ihr ganzheitliches Konzept ergänzt die herkömmliche Medizin durch verschiedene Präventionen. Anti-Aging-Mediziner forschen eifrig nach Mitteln, die Vitalität und Leistungsfähigkeit des Menschen möglichst lange erhalten sollen. Franz-Werner Olbertz:

> Die Anti-Aging-Medizin kann die Endlichkeit des Menschen nicht aufheben, aber sie kann Folgendes erreichen: dem Leben mehr Jahre schenken und, wichtiger noch, den Jahren mehr Leben schenken.[21]

NAHRUNGSERGÄNZUNGSMITTEL

Nahrungsergänzungsmittel sollen die Mineralien, Spurenelemente, Vitamine, ungesättigten Fettsäuren usw., die in unserer normalen Nahrung fehlen –

dazu gehören leider auch Gemüse und Obst –, ergänzen. Die amerikanische Ernährungsexpertin Jean Carper empfiehlt als Nahrungsergänzung fürs Jungbleiben folgende zehn elementare Stoffe:

- eine Multivitamintablette (mit fast einhundert Prozent der amtlich empfohlenen Richtwerte für die meisten Vitamine, Mineralstoffe und Spurenelemente)
- Vitamin E: 100–400 I. E. (internationale Einheiten)
- Vitamin C: 500–1500 mg
- Beta-Carotin: 10–15 mg
- Chrom: 200 ug
- Kalzium: 500–1500 mg
- Zink: 15–30 mg (bereits in vielen Vitamintabletten enthalten)
- Selen: 50–200 ug
- Magnesium: 200–300 mg
- Coenzym Q10: 30 mg
- zusätzlich eventuell Vitamin B einschließlich Folsäure 11

Wie viel Sie brauchen, ist von Ihrem individuellen Befinden abhängig. Wenn sie sich gesund und abwechslungsreich ernähren, können/sollten Sie auf die Vitamintabletten verzichten.[22]

ZINK GEGEN DAS ALTERN

Zink stimuliert die Thymusdrüse, und die spielt eine wesentliche Rolle bei der Alterung und koordiniert das Immunsystem. Sie produziert das Hormon Thymulin. Thymulin wiederum produziert so genannte T-Zellen, die Krankheiten abwehren. Zink ist in Kürbiskernen, Geflügel, Fleisch und Meeresfrüchten enthalten. Man sollte nicht mehr als täglich fünfzehn bis dreißig Milligramm zu sich nehmen. Sprechen Sie die medikamentöse Zinkeinnahme mit Ihrem Arzt ab.

ERNÄHRUNGSPLAN FÜR GESUNDHEIT UND SCHÖNHEIT

- Obst und Gemüse (so viel wie möglich)
- Fisch (zwei- bis dreimal wöchentlich, insbesondere Lachs, Makrele, Sardinen, Thunfisch und Hering)
- Tee (enthält viele Antioxidantien)

130

- Sojabohnen und Sojabohnenprodukte (enthalten ebenfalls Antioxidantien)
- Pflanzenöle, Olivenöl mit überwiegend einfach gesättigten Fettsäuren
- wenig Fleisch
- möglichst kein Alkohol

ESSEN SIE SICH JUNG

«Die Bremse und den Rückwärtsgang zum Altern haben Sie selbst in der Hand», glaubt der Mediziner Ulrich Strunz.[23] Auf die Frage, ob und wie viel Nahrungsergänzung nötig sei, erwidert er:

> Die Antwort fällt mir leicht, wenn ich das Blut kenne, denn dort steht es drin. Die leeren Tanks können dann gezielt mit Präparaten aufgefüllt werden. Auch wenn ich den Mensch sehe, kann ich eine gezieltere Auskunft geben. Denn der Körper spricht Bände. Ist die Haut fahl, könnte ein Eisen- oder Eiweißmangel die Ursache sein. Ein dicker Mensch braucht mehr Vitamin C, und es fehlt ihm mit Sicherheit an Chrom. Wer schlank ist, sich supergesund ernährt und viele nährstoffreiche Kalorien aufnehmen kann, weil sein Stoffwechsel sie auch verbrennt, braucht gar keine Ernährungsergänzung. Einem Leistungssportler, der viel Mineralien ausschwitzt und sein Immunsystem ständig fordert, verschreibe ich höhere Dosen. Vitalstoffe aus der Apotheke sind eine sinnvolle Ergänzung zur gesunden Ernährung!

Sein Vorschlag zur Nahrungsergänzung:

1. Forever-Young-Elixiere, von denen Sie sicher zu wenig haben:
- Vitamine: Vitamin C, Folsäure, Vitamin E (Antioxidans)
- Mineralstoffe und Spurenelemente: Chrom, Jod, Magnesium, Mangan, Selen, Zink
- Omega-3-Fettsäuren

2. Forever-Young-Elixiere, von denen Sie wahrscheinlich zu wenig haben:
- Vitamine: Vitamin B6
- sekundäre Pflanzenstoffe: Bioflavonoide
- Mineralstoffe und Spurenelemente: Kalium, Kalzium, Eisen, Molybdän, Phosphat
- Eiweiß: Gesamteiweiß
- Aminosäuren: Methionin, Tryptophan

Um die Haut strahlen zu lassen, empfehlen andere Ernährungswissen-schaftler:

- die Vitamine Pantothensäure, Beta-Carotin, Vitamine B 3, B 6, B 12, C, E
- Spurenelemente: Zink, Kupfer, Selen, Mangan, Schwefel
- Aminosäuren: Zystein (im Kollagen enthalten)
- Fettsäuren: Omega-3-Fettsäuren

Meine Auswahl an Nahrungsergänzungsmitteln
Ich nehme regelmäßig Nahrungsergänzungsmittel, obwohl ich mich sehr gesund ernähre. Sie tun mir gut und gleichen meinen Vitalstoffbedarf aus. Hier meine persönliche Auswahl:

- *Q10 als Energieträger und Radikalenfänger.* Jede Zelle benötigt dieses En-zym zum Atmen und zur Energiegewinnung. Sein Verbrauch ist von den Lebensumständen und Leistungsanforderungen abhängig. Q10 ist in Fleisch, Fisch, Soja, Walnüssen, Mandeln und Spinat enthalten.
- *Mikroalgen.* Als Nahrungsergänzung werden drei Algentypen in Tabletten- und Pulverform angeboten: Spirulina, AFA und Chlorella. Die bekann-teste ist die spiralförmige Süßwasseralge Spirulina. Doch alle drei enthal-ten sämtliche wichtigen Vitamine, Mineralstoffe, Aminosäuren und es-senziellen Fettsäuren. Dazu viel Chlorophyll, das Lichtenergie in unsere Zellen transportiert. Vegetarier profitieren von dem hohen Gehalt an Vitamin B 12, das sonst nur in Fleisch (speziell Rinderleber) zu finden ist. Diabetiker schätzen an den Algen, dass sie kaum Kohlehydrate enthalten. Übergewichtige verspüren weniger Heißhunger auf Süßes und Fast-food.[24]
- *Aloe Vera.* Ihr kalt gepresster Saft stärkt das Immunsystem und wirkt gegen Müdigkeit. Er sollte vor den Mahlzeiten eingenommen werden.[25]

Allgemeine Tipps
- *Kein raffinierter Zucker.* Er enthält weder Vitamine noch Mineralien, son-dern frisst die Schatzkammern unseres Organismus geradezu leer – er saugt die Kraft aus Haut, Haaren, Zähnen, Nägeln, Knochen, Knorpeln, Blut. Essen Sie lieber Rosinen oder Früchte.
- *Weniger tierische Fette.* Kaufen Sie fettreduzierte Lebensmittel ein, lassen Sie ab und zu die Butter vom Brot weg, essen Sie Sojaprodukte, Nüsse, Bohnen, Linsen und Milchprodukte. Die enthalten gut verwertbare Ei-weißstoffe. Wir können nicht ganz auf das Fett verzichten, da es für die Aufnahme der fettlöslichen Vitamine benutzt wird, uns Energie gibt und

unsere Haut vor dem Austrocknen schützt. Pflanzliches Fett (Olivenöl!) enthält ungesättigte Fettsäuren und ist gesund. Omega-3-Fettsäuren (Fischöl, Leinöl) bekämpfen Entzündungen und setzen die Blutgerinnung herab.

- *Weniger Fleisch.* Fleisch enthält gesättigte Fettsäuren und Cholesterin. Cholesterin ist der Ausgangsstoff für unsere Zellwände, Gallensalze und Hormone. Wir brauchen Cholesterin aber nicht zu essen, denn der Körper stellt es leicht selbst her. Man unterscheidet das schützende HDL und das bedenkliche LDL-Cholesterin.[26] Außerdem gerät das Säuren-Basen-Verhältnis bei zu viel Fleisch aus dem Gleichgewicht, es entstehen zu viele Säuren. Um das Gleichgewicht wieder herzustellen, müssen aus den Mineralstoffdepots des Körpers Mineralien entnommen werden.
- *Weniger Kaffee, Alkohol und Nikotin.* Wichtig! Sie produzieren Schlacken und Säuren im Körper. Trinken Sie stattdessen viel Wasser.
- *Viel frisches Gemüse, Früchte und Salat.* Sie enthalten Vitamine, Mineralien und Ballaststoffe.
- *Essen Sie nicht mehr nach 19 Uhr.* Die Nahrung wird nicht mehr verdaut (Organuhr).
- *Üben Sie täglich die Fünf »Tibeter«.* Schlacken- und Säureabbau durch Bewegung.

Wenn wir angespannt sind, wollen wir meist mehr essen, vor allem Süßes. Die Folge: Übersäuerung. Durch Entspannungsübungen lernen wir, bewusster auf unseren Körper zu achten und dementsprechend zu handeln.

Wir haben viele Möglichkeiten, unsere innere und äußere Fitness zu steigern. Meine Erfahrung und die vieler meiner Klienten ist: Die richtige und bewusste Ernährung in Verbindung mit den Fünf »Tibetern« bringt ein wachsendes Wohlgefühl, Vitalität und Ausstrahlung auf der seelischen und der physischen Ebene. Durch Offenheit und Bewusstheit können wir einiges an unserem bisherigen Lebensstil verändern, das uns behindert hat.

Eine »Tibeter«-Anwenderin: «Ich hatte lange Komplexe, was meine Figur betraf. Durch die Fünf »Tibeter« und das dadurch gewonnene neue Bewusstsein hatte ich die Kraft, die Ernährung allmählich umzustellen, wobei sich mein Gewicht reduzierte. Mein Körper hat sich verändert, und dadurch hat mein Selbstvertrauen wieder zugenommen. Ich erfasse den Körper jetzt als Ganzheit, lerne ihn zu lieben und schenke ihm und mir Respekt und Achtung.»

Solche Berichte haben mich in meiner Arbeit als »Tibeter«-Trainerin bestätigt und mir gezeigt, dass wahre Schönheit und Gesundheit vor allem durch das Zusammenspiel von bewusster Ernährung und Bewegung entstehen.

Persönlicher Tipp

Es ist sehr wichtig, sich mehr Wissen über die verschiedenen Ernährungsformen anzueignen und damit seine eigenen Erfahrungen zu machen. Nehmen Sie sich Zeit zum Essen, damit sich die Nahrung auf Sie und Sie sich auf die Nahrung energetisch einschwingen können. Die Ruhe vor dem Essen wirkt sich auf die Verträglichkeit der Nahrung aus. Gehen Sie einfach einen Augenblick in sich, und spüren Sie tiefe Dankbarkeit für das gute Essen.

9

DIE KRAFT DER GEDANKEN: MEDITATION, AFFIRMATION, RITUAL

Kraft durch Meditation.

Sie haben festgestellt, dass manche Menschen mit vierzig alt aussehen, andere dagegen mit sechzig noch jung. Es ist die geistige Einstellung, die diesen Unterschied ausmacht. Wenn Sie fähig sind, sich trotz Ihres Alters als jung zu empfinden, werden auch andere Sie so sehen. Sobald ich damit angefangen hatte, die fünf Riten zu üben, gab ich mir Mühe, aus meinem Kopf das Bild von mir als schwachen alten Mann zu tilgen. Stattdessen festigte ich in meiner Vorstellung ein Bild von mir in meinen besten Jahren. Und ich setzte Energie in Form von sehr starkem Verlangen hinter dieses Bild. Das Ergebnis ist das, was Sie jetzt sehen. (…)

Wenn ein älterer Mensch wirklich jünger werden will, muss er *denken, handeln und sich benehmen wie ein jüngerer Mensch* und die Einstellungen und Manierismen des Alters hinter sich lassen.[1]

«Durch den Glauben, dass ich vom Universum getragen werde, bekomme ich Kraft und Energie. Ich spüre, wie mein Selbstbewusstsein immer stärker wird. Ich verliere meine Angst vor allem, was auf mich zu kommt. Meine Gedanken verändern sich. Meine täglichen meditativen Fünf »Tibeter«-Übungen geben mir Ruhe, und daraus wiederum schöpfe ich Kraft.»

Das sagte eine Fünf »Tibeter«-Praktizierende in einem Seminar zu mir. Natürlich möchte jeder diese innere Kraft haben, in ihr sein, endlich ganz entspannen, einfach glücklich und in Frieden sein. Das ist wahre Schönheit, die keine Krankheit und kein Alter angreifen kann. Eine sechsundsechzigjährige Seminarteilnehmerin bestätigte das durch ihre ganze Erscheinung. Sie hatte zwar einige Altersfalten, doch die fielen aufgrund ihrer positiven und jugendlichen Ausstrahlung gar nicht auf. Sie meinte: «Ich spüre in mir eine tiefe Dankbarkeit, dass es mir so gut geht. Bei meinen Bekannten fällt mir häufig eine Unzufriedenheit auf – negative Gedanken und Emotionen wie Neid, Missgunst oder Angst. Doch ich habe Vertrauen in die große Kraft des Lebens bekommen. Auch in schwierigen Situationen kann ich Ja sagen.»

Wenn ich meine Fünf »Tibeter« morgens beendet habe, gehe ich in die Natur. Sie gab mir in meinen schwersten Lebensphasen die nötige Kraft. Ein Baum, zu dem ich mich immer wieder hingezogen fühle und den ich umarme, oder einfach die Schönheit und Stille der Natur, die mir Frieden schenkt und mich dafür dankbar werden lässt, dass ich das Schöne erleben und erkennen darf. Dieses Gefühl begleitet mich den ganzen Tag und gibt mir Kraft.

In diesem Kapitel schlage ich Ihnen Möglichkeiten vor, positive Gedanken und Bilder zu erschaffen – auf Ihrem eigenen Weg und in Ihrem eigenen Tempo. Suchen Sie sich das entsprechende Handwerkszeug aus.

AUSWIRKUNGEN
AUF DIE WIRKLICHKEIT

Zeit, die für positive Gedanken verwendet wird,
ist niemals verschwendet.
Jedes Mal, wenn Du der Versuchung widerstehst,
Dich mit dem niederen Verstand
anstatt mit dem Licht
Deines höheren Selbst zu verbinden,
wird Dein Geist stärker,
und umso mehr vergrößerst Du
die Kraft des Lichtes auf Erden.[2]

Vor einigen Jahren besuchte ich ein Seminar in der Schweiz, in dem es um hypnotische Sprachmuster ging. Mir wurde da zum ersten Mal klar, wie jeder Gedanke, jedes Wort alles beeinflusst: meine unmittelbare Umgebung, meine Mitmenschen, mein ganzes Leben.

Haben Sie schon einmal darüber nachgedacht, was das Denken und Aussprechen bestimmter Wörter mit Ihrem Bewusstsein macht? Welche positiven oder negativen Auswirkungen es haben kann? Zum Beispiel das Wort «Aber» – «Ich finde das Leben ja eigentlich ganz gut, aber ...» «Aber» schränkt alles zuvor Gesagte ein. Es zieht zurück und widerruft. Ein weiteres Beispiel: «Es ist nicht so leicht.» – «Ich will sehen, was sich tun lässt, aber es ist nicht so leicht!» Tja, dann wird es wohl auch nicht leicht werden.

Halten Sie inne. Beobachten Sie diese Gedankenmuster, lassen Sie sie ablaufen. Es sind lauter Sätze, die Sie irgendwann einmal – vor allem als stark beeinflussbares Kind – von anderen übernommen haben. Diese Muster verschwinden, wenn Sie sie oft genug mit Distanz wahrgenommen haben.

GEDANKEN SIND ENERGIE

Die Lebensenergie ist ewig und universell, und sie ist, weil sie allumfassend ist, Teil aller Dinge. Mehr noch, sie ist ein wesentlicher Teil von jedem von uns. Folglich haben wir alle in uns unbegrenzte Kraft. Wunder in unserem Leben zu erzeugen heißt dann, uns mit der Kraft zu verbinden, ihre Eigenschaften zu verstehen und zu lernen, sie wirksam einzusetzen. Die Verbindung wird durch das Wissen geschaffen, dass die Kraft in Ihnen ist, und dadurch, dass Sie diese Tatsache anerkennen, indem Sie sagen: Ich bin ewig, unsterblich, allumfassend und unendlich, und was ich bin, ist schön. Auf diese Weise erschließen Sie sich die Kraftquelle und sind nun bereit, weiterzugehen, d. h. ihre Eigenschaften zu betrachten.[3]

Gedanken sind Energie. Sie sind wie ein kleines Samenkorn, das langsam wächst und sich in uns manifestiert. Gedanken, Bilder und Wörter funktionieren nach dem geistigen Gesetz von Ursache und Wirkung. Es liegt in unserer Verantwortung, wie wir damit umgehen. Wir bekommen das, was wir gesät haben, und sind verantwortlich für unseren momentanen Zustand – für die Höhen und Tiefen unserer Gefühle. In unserem Kopf finden pausenlos Monologe und Dialoge statt. Wir nehmen diese Gedankenflut meist nicht bewusst wahr. So überhören wir nicht nur das Vogelzwitschern, die Wirklichkeit «dort draußen», sondern auch die leise, innere Stimme unserer Intuition. Sie gibt uns sehr sanft zu verstehen, wie wir uns am besten verhalten sollten.

Nutzen Sie jede Gelegenheit, Ihre Gedanken so bewusst wie möglich wahrzunehmen. Es liegt an uns, wie wir mit ihnen umgehen. Erkennen Sie, dass Sie die Gedanken aus eigener Kraft lenken und verändern können. Daraus wird sich ein Vertrauen entwickeln, aus der Sie die Kraft und Sicherheit bekommen, Ihre Wünsche und Ziele besser und effektiver zu realisieren.

⚉

AFFIRMATION:
Ich ... (Ihr Name) glaube daran, dass ich aus eigener Kraft
meine Gedankenmuster verändern und lenken kann.

Ich ... (Ihr Name) bin mir bewusst,
dass ich verantwortlich für mein Wohlergehen bin.

⚉

KONZENTRATIONSSCHWÄCHE
UND VERGESSLICHKEIT

Immer mehr Menschen, auch viele jüngere Frauen und Männer, leiden unter Konzentrationsschwäche und Vergesslichkeit. Die wichtigsten Gründe dafür sind Reizüberflutung, Stress, Angst, Schlaf- und Bewegungsmangel, falsche Diäten und Medikamente sowie Nikotin. Typisch für Stress ist: Alles muss durchorganisiert werden – Job, Familie, Freizeit. Stress und Angst blockieren

Nervenimpulse, die für die Konzentration wichtig sind. Dagegen hilft – so rät der Sportmediziner Harald Wurz – Bewegung. Der Körper wird dabei gut durchblutet und schüttet Glückshormone aus, die auch auf unser Denken positiv einwirken. Die Fünf »Tibeter« eignen sich hier besonders gut.

«Es gibt kein schlechtes Gedächtnis, nur ein untrainiertes», sagen die Experten der Gehirnforschung heute. Detlef Linke, Neurophysiologe an der Uniklinik Bonn, glaubt: Wie ein Informatiker kann das Gehirn für neue Aufgaben auch neue Netze entwerfen. Unser Gehirn kann durch Training neue Hirnzellen bilden. Fitness im Kopf bedeutet nicht nur ein gutes Gedächtnis. Linke rät zu einem Trainingsprogramm, das auf die verschiedenen Leistungsbereiche des Gehirns abgestimmt ist.[4]

«Es besteht ein unmittelbarer Zusammenhang zwischen Konzentration und Gedächtnisleistung», behauptet der kanadische Psychologe Tom Wujec. Es sei normal, dass unsere Aufmerksamkeit ständig von einer Sache zur anderen wandere. Sie nehme vorweg, verlagere und bewege sich, um eine vollständige Perspektive dessen zu erhalten, was um uns herum vorgehe. Wujecs Tipp zur Steigerung der Konzentrationsfähigkeit: Zahlen verdoppeln, z. B 2, 4, 8, 16, 32, 64.[5]

Tipps
- Kohlenhydrate in Verbindung mit Ballaststoffen, Vitamin B und C, Kalzium in Verbindung mit Phosphor – das bringt die Nervenimpulse wieder in Schwung.[6]
- Die meisten Menschen benutzen vorwiegend ihre linke Gehirnhälfte, die für logisch-analytische Aufgaben zuständig ist. Die rechte Gehirnhälfte, die u. a. bei Kreativität und Intuition anspringt, wird seltener verwendet. Dabei kommen Menschen, die ihre «kreative Seite» einsetzen und nicht immer nur in vorgegebenen Bahnen denken, leichter mit schwierigen Situationen zurecht. «Schalten» Sie also die rechte Hälfte öfter an als bisher!
- Viele meditative Übungen – vor allem aus den östlichen Traditionen – können die rechte Gehirnhälfte aktivieren und beide Hälften synchronisieren. Die Fünf »Tibeter« stehen nach meiner Erfahrung an erster Stelle. Sie durchbluten und aktivieren unser Gehirn. Folge: besseres Gedächtnis, mehr Wohlgefühl durch Endorphine. Sie machen die Wirbelsäule, durch die unser Zentralnervensystem als Verlängerung des Gehirns läuft, elastisch. Das baut Stress ab und bringt die Gehirnhälften in Kohärenz. «Ich behalte nichts mehr. Langsam zweifle ich an meiner Intelligenz! Werde ich alt?» Diese Kundin hatte gehört, dass die Fünf »Tibeter« das Gedächtnis verbessern, und wollte nun die Riten erlernen. Einige Monate vergingen, in denen sie täglich die Fünf »Tibeter«-Übungen machte:

«Jedes Mal, wenn ich merke, dass ich wieder in meinen alten Gedanken-mustern verhaftet bin und deshalb unruhig werde, mache ich außerdem den tibetischen Atem vor dem geöffneten Fenster. Es geht mir viel besser. Ich spüre die Beweglichkeit nicht nur im Körper, sondern auch im Kopf!» Eine zweiundsechzigjährige Kundin klagt über mangelnde Konzentra-tion. «Ich habe Schwierigkeiten, einem Gespräch zu folgen und mich darauf zu konzentrieren. Ich spüre dann eine Panik in mir aufsteigen und meinen Selbstwert dahinschwinden.» Sie hat mit den Fünf »Tibetern« aufgehört, weil sie Schwierigkeiten mit der Atemtechnik und mit dem fünften Ritus hat. Sie möchte in einer Einzelsession die Übungen noch einmal genau durchgehen. Schon nach kurzer Zeit des regelmäßigen Übens bemerkt sie, dass die Konzentration und daher auch ihr Selbst-wertgefühl besser geworden sind. Ich empfehle ihr, die Fünf »Tibeter« regelmäßig vor einem geöffneten Fenster zu machen und außerdem mehrmals am Tag den tibetischen Atem einzusetzen.

MEDITATION

Ich handle aus dem stillen Zentrum des Friedens und der Kraft meines Herzens heraus.[7]

Menschen, die dem Gebet oder der Meditation viel Zeit widmen, werden bisweilen von ihren Mitmenschen missverstanden und kritisiert: Taten sei-en besser als Gebete. Natürlich ist die richtige Tat zur richtigen Zeit wich-tig, aber die Tat sollte aus der Meditation oder dem Gebet entspringen und niemals aus emotionalem Stress.

Meditation ist eine Reise nach innen. Sie soll uns helfen, bewusster und ganz im Hier und Jetzt zu leben. Meditation bedeutet, den Geist zur Ruhe kommen zu lassen. Die berühmte Buddhistin Ayya Khema sagte in ihrem letzten Meditationskurs:

> Der Sinn des Ganzen ist, den Geist so zu beruhigen, dass tiefe Einsichten möglich und schließlich selbstverständlich werden. Ich vergleiche das immer mit einem aufgewühlten Teich, wo im Wind die Wellen hochgehen. Erst wenn sich die Oberfläche des Wassers glättet und alles ruhig wird, kann man bis hinunter auf den Grund schauen und den Sand, die Muscheln und die Fische genau erkennen.[8]

Seien Sie mit sich geduldig. Es dauert, bis Ihre Gedanken und Gefühle zur Ruhe kommen. Suchen Sie sich einen geeigneten Platz, einen «heiligen

Raum», wo Sie ungestört sind. Schaffen Sie sich eine Atmosphäre, in der Sie mit Ihrer ganzen Aufmerksamkeit im Hier und Jetzt verweilen können. Vermeiden Sie alle Ablenkungen, schalten Sie auch das Telefon ab. Irgendwann werden Sie in allen Situationen meditieren können.

Sorgen Sie für sich! Sitzen Sie bequem? Sind Sie warm angezogen? Haben Sie lockere Kleidung an? Sie können im Sitzen meditieren, dafür gibt es Meditationskissen, Meditationsbänke oder den ganz normalen Stuhl. Die Sitzhaltung ist wichtig. Im Zen zum Beispiel wird immer wieder der gerade Rücken hervorgehoben. Die Taoisten legen Wert darauf, dass die Genitalien nicht gequetscht werden. Die Beine sollten hüftbreit geöffnet sein, die Hände auf den Oberschenkeln ruhen.

Meditieren kann man überall und zu jeder Tageszeit. Wann immer Sie den Wunsch und die Sehnsucht nach Stille verspüren oder Ihr Energieniveau auf null gesunken ist, sollten Sie sich die Zeit nehmen, um wieder in Ihre Mitte zu kommen. Nutzen Sie eventuell Bücher oder Kassetten als Unterstützung. Gehen Sie in eine Meditationsgruppe, um die Grundregeln zu lernen. Bei einer kontinuierlichen Anwendung werden Sie schon bald die Harmonisierung von Geist, Körper und Seele spüren.

Für mich ist es eine Selbstverständlichkeit geworden, morgens nach den Fünf »Tibetern« zu meditieren, um die Energie zu nutzen. Die Meditation lässt meine Gedanken klarer und meine Gefühlsschwankungen geringer werden.[9]

MEDITATION 1: DIE CHAKREN REINIGEN

Die sieben Energiezentren sind das A und das O der Fünf »Tibeter«. Colonel Bradford sagt in Peter Kelders Buch:

> In einem gesunden Körper dreht sich jeder dieser «Wirbel» mit hoher Geschwindigkeit und ermöglicht es dadurch der vitalen Lebensenergie, auch Prana oder «ätherische Energie» genannt, durch das endokrine System aufwärts zu fließen. Wenn aber einer oder mehrere dieser Wirbel anfangen, sich langsamer zu drehen, dann ist der Fluss der vitalen Lebensenergie behindert oder blockiert und – nun ja, das ist einfach eine andere Bezeichnung für Altern und schlechte Gesundheit.
> Diese sich drehenden Wirbel dehnen sich bei einem gesunden Körper so weit aus, dass sie aus dem Körper herausragen, bei einem alten, schwachen und kränklichen dagegen erreichen sie kaum die Körperoberfläche. Die schnellste Art, Jugend, Gesundheit und Vitalität wiederzugewinnen, ist, diese Energiezentren dazu zu bringen, sich wieder normal zu drehen. Es gibt fünf einfache Übungen …[10]

Wenn sich die Energiewirbel zu schnell drehen, kann es zu Erschöpfung, Nervosität, Hyperaktivität oder auch Ängsten kommen. Drehen sie sich zu langsam, leiden wir unter Antriebsschwäche und altern sichtbar schneller.

Wer die feinstofflichen Energien, die durch unsere unsichtbaren Energiezentren zirkulieren, im Gleichgewicht hält, bei dem haben Krankheiten keine Chance. Denn einem Symptom auf der physischen Ebene geht immer ein Energieungleichgewicht auf der feinstofflichen Ebene voraus. Sind wir auf der Ebene der Chakren durchlässig und in Harmonie, werden unsere Drüsen und inneren Organe optimal mit Lebenskraft versorgt. Die Drüsen stehen durch die Ausschüttung von Hormonen direkt mit unserem Gemütszustand und seelischen Befinden in Verbindung. Wir erreichen also durch Arbeit an den Chakren seelische Harmonie, Freude und Liebesfähigkeit![11]

Bevor ich Ihnen meine Meditation zu den Chakren vorschlage, möchte ich noch einmal kurz die wichtigsten Eigenschaften der Energiezentren in Erinnerung rufen.

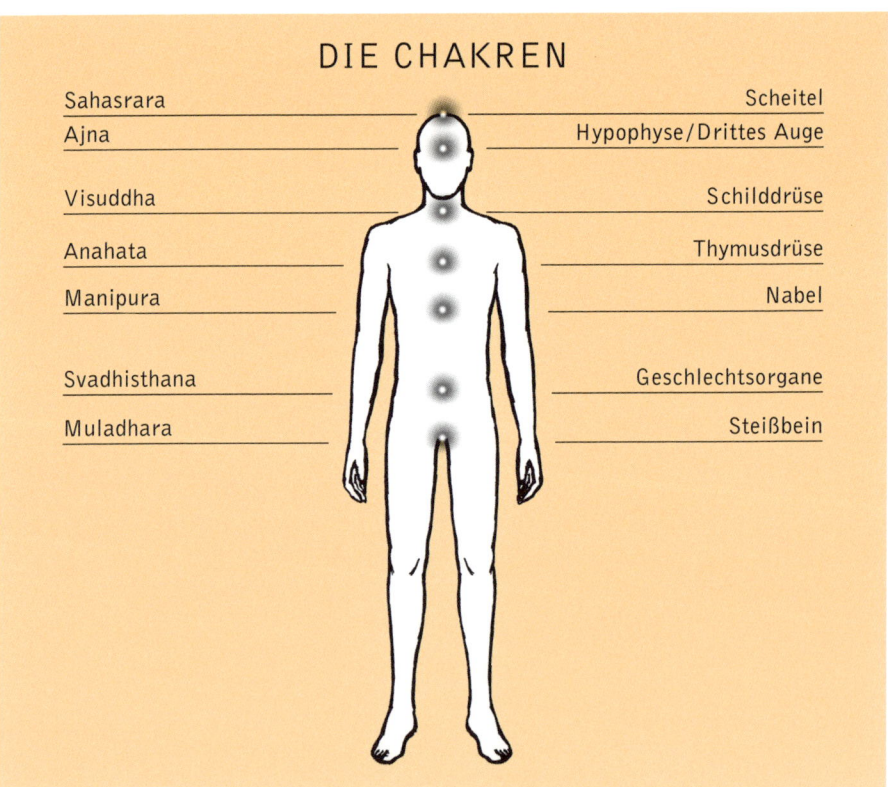

DIE CHAKREN

Sahasrara — Scheitel
Ajna — Hypophyse/Drittes Auge
Visuddha — Schilddrüse
Anahata — Thymusdrüse
Manipura — Nabel
Svadhisthana — Geschlechtsorgane
Muladhara — Steißbein

1. Chakra

Wurzelchakra, sitzt zwischen Anus und Genitalien im Dammbereich. Drüsen/Organe: Nebennieren und Sexualorgane. Der Vokal «U» aktiviert und harmonisiert das 1. Chakra. Die Farbe ist ein kräftiges Rot, das Element Erde. Lebensthema: Beziehung und Verbindung zur Erde und der Materie, Durchsetzungsvermögen.

2. Chakra

Sakralchakra, liegt ungefähr eine Hand breit vom Nabel entfernt. Drüsen/Organe: Geschlechtsdrüsen, Milz, Verdauung und Leber. Der Vokal ist das «O», die Farbe ein leuchtendes Orange, das Element Wasser. Lebensthema: Sinnlichkeit, Reinigung, Erotik, Kreativität.

3. Chakra

Nabelchakra (Solarplexus), liegt etwa eine Handbreit oberhalb des Nabels. Drüsen/Organe: Bauchspeicheldrüse, Magen, Herz und Verdauung. Der Vokal ist das «O», die Farbe Gelb bis Rotgelb, das Element Feuer. Lebensthema: Entfaltung der Persönlichkeit, Emotionen, Macht, Stimmungslage. Erlangt werden sollen inneres Gleichgewicht und Gesundheit.

4. Chakra

Herzchakra, befindet sich an der Mitte des Brustbeins. Drüsen/Organe: Thymusdrüse (Immunsystem), Herz. Der Vokal ist «A». Die Farben sind Grün und Rosa, das Element ist Luft. Lebensthema: bedingungslose Liebe, Mitgefühl, Licht und Heilung.

5. Chakra

Kehlkopfchakra, liegt zwischen Halsgrube und Kehlkopf vorn am Hals. Drüsen/Organe: Schilddrüse, Luftröhre, Hals. Der Vokal ist «E», die Farbe Hellblau, das Element Äther. Lebensaufgabe: Stärkung des Selbstausdrucks, Beziehungen, Kommunikation, Offenheit.

6. Chakra

Stirnchakra (drittes Auge), liegt zwischen den Augenbrauen in der Mitte der Stirn. Drüsen/Organe: Hypophyse (Hirnanhangsdrüse). Der Vokal ist «I», die Farbe Indigoblau. Lebensthema: Intuition, Hellsichtigkeit, Geisteskraft, Gedanken und Willenszentrum.

7. Chakra

Kronenchakra, liegt in der Mitte des Scheitels. Drüsen/Organe: Epiphyse (Zirbeldrüse). Die Farbe ist ein strahlendes Weiß, das Mantra «OM». Lebensthema: Vollendung, kosmisches Bewusstsein, höchste Erkenntnis.

Chakrenreinigung

Bei der folgenden Visualisierung werden die Chakren und die entsprechenden Drüsen bzw. Organe durch das Element Wasser gereinigt und harmonisiert.

Legen Sie sich ganz bequem auf den Boden oder aufs Bett, und schließen Sie die Augen. Entspannen Sie von Kopf bis Fuß. Atmen Sie zwei bis drei Minuten tief und sanft.

Lenken Sie nun Ihre Aufmerksamkeit auf das 1. Chakra (Wurzelchakra). Stellen Sie sich vor, wie Sie beim Einatmen Wasser durch das 1. Chakra in Ihren Körper ziehen und wie es von dort in die umliegenden Organe strömt. Mit dem Ausatmen stellen Sie sich vor, wie Gifte, Schlacken und schmerzhafte Verspannungen mit dem Wasser durch das 1. Chakra herausgespült werden.

Steigen Sie in dieser Art und Weise die Chakratreppe hinauf und hinunter. Bleiben Sie je nach Gefühl ein bis zwei Minuten bei jedem Chakra und bei den Organen, die sich in unmittelbarer Nähe befinden. Vielleicht bemerken Sie, welche Chakren bei Ihnen verschlossen und welche leichter durchlässig sind. Durchspülen Sie die blockierten Chakren etwas länger. Atmen Sie zum Schluss tief ein und aus, strecken und dehnen Sie sich.

Musiktipp
Steven Halpern: *Spectrum Suite*

MEDITATION 2: DIE QUALITÄTEN DES HERZENS AKTIVIEREN

Diese Meditation soll helfen, sich den Qualitäten des Herzens bewusst zu öffnen und sie direkt zu berühren – sie mehr und mehr in das Bewusstsein zu bringen, um sie dann in das tägliche Leben zu integrieren. Die fünf Qualitäten des Herzens sind *Mitgefühl, innere Harmonie, heilende Kraft, bedingungslose Liebe* und *Hingabe*.

Schließen Sie die Augen, und spüren Sie, was Sie gerade berührt. Einfach fühlen. Spüren Sie Ihren Atem? Wie er durch Ihre Nase ein- und ausströmt? Richten Sie nun Ihre Aufmerksamkeit auf das Herzzentrum im Brustraum. Von hier kommen die fünf Qualitäten des Herzens.

Mitgefühl. Nehmen Sie sich ganz an, so wie Sie sind, mit allen Schwächen und Stärken. Nehmen Sie auch den anderen an, wie er ist. Gibt es jemanden, mit dem Sie Ärger haben? Stellen Sie sich vor, Sie selbst seien dieser andere. Fühlen Sie mit, aus der Stille des Herzens heraus. Denken Sie dabei nicht an irgendwelche äußeren Umstände und Geschichten. Nehmen Sie die Kraft hinter dem Begriff *Mitgefühl* wahr.

144

Innere Harmonie. Können Sie diese Stille spüren, die immer gleich bleibt, egal, was um Sie herum geschieht? Sie kennt kein Alter. Es ist das Sein selbst. Das, was Sie immer waren, sind und sein werden. Nehmen Sie die Kraft hinter dem Begriff *innere Harmonie* wahr.

Heilkraft. Spüren Sie die Kraft Ihres Herzens zu heilen. Wie sie sich als sanftes weißes Licht oder Wärme ausbreitet – über die Schultern, Arme und Hände. Nehmen Sie die Kraft hinter dem Begriff *Heilkraft* wahr.

Bedingungslose Liebe. Sie ist bereits da, muss nicht erkämpft oder verdient werden. Nehmen Sie die Kraft hinter dem Begriff *bedingungslose Liebe* wahr.

Hingabe. Spüren Sie, was jetzt, in diesem Moment ist. Nehmen Sie die Kraft hinter dem Begriff *Hingabe* wahr.

Lassen Sie das Gefühl, mit allem verbunden zu sein, aus Ihrer Mitte heraus lebendig werden und die fünf Kräfte Ihres Herzens zu einem einzigen Gefühl zusammenfließen. Verschmelzen Sie mit diesem Gefühl.

Führen Sie nun Ihre Hände in einer sanften und behutsamen Bewegung zum Herzzentrum, und legen Sie sie dort aufeinander. Spüren Sie, wie die Energie aus Ihren Händen strömt. Verharren Sie einen Augenblick so. Lösen Sie nun die Hände wieder, und legen Sie sie sanft neben Ihren Körper. Nehmen Sie einen tiefen Atemzug, und kehren Sie zurück in die Gegenwart.

Praktizieren Sie die Herzmeditation möglichst täglich zehn bis zwanzig Minuten. Je öfter man diese wundervolle, heilende Meditation praktiziert, desto mehr wird sie Teil von einem selbst. Man kann sie mit und ohne Musik machen.

Musiktipp
Deuter: *Garden of the Gods*

MEDITATION 3: GEFÜHLE AKZEPTIEREN

Entdecken und aktivieren Sie den inneren Beobachter. Dazu empfehle ich eine ganz einfache Achtsamkeitsübung. Dabei können Sie Ihre Gefühle unmittelbar aufspüren und integrieren, bevor Sie sie auf die Umgebung projizieren. Beim Autofahren, bei Warteschlangen im Supermarkt, Diskussionen im Büro oder Streit in der Familie eignet sich diese Übung besonders.

Jede Emotion äußert sich an bestimmten Stellen im Körper. Beobachten und fühlen Sie, wo sich die Wut, Angst, Traurigkeit, der Stress bemerkbar machen. Bleiben Sie mit Ihrer Wahrnehmung eine Weile in diesem Bereich. Lenken Sie Ihren Atem und Ihre Aufmerksamkeit sanft dorthin. Bejahen Sie das momentane Gefühl ohne Einschränkung oder Bedingung. Egal, ob es besser oder schlechter wird. Nur dieser Moment ist wirklich. In der Regel lösen sich unangenehme Empfindungen dann tatsächlich bald auf, bevor sie sich im Körper «einnisten» und zu gesundheitlichen Beschwerden führen können. Und wenn nicht: Sie sind einfach akzeptiert, also okay.

Diese Achtsamkeitsübung verhilft zu mehr Körperbewusstsein und aktiviert die intuitive Intelligenz und Weisheit des Körpers.[12]

MEDITATION 4: DAS INNERE LÄCHELN

Lächeln wirkt heilend auf andere und auf einen selbst. Wir alle wissen, wie gut es tut, wenn uns jemand anlächelt – und wie schön der andere dann aussieht. Der taoistische Meister Mantak Chia sagt: «Sich selbst zuzulächeln wirkt heilsam und verjüngend, als ob man in Liebe baden würde.» Er leitet zu einer speziellen Heilmeditation des inneren Lächelns an. Sie lässt die Kraft des Lächelns auf alle Teile und Organe des Körpers ausströmen.

Die Augen: Entspannen Sie die Stirn, und stellen Sie sich vor, dass Sie einem lieben Menschen begegnen oder etwas Schönes erblicken. Sammeln Sie diese Energie in Ihren Augen.

Das Gesicht: Lassen Sie die lächelnde Energie in die Stirnmitte zwischen die Augenbrauen (drittes Auge) fließen und dann in die Nase und Wangen. Das Lächeln entspannt die Gesichtshaut, dringt tief in die Gesichtsmuskeln ein und erwärmt dabei das ganze Gesicht. Es fließt nach unten zum Mund, dessen Winkel leicht angehoben werden, weiter zur Zunge. Die Zungenspitze geht hoch an den Gaumen. Lenken Sie die lächelnde Energie in den Kiefer, und spüren Sie, wie sich die dort angesammelten Verspannungen lösen.

In dieser Weise können Sie für sich selbst weitermachen, indem Sie in andere Bereiche des Körpers hineinlächeln: in Hals und Nacken, Kehle und Brustbein, in die Schild- und Thymusdrüse, ins Herz, in die Lungen, die Leber, die Nieren, die Bauchspeicheldrüse, die Milz und schließlich in die Sexualorgane. Die lächelnde Energie löst überall Verspannungen, verbessert die Funktionen, und Ihr ganzer Organismus wird von Freude und Kraft durchstrahlt.[13]

MEDITATION 5: TANZEN

Tanzen Sie zu rhythmischer Musik. Sie spüren dabei auf ganz natürliche Weise mehr Lebensfreude und bringen sie in der Bewegung zum Ausdruck. Entdecken

Sie Ihren eigenen Rhythmus. Besonders geeignet ist ursprüngliche (afrikanische, schamanische) Trommelmusik. Der Klang der Trommel erinnert unser Unterbewusstsein an den Herzschlag der Mutter vor unserer Geburt. Viele Workshops laden dazu ein, ausgelassen zu tanzen oder sogar selbst zu trommeln.

Musiktipps
Gabriele Roth: *Endless Wave* u. a.
Oliver Shanti & Friends: *Well Balanced*

AFFIRMATION

DIE «ICH-BIN-ESSENZ»

Nach meiner Erfahrung wirkt diese Affirmation besonders stark. Hier wird eine höhere oder größere Wirklichkeit beschworen – wir können sie «Gott», «Überbewusstsein» oder «höheres Selbst» nennen –, um sich mit allem, was existiert, zu verbinden. «Ich bin mehr als eine begrenzte, besorgte, zweifelnde Persönlichkeit!»

Je öfter Sie diese Affirmation anwenden, desto mehr werden Ihre Gedanken in den Hintergrund treten. Dann ist der Weg frei zu Ihrer eigentlichen Kraftquelle.

Beginnen Sie immer mit einem Dank, so als wäre alles schon eingetreten: «Ich … (Ihr Name) bin jetzt bereit und offen, alles Gute anzunehmen. Ich danke meiner Ich–bin–Essenz für all ihre Geschenke!» Sie können jetzt Ihre eigenen Affirmationen wählen. Schon nach kurzer Zeit werden Sie feststellen, dass sie helfen, negative Gedanken und Verhaltensmuster aufzulösen.

Eine Auswahl:

- Ich bin strahlende Lebenskraft.
- Ich bin gesund und stark.
- Ich bin kreativ und intelligent und bekomme die Kraft, um meine Pläne zu verwirklichen.
- Ich bin grenzenlose Liebe und kann mir und anderen verzeihen.
- Ich bin …

Zum Abschluss: «Ich bin jetzt bereit und offen, alles Gute anzunehmen. Ich danke meiner Ich-bin-Essenz!»

WAS SIE BEI JEDER AFFIRMATION BEACHTEN SOLLTEN

- Wiederholen Sie die Affirmation regelmäßig und bewusst. Vermeiden Sie jede Verneinung. Das Wort «nicht» sollte nicht vorkommen.
- Stellen Sie sich bei der Affirmation vor, dass alles bereits geschieht.
- Sprechen Sie die Affirmation laut aus, damit sie in die tiefsten Schichten Ihres Körpers vordringen kann und jede Zelle aktiviert und programmiert.
- Sprechen Sie die Affirmationen vor allem kurz nach dem Aufwachen oder vor dem Einschlafen. Sie können im entspannten Zustand besser vom Unterbewusstsein aufgenommen werden.
- Schreiben Sie Ihre Affirmationen auf große Zettel, und verteilen Sie diese zur Erinnerung gut sichtbar im Haus bzw. Büro.
- Formulieren Sie Ihre Affirmationen immer in der Ich- und in der Gegenwartsform.
- Bringen Sie Ihren Wunsch genau auf den Punkt, formulieren Sie klar und deutlich.
- Arbeiten Sie mit Ihren Affirmationen wenigstens drei Wochen lang. Diese Zeit braucht das Gehirn, um das Neue umzusetzen.
- Lassen Sie Ihre ganz persönlichen Affirmationen gefühlsmäßig entstehen.
- Wenden Sie die Affirmationen auch beim Spazierengehen, beim Jogging, bei den Fünf »Tibetern« usw. an.[14]

RITUALE

ALLES KANN ZU EINEM RITUAL WERDEN

Der Begriff Ritual bedeutet: nach einer festgelegten Ordnung vorgehen. Aus jedem alltäglichen Vorgang kann ein Ritual werden. Einfaches Beispiel: das Essen. Der Körper braucht regelmäßig Nahrung. Das ist noch kein Ritual. Erst wenn z. B. vor jeder Mahlzeit drei Kerzen angezündet oder bestimmte Gebete gesprochen werden oder wenn genau festgelegt ist, wer wem zuerst die Schüssel reicht usw., wird das Essen zu einem Ritual. Bestimmte symbolische Handlungen schaffen Rituale. Dabei kann beispielsweise die Nahrungsaufnahme sogar zur Nebensache werden. Die Hauptabsicht mag sein, sich des Essens bewusster zu werden.

In den magischen Praktiken esoterischer und okkulter Traditionen sind die Strukturen eines Rituals meist recht kompliziert. Jedes Detail muss ganz streng beachtet werden. Heute gehen wir allgemein viel lockerer mit Ritualen um. Sie können spielerisch eingesetzt werden.

Gibt es Rituale, die für Sie wichtig sind und die Ihr Herz erfreuen? Gestatten Sie es sich, diese Rituale zu vollziehen und im Alltag auch wirklich anzuwenden? Welche Rituale liebten Sie als Kind, weil Sie Ihnen Trost spendeten? Nutzen Sie die heilsame Energie von Ritualen und Zeremonien. Vielleicht hat auch Ihr Partner Spaß daran.

WIE BEGINNE ICH DEN TAG?

Wie bereite ich mich mental und energetisch auf den Tag vor? Sie können alles, was Sie wollen, erreichen, sobald Sie sich Ihrer inneren Kraft bewusst werden und den Mut aufbringen, diese Kraft zu gebrauchen. «Wenn ich morgens aufwache und den hohen Berg der Anforderungen vor mir sehe, möchte ich am liebsten im Bett bleiben!» Das höre ich häufiger, von Frauen wie von Männern. Es ist eines dieser immer wieder auftauchenden Gedankenmuster.

Den Tag so zu beginnen, wie ich es in diesem Kapitel vorschlage, war auch für mich kein einfacher Weg. Ich musste erst die Notwendigkeit erkennen, eine Entscheidung treffen zu müssen. Eine Entscheidung, wie ich mich auf den Tag vorbereiten kann, damit ich meine innere Mitte nicht verliere. Denn nur aus dieser Mitte heraus kann ich in Klarheit, Liebe, Selbstbewusstsein, kraftvoll und verantwortungsvoll handeln. Die Fünf »Tibeter« sind für mich seit vielen Jahren ein Muss. Der Tag bekommt dadurch eine ganz andere Qualität.

Aus meinem Tagebuch
Schon beim Aufwachen spüre ich, dass der Tag heute anders ist. Sofort schwirren besorgte Gedanken ungeordnet in meinem Kopf herum. Ich nehme einen Druck in meiner Brust und im Solarplexus wahr und spüre eine große Unruhe.

Was ist los mit mir? Schon seit Tagen spüre ich diese Stimmungsschwankungen. Eine immer wiederkehrende Traurigkeit nehme ich wahr, die ich nicht klar definieren kann. Ich fange Sachen an und bringe sie nicht zu Ende. Mir ist, als ob meine Energie nicht in die richtige Bahn gelenkt wird. Ich habe keine Power, um mich für eine bestimmte Sache einzusetzen. Vor gewissen Situationen und Entscheidungen habe ich Angst.

Nach dem Aufstehen dusche ich erst einmal, um mich von allem Alten zu reinigen. Danach mache ich mir einen Tee und setze mich bei geöffnetem Fenster in mein Meditationszimmer. Ich schlage in «Kraft zum Loslassen» von Melody Beattie die Seite für diesen Tag auf und lese etwas zum Thema «Machtlosigkeit akzeptieren». Es geht heute darum, seinen Gefühlen zuzuhören und sie nicht zu verleugnen.

Ich stimme mich auf die Fünf »Tibeter« ein und praktiziere sie. Schon im Laufe des Vormittages spüre ich, wie die Energie mehr und mehr in die richtigen Bahnen gelenkt wird. Unerledigte Dinge bereiten mir keine Schwierigkeiten mehr, ich telefoniere, schreibe, behandle und räume auf.

Die Sonne scheint. Ich entscheide mich dafür, in der Mittagspause einen Spaziergang zu machen, um meiner Seele eine Freude zu bereiten. Ich spüre wieder Leben und Vitalität in mir.

Oh, welch ein göttliches Geschenk, diese Fünf »Tibeter«! Und danke, liebe Schöpferkraft, dass Du mir hilfst, mir immer wieder die Zeit dafür zu nehmen!

DAS MORGENRITUAL: DER TAG WIRD GUT

Im Folgenden möchte ich Ihnen ein Morgenritual vorschlagen, das aus verschiedenen Übungen und Affirmationen besteht. Das Ritual soll dazu führen, dass Sie mit viel guter Energie in den bevorstehenden Tag gehen, statt nur einen unüberwindlichen Berg von Schwierigkeiten zu sehen. Sie müssen sich hier nicht streng an die Abfolge halten, sondern können variieren und manches weglassen.

1. Beobachten Sie die ersten Gedanken beim Aufwachen. Gehen sie in die Richtung: «Wie soll ich diesen Tag nur schaffen!»? Dann atmen Sie tief durch und sagen sich (Affirmation): «Ich lasse alle Gedanken los, dass ich meinen Tag nicht schaffe. Es wird alles gut.» Oder: «Heute will ich mich entspannen. Ich kann mich von meiner Zeitplanung lösen. Ich kann aufhören, Ergebnisse zu manipulieren. Das Gute geschieht, wenn die Zeit reif ist, und es wird auf ganz natürliche Weise geschehen.»

2. Bleiben Sie nach dem Aufwachen im Bett liegen, und aktivieren Sie den Energiestrom mit *Jin Shin Jyutsu:* Rechter Daumen und rechter Zeigefinger drücken nacheinander den linken Daumen, Zeige-, Mittel-, Ring-, und den kleinen Finger (insgesamt eine Minute). Dann werden Daumen und Finger der rechten Hand gedrückt. Wenn Sie ein leichtes, angenehmes Kribbeln am ganzen Körper spüren, fließt die Energie.[15]

3. Duschen Sie nach dem Aufstehen abwechselnd kalt und heiß. Stellen Sie sich dabei vor, wie alle alten Blockaden weggespült werden (Reinigungsritual). Rubbeln Sie Ihren ganzen Körper mit einem weichen Frotteetuch ab, und ölen oder cremen Sie ihn ein. Fühlen Sie, wie gut Ihnen das tut! Bürsten Sie Ihren Körper trocken ab (fördert die Durchblutung, regt die Entschlackung an und entfernt alle alten und abgestorbenen Hautschüppchen).

4. Machen Sie sich einen heißen Tee oder heißes Wasser mit einigen Tropfen Zitrone (tibetische Tradition) oder Ingwer (ayurvedisch). Stellen Sie sich beim Trinken vor, wie die Flüssigkeit den Körper reinigt, und beschließen Sie, im Laufe des Tages möglichst viel Wasser zu trinken.

5. Setzen Sie sich (zum Teetrinken) an einen ruhigen, schönen Platz, und genießen Sie bewusst den Augenblick. Lassen Sie Gedanken wie: «Kann ich mir das zeitlich wirklich leisten?» (schlechtes Gewissen) einfach vorbeiziehen.

6. Sagen Sie zu sich selbst: «Ich genieße das Hier und Jetzt. Diese Zeit steht mir zu! Ich freue mich auf den Tag und auf alle Begegnungen! Ich bin voller Gesundheit und Tatenkraft!»

7. Nehmen Sie Ihr Lieblingsbuch zur Hand, schlagen Sie irgendeine Seite auf – oder die für diesen Tag vom Autor vorgesehene Seite. Lesen Sie die Zeilen, als wären Sie wirklich genau für diesen Moment, für diesen Tag, ganz für Sie gedacht. Statt eines Buches können Sie auch Kartensets verwenden.

8. Öffnen Sie das Fenster, strecken und dehnen Sie Ihren Körper, und achten Sie dabei auf den Atem. Stellen Sie sich beim Ein- und Ausatmen vor, wie die Lebensenergie ein- und ausströmt. Atmen Sie durch die Nase die frische Energie tief ein und durch den leicht geöffneten Mund die verbrauchte Energie tief aus. Länger aus- als einatmen!

9. Machen Sie die Fünf »Tibeter« (siehe Kapitel 10). Legen Sie dazu Ihre Lieblingsmusik auf.

10. Segnen Sie diesen Tag, Ihre Arbeit, Ihre Familie, die Menschen, denen Sie begegnen werden. Fühlen Sie einfach, dass alles gut ist, wie es ist. Das Leben ist viel größer als Sie und wird für alles sorgen. Das Leben selbst ist ein Segen! Sagen oder denken Sie: «Ich segne und segne die Güte Gottes, die in diesem Tag ist und die in ihm wirkt und nenne sie gut, gut, gut!»[16] Empfehlenswert ist auch die folgende Segensmeditation von der »Tibeter«-Trainerin Brigitte Gillessen:

Setzen oder legen Sie sich bequem hin, atmen Sie langsam und tief, entspannen Sie Körper und Geist. Gehen Sie mit Ihrer Aufmerksamkeit in Ihr Herz. Öffnen Sie Ihr Herz, indem Sie sich vorstellen, dass sich eine Rosenknospe langsam entfaltet. Segnen Sie Ihren Körper, Ihre Organe, damit Sie Ihnen Gesundheit und Kraft spenden. Segnen Sie Ihren Raum, die Wohnung, das Haus für den Schutz und die Geborgenheit, den Komfort, den sie bieten. Segnen Sie Ihre Nachbarschaft, Ihren Stadtteil, Ihre Stadt Ihr Land, Europa, den Erdteil, die ganze Erde. Segnen Sie die Elemente Erde, Feuer, Wasser, Luft, das Mineralreich, Pflanzenreich, Tierreich, die Menschheit, Sonne, Mond und Sterne, Engel, geistige Führer. Segnen Sie die ganze Schöpfung. Gehen Sie langsam mit Ihrer Aufmerksamkeit wieder zurück zu Ihrem Herzen. Schließen Sie vorsichtig die Blütenblätter der Rose.[17]

11. Gehen Sie zehn bis zwanzig Minuten draußen in der Natur spazieren. Hildegard von Bingen nannte die Kraft des Schöpfers und des Lebens «Grünkraft». Tanken Sie Grünkraft!

10

DIE RITEN

LEBENDIGE SCHÖNHEIT

Wer seinen Körper
und sein Leben
verändern will,
muss zuerst
sein Bewusstsein
verändern!
DEEPAK CHOPRA

Ich hoffe, ich konnte in diesem Buch zeigen, dass Schönheit von innen kommt. Jeder Mensch ist von Natur aus schön. Leider sind sich dessen nur wenige bewusst. Lebendigkeit, Offenheit, Individualität, sich selbst und andere so annehmen, wie Gott uns geschaffen hat – das macht wahre Schönheit aus.

Die Fünf »Tibeter« verjüngen. Die Haut wird glatt und schön, die Haare glänzen, die Haltung ist aufrecht, das Immunsystem wird gestärkt. Das zeigt sich als äußere Schönheit. Ein Model wie Naomi Campbell oder ein Fernsehstar wie Judith Adelhoch – sie bekennen sich öffentlich zu den Fünf »Tibetern« – profitieren von den Riten ebenso wie jede(r) andere jeden Alters.

Doch die Fünf »Tibeter« gehen viel tiefer. Sie reichen über ein auf äußere Schönheit und Jugendlichkeit beschränktes Ideal hinaus. Die innere Schönheit macht frei. Das ist ein Entwicklungsprozess – von Minderwertigkeitskomplexen und Selbstverurteilung allmählich zur echten, fast überrschten Feststellung: «Ja – ich bin schön, so wie ich bin!»

153

AUS DER PRAXIS: WAS »TIBETER«-ANWENDER SAGEN

Ich freue mich jedes Mal auf den Raum, in dem ich seit vielen Jahren Fünf »Tibeter«-Seminare anbiete. Es ist ein Seminarzentrum – das «Gewächshaus» – mitten im grünen Alstertal von Hamburg, umgeben von alten, großen Bäumen. Ein hervorragend geeigneter Ort für gute Energie.

Es ist immer wieder schön, zu sehen und zu hören, was die Fünf »Tibeter« bei den Seminarteilnehmern bewirkt haben. Im Laufe der Jahre ist eine feste Gruppe entstanden, in der ein regelmäßiger Erfahrungsaustausch stattfindet. Wir motivieren uns gegenseitig, die Übungen kontinuierlich und richtig zu praktizieren.

Ich lasse den Teilnehmern Zeit, erst einmal anzukommen, und beginne mit einer Lockerungsübung, damit sich jeder von seinen Verspannungen und Blockaden des Alltags befreien kann. Heute hat die Gruppe den Wunsch, sich nach rhythmischer Musik zu bewegen. «Bewegt den Körper von innen heraus, lasst den Kopf beiseite. Fühlt, wo die Blockaden im Körper sind, und ob der Atem frei fließt!» Nachdem ich die Musik abgeschaltet habe, sage ich: «Nehmt diese Energie noch einen Augenblick mit geschlossenen Augen wahr, bis der Atem sich wieder beruhigt hat!» An den Gesichtern kann ich erkennen, dass jetzt alle angekommen und der Atem und das Körperbewusstsein verbunden sind. Nun frage ich: «Wie geht es euch, und was hat sich verändert durch die Fünf »Tibeter«?»

Inge, die von Anfang an dabei war, sagt: «Das schönste Geschenk, das mir die Übungen gemacht haben, ist, dass ich ganz anders atme, bewusster! Das merke ich beim Wandern und im täglichen Leben ganz deutlich. Ich bin belastbarer geworden, fühle mich körperlich und seelisch viel wohler, habe mehr Selbstwertgefühl und Lebensfreude. Mehr Energie!»

Klaus ist froh, dass seine Rückenschmerzen nachgelassen haben. Und: «Ich habe gelernt, mehr auf meinen Körper zu hören. Ich bin gelassener bei Problemen und kann sie besser lösen. Ich bin konzentrierter und vergesse nicht mehr so viel. Im täglichen Leben schenke ich mir und den anderen mehr Aufmerksamkeit und Liebe und erfahre dadurch auch von meinen Mitmenschen dasselbe. Ich empfinde rundum mehr Freude am Leben als früher!»

Auch Heide, die die Übungen schon lange praktiziert, meldet sich zu Wort: «Mein Alltag erhält durch die Fünf «Tibeter« eine andere Qualität. Es fällt mir leichter, den Stress im Büro abzubauen bzw. mich dadurch nicht in meiner Leistung beeinträchtigen zu lassen. Ich spüre eine große Ruhe in mir, und daher fühle ich mich nicht mehr so zerfleddert. Jetzt kann ich die Probleme im Büro lassen, während sie mich früher oft zu Hause quälten. Ich kann mich auch besser abgrenzen, anders ausdrücken und zu dem stehen, was ich meine. Ich habe eine Distanz zu dem Geschehen.»

Bei Karin zeigt sich die ganzheitliche Wirkung der Fünf »Tibeter« unter anderem in der allmählichen Umstellung der Ernährung: «Ich achte immer mehr auf meinen Körper, lerne ihn zu lieben und schenke ihm Achtung und Aufmerksamkeit. Was ich auch festgestellt habe: Mein Gang hat sich verändert, und meine Atmung hat sich verbessert. Natürlich spüre ich auch mehr Energie und bessere Konzentration. Da ist einfach viel mehr Lebensfreude. Ich lerne, mich so anzunehmen, wie ich bin. Früher hatte ich oft das Gefühl, alles falsch zu machen, und habe das natürlich auch bei meinem Gegenüber so gesehen. Ich bin jetzt auf dem besten Weg zu erkennen, dass jeder so sein darf, wie er ist, ohne ihn verändern zu wollen. Die Fünf »Tibeter« helfen mir dabei. Ich bekomme immer mehr Vertrauen in den Fluss des Lebens und kann erkennen, dass alles seinen Sinn hat. Daher spüre ich immer mehr Vertrauen zu mir selbst und übernehme die Verantwortung für mein Leben. Jetzt kann ich meine Probleme lösen, statt sie zu verdrängen, denn ich spüre ein Gefühl des Geborgenseins – alles ist gut!»

Marianne praktiziert seit vier Jahren die Fünf »Tibeter« fast täglich. Für sie ist die neu gewonnene Energie das Wichtigste. «Früher war ich schnell frustriert, ohne Energie und mutlos. In Entscheidungen war ich oft unklar und ängstlich. Heute kann ich sie treffen, ohne immer wieder überlegen zu müssen, ob es richtig ist. Ich erkenne, wann ich etwas zu lernen habe, und mache meine Erfahrungen damit bewusst. Ich habe immer wieder Phasen erlebt, wo ich aufräumen musste, im Innen sowie im Außen. Dazu gehört Loslassen und Sich-Trennen von allem Alten, auch von lieben Menschen, zu denen ich eine starke Bindung hatte. Das gehört alles zu meinen Lektionen. Ich achte jetzt jeden Augenblick meines Lebens und nehme auch Hinweise wahr. Ich wachse innerlich, habe Vertrauen zu mir selbst. Das macht mich stark und ruhig. Jetzt ist alles richtig, wie es ist.»

Lina sagt: «Ich bekomme seit elf Jahren regelmäßig eine Gesichtsbehandlung mit Lymphdrainage wegen meiner irritierten Haut. Durch die Behandlung ist die Haut schon ruhiger geworden. Seit einem Jahr mache ich die Fünf

»Tibeter« regelmäßig, und seitdem ist die Haut nicht mehr so angespannt und überhaupt nicht mehr irritiert.»

Ein junger Mann, der seit einem halben Jahr die Fünf »Tibeter« regelmäßig anwendet: «Ist es möglich, dass die Übungen eine Veränderung meiner Gefühle bewirken? Ich empfinde sie viel stärker als früher, bevor ich die Übungen gemacht habe. Ich spüre meine Glücksgefühle, aber auch meine negativen Gefühle intensiver.»

«Ja», antworte ich. «Der Heilungsprozess findet auf viel tieferer Ebene statt, als wir es uns vorstellen können. Je mehr Aufmerksamkeit du dir selbst, all deinen Empfindungen und tieferen Gefühlen schenkst, desto näher kommst du deiner Essenz, und das ist die Liebe. Die Fünf »Tibeter«-Übungen unterstützen dich dabei. Nur wenn du im Hier und Jetzt bist, kannst du die Liebe erkennen, fühlen und spüren. Liebe löst jegliche Art von negativen Gefühlen auf. Wenn wir in dem Gefühl der Liebe eingehüllt sind, spüren wir die Lust am Leben, sind offen für alles Schöne. Du empfindest einen Spaziergang auf einmal ganz anders, als du ihn vielleicht vorher erlebt hast. Du nimmst ganz andere Gerüche und Geräusche wahr. Das Gefühl der Liebe in uns überträgt sich auf unser Gegenüber. Es können auch Gefühle der Sinnlichkeit und Vitalität aufsteigen. Hier in dem Zentrum der Liebe fühlen wir uns mit unseren Wünschen und Zielen verbunden und bekommen die Kraft, sie in die Tat umzusetzen. Du bist jetzt verbunden mit deinem Herzen.»

Eine junge Frau sagt: «Ich hatte mich ein wenig im Alltag verloren, machte eine Zeit lang die Übungen unregelmäßig, war schlecht drauf und meinen Mitmenschen gegenüber ungeduldig. Seitdem ich die Fünf »Tibeter« wieder regelmäßig praktiziere, bin ich wieder in meine Mitte gekommen. Fühle mich ruhiger und gelassener. Ich ruhe in mir. Ich empfinde wieder mehr Mitgefühl und Toleranz für meine Mitmenschen und konnte meinem Mann den Rücken stärken in einer Zeit, in der er mich brauchte. Jetzt weiß ich, wenn ich mich nicht annehme und nicht liebe, wie ich bin, kann ich auch meine Familie nicht so annehmen, wie sie ist.»

Ist Ihnen an dieser kleinen Auswahl von Berichten etwas aufgefallen? Sie beziehen sich auf ganz unterschiedliche Bereiche: Stress, Rücken- und Hautprobleme, Atembeschwerden, mangelnde Konzentration, Angst, intensive Gefühle, Ernährung usw. Und doch läuft durch die Fünf »Tibeter« schließlich alles auf eines hinaus: mehr Energie und Veränderung des Bewusstseins. Dadurch bekommen die Probleme einen anderen Stellenwert und können sich auflösen, bis sie ganz verschwinden. Das Leben wird zur Freude. Und das strahlt aus.

DIE FÜNF »TIBETER«

ALLGEMEINE TIPPS

- Üben Sie jeden Ritus zuerst konsequent jeden Tag, und zwar mit zwei Wiederholungen. Wenn Sie sicher in der Anwendung der Übungen sind, machen Sie die einzelnen »Tibeter« jede Woche zweimal öfter, bis Sie einundzwanzig Bewegungen je »Tibeter« erreicht haben.
- Halten Sie die Reihenfolge ein. Die Riten bauen aufeinander auf und ergänzen sich. Jede Bewegung, Streckung und Beugung gleicht die vorhergehende aus.
- Praktizieren Sie die Übungen morgens, um die Energie nutzen zu können. Doch experimentieren Sie, und finden Sie die für Sie beste Tageszeit.
- Atmungs- und Bewegungsablauf sind eins. Der Atem begleitet die Bewegung. Er sollte weich, harmonisch und rhythmisch fließen. Wichtig: Bei niedrigem Blutdruck sollten die Übungen schneller ausgeführt werden, bei hohem Blutdruck langsamer.
- Sie sollten zwei bis drei Stunden vor den Übungen nichts Schweres essen.
- Vermeiden Sie angestrengtes Üben! Die Riten entfalten ihre ganzheitliche Wirkung auf Körper, Geist und Seele dann am besten.
- Üben Sie bewusst, und lassen Sie die Übungen nicht zum Fitnesszwang werden. Gehen Sie mit jeder Dehnung nur bis an die Grenze Ihrer Bewegungsfähigkeit.
- Lassen Sie die Augen während der Übungen geschlossen, und bleiben Sie mit der Aufmerksamkeit im Körper und beim Atmen.
- Beziehen Sie nach einiger Zeit regelmäßigen Übens die sieben Chakren in Ihre Beobachtung mit ein.
- Entdecken Sie die Übungen als einen Weg der Selbsterfahrung.
- Jede Übung hat eine Ausgleichs- und Entspannungsübung, die zwischen den jeweiligen Riten praktiziert werden sollte.
- Duschen Sie vor den Übungen – nicht nachher. So halten Sie das Energieniveau.

ZUR EINSTIMMUNG

- Ziehen Sie sich in einen geschützten Raum zurück, in dem Sie die Übungen in Ruhe praktizieren können. Legen Sie bequeme Kleidung an. Öffnen Sie das Fenster, damit Sie den Sauerstoff für Ihre tiefe Atmung nutzen können.

- Schütteln Sie sich. Das hat viele gute Wirkungen. Morgens hilft es, die Gifte und Schlacken, die sich in der vergangenen Nacht angesammelt haben, aus dem Körper zu lösen.
- Dehnen und strecken Sie sich, bevor Sie beginnen. Streichen Sie alle energetischen Verspannungen von Ihrem Körper – mit langen Streichbewegungen von oben nach unten über Schulter, Nacken, Arme, Rücken und Beine.
- Lassen Sie den Geist ruhig werden. Atmen Sie tief ein und aus. Lassen Sie beim Ausatmen alle Gedanken und alles, was eben noch wichtig war, los.
- Bringen Sie jetzt Ihre Handflächen zusammen, und führen Sie die gefalteten Hände zu Ihrem Herzen *(Namaste-Mudra)*. Schließen Sie für einen Augenblick die Augen. Die übereinander gelegten Daumen berühren dabei das Brustbein. Jetzt kann die Energie aus beiden Handflächen ineinander strömen und durch den Körper fließen.[1]
- Verbinden Sie sich jetzt mit der Stille, und richten Sie Ihre Aufmerksamkeit auf Ihr Herzchakra.
- Sprechen oder denken Sie folgende Affirmation: «Ich öffne mich jetzt für die Fülle des Universums, lasse sie in mir wirken und nutze sie für alle meine Wünsche und Bedürfnisse.»
- Werden Sie still. Schließen Sie die Augen für einen Moment.
- Öffnen Sie sie wieder, und beginnen Sie mit den Übungen.

DER ERSTE »TIBETER«

Stehen Sie aufrecht und ganz locker. Ihre Füße sind parallel hüftbreit auseinander und Ihre Knie leicht gebeugt. Der Rücken ist gerade. Legen Sie jetzt die Handflächen zum Namaste-Mudra zusammen, etwa fünfzig Zentimeter entfernt von Ihrem Körper, und bleiben Sie einige Sekunden mit Ihrer Aufmerksamkeit in der Körpermitte.

Mit der nächsten Einatmung (durch die Nase) breiten Sie Ihre Arme aus. Stellen Sie sich einen Adler vor, der seine Schwingen ganz weit öffnet und sich für den Flug bereit macht. Ihre Handflächen zeigen zum Boden. Fühlen Sie, wie sich Ihr Brustraum weitet und dehnt.

Fixieren Sie jetzt einen Punkt in Augenhöhe vor Ihnen, zum Beispiel an der Zimmerwand. Jetzt beginnen Sie sich im Uhrzeigersinn (also nach rechts) zu drehen. In Ihrem Tempo!

Nach drei bis einundzwanzig (s. o.) Drehungen bleiben Sie in der Ausgangsposition stehen und blicken auf den fixierten Punkt. Bringen Sie Ihre

ERSTER »TIBETER«:
Wir öffnen uns für Veränderung,
machen uns leer und sind bereit für neue Energien.

Handflächen wieder zusammen, konzentrieren Sie sich auf die Daumen und anschließend wieder auf Ihre Körpermitte. Atmen Sie dabei mehrere Male tief und sanft ein und aus.

Tipps
- Bei der ersten Übung empfehle ich grundsätzlich, die Augen offen zu halten. Der fixierte Punkt (an der Wand usw.) kommt bei jeder Drehung ins Blickfeld. Die Augen sollten nicht daran hängen bleiben. Der Kopf bleibt stets unbewegt (im Verhältnis zum Körper).
- Lassen Sie den Atem während der Übung ganz normal fließen. Er führt Sie!
- Wird Ihnen zwischendurch schwindelig, halten Sie langsam an, und schauen Sie auf die Daumen.

ERSTER »TIBETER«:
Fixieren Sie die Daumen, falls Ihnen schwindelig ist.

DER ZWEITE »TIBETER«

Legen Sie sich nun mit dem Rücken auf den Boden, auf eine weiche Unterlage. Der Rücken sollte ganz flach und bequem aufliegen. Die Hände befinden sich neben dem Körper, Handflächen nach unten. Atmen Sie tief ein, und heben Sie gleichzeitig Kopf und Beine (gestreckt oder angewinkelt) vom Boden nach oben. Der Nacken sollte möglichst gedehnt sein, während die Schultern am Boden liegen bleiben. Die Zehen zeigen zur Nasenspitze. Dadurch werden die hinteren Oberschenkelmuskel und Sehnen leicht gedehnt. Beim Ausatmen kommen Sie mit dem Kopf und den gestreckten (bzw. angewinkelten) Beinen auf den Boden zurück und entspannen alle Muskeln.

Bei Verspannungen: Kommen Sie über die Seite in die Ausgleichsübung der Kutscher-Haltung. Hierbei legen Sie die Ellenbogen auf Ihre Knie und las-

ZWEITER »TIBETER«:
Über die Seite in die Ausgleichsübung kommen.

ZWEITER »TIBETER«:
Energie aufnehmen und lenken.

ZWEITER »TIBETER«:
Die Kutscher-Haltung.

sen den Kopf sanft nach vorn fallen, in Richtung Ihrer Knie.

Tipps
- Bei Rückenproblemen sollten die Beine zunächst angewinkelt aufgestellt und auch angewinkelt hochgehoben werden; dann erst strecken. Beim Ausatmen die Füße so nahe wie möglich am Po absetzen und dann die Fersen von sich wegschieben, bis die Beine wieder gestreckt auf dem Boden liegen. Beim Ablegen des Kopfes und der Beine können Sie zusätzlich einen tiefen Atemzug nehmen.
- Der untere Teil des Rückens sollte stets auf dem Boden aufliegen.
- Immer über die Seite aufstehen.
- Verbindung und Harmonie zwischen Atmung und Bewegungsablauf: Einatmen – Kopf und Beine heben. Ausatmen – Kopf und Beine ablegen.

DER DRITTE »TIBETER«

Sie knien mit aufrechtem Körper auf dem Boden. Machen Sie es sich bequem, indem Sie zum Beispiel ein Kissen unter die Knie legen. Die Knie sind hüftbreit auseinander und die Zehen aufgestellt. Atmen Sie sanft ein und wieder aus. Dabei neigen Sie Ihren Kopf nach vorn, sodass der Nacken gedehnt und das Kinn so nahe wie möglich an der Brust ist.

Beim nächsten Einatmen richten Sie sich gerade auf. Sie dehnen Ihren Nacken und öffnen Ihren Brustkorb. Gleichzeitig schieben Sie das Becken nach vorn und spannen den Beckenbodenmuskel ganz fest an. Jetzt erst senken Sie ganz behutsam Ihren Kopf nach hinten. Dabei ist der Mund geöffnet.

Mit der Ausatmung kehren Sie langsam zurück in die aufrechte Haltung. Lösen Sie Ihre Hände, und lassen Sie sie dabei neben dem Körper hängen. Der Rücken bleibt gerade. Entspannen Sie jetzt den Schulterbereich, und dehnen Sie den Nacken, bevor sich das Kinn erneut auf das Brustbein senkt.

Als Ausgleichsübung gehen Sie in die Embryo-Haltung.

DRITTER »TIBETER«:
Durchlässig werden und fließen lassen.
Im Leben aufrecht stehen (aufrechte Wirbelsäule).

DRITTER »TIBETER«:
Die Embryo-Haltung.

Tipps:
- Beim Einatmen nach hinten beugen, beim Ausatmen aufrichten und den Kopf nach vorn beugen.
- Die Rückenbeuge nicht aus dem Lendenbereich, sondern aus dem Brustraum heraus ausführen (geschehen lassen).
- Beim Zurücklegen des Kopfes den Mund öffnen. Das beugt einer Überaktivierung der Schilddrüse vor.
- Stellen Sie sich beim Dehnen des Brustraumes vor, dass sich hinter Ihrem Rücken die Ellenbogen begegnen.

DER VIERTE »TIBETER«

Sie sitzen jetzt kerzengerade auf dem Boden. Stützen Sie Ihre Handflächen rechts und links neben Ihren Hüften auf. Dehnen Sie Ihren Nacken. Senken Sie das Kinn zum Brustbein, und atmen Sie dabei sanft ein und aus. Mit dem nächsten Einatem heben Sie sich aus dem Becken heraus nach oben. Lassen Sie Ihren Kopf sanft nach hinten sinken. Der Mund ist dabei leicht geöffnet, die Arme sind durchgestreckt. Der Körper bildet nun eine gerade Linie parallel zum Boden. Spannen Sie jetzt kurz die Beckenbodenmuskulatur an, und lassen Sie sie wieder los. Mit der nächsten Ausatmung kommen Sie zurück zur Ausgangsstellung. Dabei dehnen Sie wieder Ihren Nacken und senken das Kinn auf die Brust.

Wichtig: Einatmen – den Körper anheben. Ausatmen – zum Sitzen kommen, Nacken dehnen, den Kopf nach vorn sinken lassen.

Gehen Sie anschließend zur Entspannung in die Kutscher-Haltung.

Tipp:
Viele Übende haben Schwierigkeiten beim Hochkommen. Stützen Sie Ihre Hände wie beschrieben seitlich der Hüfte auf dem Boden ab. Schieben Sie Ihr Becken dann in Richtung Fußsohlen, und drücken Sie es nach oben.

VIERTER »TIBETER«:
Die Kutscher-Haltung.

VIERTER »TIBETER«:
Alte Muster auflösen.
Die Brücke zwischen Vergangenheit und Gegenwart, Innen- und Außenwelt bauen.

DER FÜNFTE »TIBETER«

Legen Sie sich auf den Bauch, und gehen Sie in Liegestützhaltung. Ihre Zehen sind dabei aufgestellt, und Ihre Stirn berührt den Boden. Jetzt ziehen Sie Ihr Kinn zum Brustbein. Der Nacken ist dabei gedehnt. Nun heben Sie mit dem Ausatmen langsam den Oberkörper nach oben. Dabei weiten Sie Ihren Brustkorb und ziehen Ihre Schultern nach unten und außen. Der Mund ist einen Spalt geöffnet, und der Kopf sinkt leicht nach hinten. Spannen Sie Ihre Beckenbodenmuskulatur an.

Mit der nächsten Einatmung heben Sie sich aus dem Becken heraus nach oben. Der Körper bildet jetzt ein umgedrehtes «V». Dehnen Sie Ihr Becken nach oben und nach hinten, als würde ein unsichtbares Band es nach oben ziehen. Drücken Sie dabei die Fersen in Richtung Boden. Das Kinn bringen Sie zur Brust, sodass der Nacken gedehnt wird. Mit dem Ausatmen kommen Sie in die Ausgangsstellung zurück.

Wichtig: Einatmen – den Körper anheben. Ausatmen – den Körper senken.

Als Entspannungsübung nach dem fünften Ritus empfehle ich das «schlafende Kind». Dabei bleiben Sie in der Bauchlage. Legen Sie Ihren Kopf zur Seite. Auf dieser Seite winkeln Sie das Bein und den Arm an. Auf der dem Gesicht abgewandten Seite sind das Bein und der Arm gestreckt. Wechseln Sie die Seiten (über den Bauch) in Ihrem Tempo und Ihrer Zeit. Effekt: Entspannung der Muskeln im Bereich der Lendenwirbel und des Beckens.

Tipp: Zilgrei-Atmung
Der fünfte Ritus kann manchmal Verspannungen und sogar Schmerzen im Lendenwirbelbereich hervorrufen. Hier hilft die Zilgrei-Atmung (siehe Seite 105.)

FÜNFTER »TIBETER«:
Die Hundestellung.

FÜNFTER »TIBETER«:
Beten, Segnen, Heilen.

DER SECHSTE »TIBETER«

Sie stehen aufrecht und entspannt. Die Füße stehen hüftbreit auseinander, die Wirbelsäule ist aufgerichtet. Atmen Sie langsam durch die Nase ein. Beim entspannten Ausatmen lassen Sie die Luft aus dem Brustkorb strömen. Dabei ziehen Sie den Bauch zum Zwerchfell und halten ihn angespannt. Dann beugen Sie den Oberkörper nach vorn und stützen die Hände auf Ihre Knie und pressen weiter die Luft aus den Lungen. Atmen Sie alle Luft aus. Nicht einatmen. Das Kinn senkt sich zum Brustbein, der Nacken wird gedehnt. Jetzt richten Sie den Oberkörper auf. Dabei stemmen Sie die Hände in die Hüften, die Schulter werden nach oben gedrückt. Der PC- oder Beckenbodenmuskel und das Gesäß werden angespannt. Lassen Sie den Atem wieder durch die Nase in Ihren Körper strömen, während Sie PC-Muskel, Gesäß und Bauchmuskulatur entspannen. Hände lockern, entspannt ein- und ausatmen.

DIE FÜNF »TIBETER« – VIEL MEHR ALS NUR FITNESS

Die Fünf »Tibeter« machen äußerlich und innerlich fit. Sie führen zu einer neuen, tiefen und bewussten Körpererfahrung, was das ganze Leben verändern kann. Wir erfahren mehr Wohlbefinden, Gesundheit und Lebensfreude.

Die fünf Riten sind viel mehr als einfache Körperübungen. Mit dem richtigen Bewusstsein angewendet, bewirken sie eine Harmonisierung und Belebung des Geistes und des Körpers. Wenn Sie einmal die Essenz der Riten erkannt haben, werden die Übungen für Sie nicht nur Fitnessübungen sein, sondern viel mehr. Durch eine geduldige Anwendung wird sich in Ihnen immer mehr die Stille ausbreiten, nach der Sie sich so lange gesehnt haben. Sie werden nach und nach spüren, dass das Geheimnis der Kraft in der Stille liegt. Irgendwann werden Sie merken, dass die Übungen dazu verhelfen können, den Geist ruhig werden zu lassen. Alle Sorgen, negativen Gedanken und Ängste rücken in den Hintergrund. Um dies zu erreichen, müssen wir still werden, leer von alltäglichen Dingen um uns herum.

Für viele Menschen, die sich auf diese Übungen eingelassen haben, war das der Anfang eines bewussteren Lebens, das Erneuerungen und Veränderungen mit sich zog. Auch ich habe mich eingelassen und geöffnet für die allumfassende, universelle Lebensenergie. Dadurch hat sich vieles verändert. Seitdem spüre ich die Verbundenheit und das Vertrauen in den Fluss des Lebens.

SECHSTER »TIBETER«:
Die eigene Kraft entwickeln.

Für viele ist ein schnelles Ergebnis wichtig. Zeigt sich nicht sehr bald der gewünschte Erfolg, erlahmt das Interesse. Man wendet sich anderen Dingen zu. Der Weg fängt wieder von vorn an. Geben Sie nicht so schnell auf! Wenn Sie sich für die Fünf »Tibeter« entschieden haben, lassen Sie sich Zeit, damit Sie hinter das Geheimnis schauen können! Bei den Übungen geht es nicht darum, eine Leistung zu erbringen. Wie die Weisen sagen: Der Weg ist das Ziel. Also zwingen Sie sich nicht, setzen Sie sich nicht unter Druck. Es soll Ihnen Spaß machen.

> Die Fünf Riten haben trotz ihrer scheinbaren Einfachheit eine allumfassende ganzheitliche Wirkung, die nicht zu unterschätzen ist – auf jede Zelle des Körpers, auf jede Sehne, auf jeden Muskel, auf jeden Knochen, auf jedes Organ.
> Sie erheben den Geist und beflügeln die Seele.
> Sie öffnen und befreien das Herz.
> Sie sind das Fahrzeug zur Quelle unseres Lebens.[2]

Ich wünsche mir von Herzen, dass dieses Buch mit seinen Anregungen auch Ihnen hilft, Ihren eigenen Weg zu finden.

ANHANG

ANMERKUNGEN

EINLEITUNG

[1] *Der Spiegel,* Titelthema im Oktober 2002

1 JUNGBRUNNEN FÜNF »TIBETER«

[1] Peter Kelder: *Die Fünf »Tibeter«®*. Scherz Verlag, Bern/München/Wien 1999, Seite 14
[2] Quelle: Die Fünf »Tibeter«-Trainerausbildung, Fünf »Tibeter«-Dachverband
[3] Sabine Schonert-Hirz: *Energy.* Gräfe und Unzer Verlag, München 2002, Seite 87
[4] Robert Sachs: *Tibetisches Ayurveda. Gesundheit zum Leben.* Hugendubel Verlag, Kreuzlingen/München 2001, Seite 110
[5] In *Die Fünf »Tibeter«. Das Begleitbuch.* Scherz Verlag 2000, Seite 28/29
[6] Stuart Wilde: *Wunder.* Sphinx Verlag, München 1999, Seite 5

2 WAS IST SCHÖNHEIT?

[1] *Kosmetik International,* Juli 2002, Seite 74
[2] *Kosmetik International,* Juli 2002, Seite 74
[3] *Hamburger Abendblatt,* 2./3. Februar 2002
[4] Nancy Etcoff: *Nur die Schönsten überleben.* Hugendubel Verlag, Kreuzlingen/München 2001, Seite 10
[5] Nach Etcoff 2001, Seite 275

3 FRAU SEIN

[1] Sabine Naegli und Renate Otto: *Freude soll dir blühen*. SKV-Edition, Lahr im Schwarzwald 2001

[2] Rosi Wesselhöft: *Weibliche Macht ist das Zentrum der Partnerschaft*. Wesselhöft-Verlag, Buchholz 1991, Seite 101

[3] Esther Harding: *Der Weg der Frau*. Rhein Verlag, Zürich 1943

[4] Agnes von Helmholt: *Brief an die Weggefährten*. O. Verlag

[5] Louise L. Hay: *Das Körper- und Seele-Programm*. Wilhelm Heyne Verlag, München 1990, Seite 9

[6] Melody Beattie: *Kraft zur Selbstfindung,* Wilhelm Heyne Verlag, München 1996, Seite 156

[7] Gerald G. Jampolsky: *Lieben heißt die Angst verlieren*. Goldmann Verlag, München 1987, Seite 113

[8] Louise Hay: *Gesundheit für Körper und Seele*. Wilhelm Heyne Verlag, München 1988, Seite 226

[9] Louise Hay deutet Magen-Darm-Probleme so. **Dickdarm:** Abgelagerte Reste alter, wirrer Gedanken verstopfen den Ausscheidungsweg. *Affirmation: Ich löse die Vergangenheit auf und löse mich von ihr. Ich bin ein Klardenker. Ich lebe friedlich und freudig im Jetzt.* **Magen:** Birgt die Nahrung, verdaut Vorstellungen und Ideen. *Affirmation: Ich verdaue das Leben mit Leichtigkeit. Ich bin in Frieden mit dem Leben.* **Durchfall:** Angst, Ablehnung, Entgleisung. Vgl. Louise Hay 1988, Seite 210, 236–237

[10] Nach Marlies Burghardt: *Lebensbaum-Tarot*. Die Silberschnur, Güllesheim 2000

[11] Melody Beattie: *Kraft zum Loslassen,* Wilhelm Heyne Verlag, München 1991, Seite 149

[12] Jampolsky, München 1987, Seite 19

[13] Vgl. Monika Murphy: *Wenn die Hormone aus der Balance geraten*. Germa Press, Hamburg 1996, Seite 50

[14] Dr. John Arpels, in: Lonnie Barbach: *Die Dritte Weiblichkeit*. Ullstein Verlag, München 2000, Seite 85

[15] Nach Barbach 2000, Seite 91

4 DIE HAUT – SPIEGEL DER SEELE

[1] Varda Hasselmann, Frank Schmolke: Die *Seelenfamilie*. Goldmann Verlag, München 2001, Seite 148

[2]   Vgl. Josephine Fairley, Sarah Stacey: *20 Jahre 40 bleiben*. Midena Verlag, München 1999, Seite 20
[3]   Dr. R. A. Eckstein: *BioKosmetik*. Linde Eckstein, Nürnberg 1979, Seite 86
[4]   Vgl. Eckstein 1979, Seite 88f, 92
[5]   Vgl. Klaus Oberbeil: *Fit und Schön durch richtige Ernährung*. Cormoran Verlag, München 1998, Seite 76
[6]   Nach Fairley und Stacey 1999, Seite 12, 66, sowie *Kosmetik International*, Juli 2002, Seite 36
[7]   *Kosmetik International*, August 2002, Seite 36
[8]   Vgl. Oberbeil 1998, Seite 19
[9]   *Kosmetik International*, Juni 2002, Seite 70
[10] *Kosmetik International*, Juni 2002, Seite 71
[11] Vgl. Arthur Janov: *Der neue Urschrei. Fortschritt in der Primärtherapie*. Fischer Verlag, Frankfurt am Main 1993, Seite 283
[12] Zur Berechnung des eigenen Flüssigkeitsbedarfs s. Ulrich Strunz: *Forever young – Das Ernährungsprogramm*. Gräfe und Unzer Verlag, München 2000, Seite 79

5 WAS IST KOSMETIK, UND WIE WIRKT SIE?

[1]   Nach Fairley und Stacey 1999, Seite 14
[2]   Vgl. Fairley und Stacey 1999, Seite 14/15
[3]   Ich empfehle dazu das Buch von Rene Koch, *Camouflage. Make-up für die Seele*. Südwest Verlag, München 2001
[4]   Nach G. Wyeth, Produkte-Kosmetik, Berlin, aktiver Sauerstoff «Ozonid», Patent nach Dr. Gäbelein
[5]   Die Lymphdrainage wurde 1932 von dem Arzt Dr. Vodder entwickelt, nachdem Alexis Carell bereits 1912 auf die wichtige Funktion des Lymphsystems hingewiesen hatte. Vgl. Eckstein 1979, Seite 313
[6]   *Kosmetik International*, Juli 2002, Seite 64
[7]   Quelle: Universität Stuttgart
[8]   Nach Dr. Alexander Römmler, Deutsche Gesellschaft für Anti-Aging-Medizin

6 SICH WOHL FÜHLEN

[1]   Nach Jean Carper: *Jungbrunnen Nahrung*. Econ Verlag, München 1996, Seite 174
[2]   Vgl. Mantak Chia: *Tao Yoga des Heilens*. Ansata Verlag, Interlaken 1995, Seite 126

7 ATEM- UND KÖRPERBEWUSSTSEIN

[1] *Die Fünf »Tibeter«. Das Begleitbuch.* Scherz Verlag, Bern/München/Wien, Seite 29

8 ERNÄHRUNG

[1] Kelder 1999, Seite 45f

[2] Vgl. Ulrich Bauhofer: *Aufbruch zur Stille.* Gustav Lübbe Verlag, Bergisch Gladbach 1997

[3] Vgl. Christan Salvesen: *Blaugrüne Algen.* Verlag Fit fürs Leben, Ritterhude 1997

[4] Vgl. Reinhard Tausch: *Lebensschritte.* Rowohlt Verlag, Reinbek bei Hamburg 1989, Seite 172

[5] Kelder 1999, Seite 48

[6] Nach Fairley und Stacey 1999, Seite 189

[7] Kelder 1999, Seite 46

[8] Gerhard Eggetsberger: *Geheime Lebensenergien.* Knaur Verlag, München 1998, Seite 108

[9] Vgl. Kim da Silva: *Der inneren Uhr folgen.* Goldmann Verlag 2000, Seite 165

[10] Franz Xaver Mayr

[11] Vgl. Michael Gienger und Gerhard Kupka: «Die Organuhr» (Poster, o. Verlagsangabe)

[12] Aus Kim Da Silva: *Richtig essen zur richtigen Zeit.* Knaur Verlag, München 1990, Seite 141

[13] Vgl. Michael Worlitschek: *Der Säure-Basen-Haushalt.* Haug Verlag, Heidelberg 1994, Seite 13 und 49

[14] Peter Jentschura und Josef Lohkämper: *Gesundheit durch Entschlackung.* Peter Jentschura, Münster 2000

[15] Vgl. Worlitschek 1994, Seite 11

[16] Vgl. Jentschura und Lohkämper 2000, Seite 49

[17] Masuro Emoto: *Die Botschaft des Wassers.* KoHa Verlag, Burgrain 2002

[18] Medicine & Beauty (MEDKOS-Media GmbH, München), Nr. 1, Seite 8

[19] Eva Exner: *Die biologische Küche.* Wilhelm Heyne Verlag, München 1980, Seite 14

[20] Die Firma Orgon bietet eine siebentägige Fastenkur für zu Hause an, und zwar mit einer basisch-mineralischen Körperpflege mit dem pH-Wert 8,5, einem Kräutertee und pflanzlichen Mineralstoffen. Weitere Informationen erhalten Sie in Reformhäusern und Bioläden.

[21] Dr. Franz-Werner Olbertz, Anti-Aging-Experte für Kosmetik International

[22] Vgl. Carper 1996, Seite 264

[23] Strunz 2000, Seite 14

[24] Vgl. Salvesen, *Blaugrüne Algen,* Verlag Fit fürs Leben, Ritterhude 1997.

[25] Buchempfehlung: Ann-Kathrin Lenter: *Aloe Vera.* C. Maurer Verlag, Geislingen 1998

[26] Vgl. Schonert-Hirz 2002, Seite 73

9 DIE KRAFT DER GEDANKEN: MEDITATION, AFFIRMATION, RITUAL

[1] Kelder 1999, Seite 35 und 55

[2] White Eagle, Engelkarten

[3] Stuart Wilde: *Wunder.* Sphinx Verlag, München 1999, Seite 7

[4] Vgl. Detlef Linke: *Das Gehirn.* C.H. Beck Verlag, München 2000

[5] Vgl. Tom Wujec: *Salto Mentale. Fitness für den Kopf.* Ariston Verlag, München 1998

[6] Vgl. Herbert Schwinghammer: *Essen, das intelligent macht.* Weltbild Verlag, Augsburg 2000

[7] White Eagle, Engelkarten

[8] Ayya Khema: *Mystik ist kein Mysterium.* O.W. Barth Verlag, Bern/München/Wien 2002, Seite 120

[9] Besonders empfehlen kann ich die Heilmeditationen von Choa Kok Sui. (Choa Kok Sui: *Prana-Meditationen. Einswerden mit der Seele.*) Bauer Verlag, Freiburg im Breisgau 2001

[10] Kelder 1999, Seite 16

[11] Barbara Simonsohn in «Chakrenarbeit: Heilen durch die Kraft der Liebe» (Brief an die Fünf »Tibeter«-Teilnehmer)

[12] Quelle: Journal des Fünf »Tibeter«-Dachverbandes, Herbst 2001, Seite 20

[13] Vgl. Mantak Chia 1995, Seite 23ff

[14] Quelle: Fünf »Tibeter«-Trainerausbildung

[15] Eine genauere Beschreibung dieser von Jiro Murai entwickelten Übung finden Sie in Alice Burmeister und Tom Monte: *Heilende Berührung.* Knaur Verlag, München 2000

[16] Catherine Ponder: *Ihr Weg in ein beglückendes Leben.* Wilhelm Heyne Verlag, München 1987, Seite 41

[17] Brigitte Gillessen: *Das Energieprogramm der Fünf »Tibeter«.* Scherz Verlag, Bern/München/Wien 1997, Seite 117

[1] Anmerkung zum Namaste-Mudra: Die beiden Hände stellen die negative und die positive Kraft des Universums dar. Die rechte Hand symbolisiert das männliche Prinzip (linke Gehirnhälfte), die linke das weibliche (rechte Gehirnhälfte). Sie stehen für die Dualität: rechts – links, männlich – weiblich, außen – innen, Geist – Körper, Verstand – Herz, Intellekt – Intuition, Yang – Yin. Das Namaste-Mudra verbindet uns mit unserem Herzen. Mehr dazu in Maruscha Magyarosy: *Intelligenz des Herzens durch die Fünf »Tibeter«.* Scherz Verlag, Bern/München/Wien 1997, Seite 78

[2] Maruscha Magyarosy: Fünf »Tibeter«-Trainer-Ausbildung

LITERATUR

Barbach, Lonnie: *Die dritte Weiblichkeit.* Ullstein Verlag, München 2000

Bauhofer, Ulrich: *Aufbruch zur Stille.* Gustav Lübbe Verlag, Bergisch Gladbach 1997

Burghardt, Marlies: *Lebensbaum Tarot.* Die Silberschnur, Güllesheim 2000

Bopp, Annette: *Wechseljahre.* Stiftung Warentest, Berlin

Burmeister, Alice und Monte, Tom: *Heilende Berührung.* Knaur Verlag, München 2000

Cameron, Julia: *Der Weg des Künstlers.* Droemer Verlag, München 1996

Carper, Jean: *Jungbrunnen Nahrung.* Econ Verlag, Düsseldorf/München 1996

Chia, Mantak: *Tao Yoga des Heilens.* Ansata Verlag, Interlaken 1995

D'Adamo, Peter J.: *4 Blutgruppen, 4 Strategien für ein gesundes Leben.* Piper Verlag, München 1996

Eckstein, R. A.: *BioKosmetik.* Linde Eckstein, Nürnberg 1979

Eggetsberger, Gerhard: *Geheime Lebensenergien,* Knaur Verlag, München 1998

Ehrhardt, Ute: *Und jeden Tag ein bißchen böser.* Fischer Verlag, Frankfurt am Main 2000

Emoto, Masaru: *Die Botschaft des Wassers.* Koha Verlag, Burgrain 2002

Etcoff, Nancy: *Nur die Schönsten überleben.* Hugendubel Verlag, Kreuzlingen/München 2001

Exner, Eva: *Die biologische Küche.* Wilhelm Heyne Verlag, München 1980

Fairlay, Josephine und Stacey, Sarah: *20 Jahre 40 bleiben.* Midena Verlag, München 1999

Frühschütz, Leo: *Soja.* Bio verlag, Schaafheim

Die Fünf »Tibeter«. *Das Begleitbuch*. Scherz Verlag, Bern/München/Wien 1999

Gillessen, Brigitte: *Das Energieprogramm der Fünf »Tibeter«*. Scherz Verlag, Bern/München/Wien 1997

Gillessen, Wolfgang und Brigitte: *Erfahrungen mit den Fünf »Tibetern«*. Integral Verlag, Wessobrunn 1991

Goldbach, Angela: *So geht es mir gut*. Scherz Verlag, Bern/München/Wien 1998

Greising, Hans und Rogers, Charlotte: *Neue Hoffnung Zilgrei*. Mosaik Verlag, München 2000

Hasselmann, Varda und Schmolke, Frank: *Die Seelenfamilie*. Goldmann Verlag, München 2001

Hay, Louise L.: *Das Körper- und Seele-Programm*. Wilhelm Heyne Verlag, München 1995

dies.: *Gesundheit für Körper und Seele*. Wilhelm Heyne Verlag, München 1988

Jampolsky, Gerald G.: *Lieben heißt die Angst verlieren*. Goldmann Verlag, München 1987

Janov, Arthur: *Der neue Urschrei*. Fortschritte in der Primärtherapie. Fischer Verlag, Frankfurt am Main 1993

Jentschura, Peter und Lohkämper, Josef: *Gesundheit durch Entschlackung*. Peter Jentschura Verlag, Münster 2000

Jünemann, Monika und Obermayr, Walburga: *Aroma-Kosmetik – Schönheit durch Düfte*. Windpferd Verlag, Aitrang 1990

Kelder, Peter: *Die Fünf »Tibeter«®*. Scherz Verlag, Bern/München/Wien 1999

Klinger-Raatz, Ursula: *Geheimnisse edler Steine*. Edition Schangrila, Haldenwang 1996

Koch, René: *Camouflage – Make-up für die Seele*. Südwest Verlag, München 2001

Kolb, Klaus und Miltner, Frank: *Gedächtnistraining*. Gräfe und Unzer Verlag, München 2000

Kraske, Eva-Maria: *Wie neugeboren durch Säure-Basen-Balance*. Gräfe und Unzer Verlag, München 2000

Kunkel, Christoph: *Chinesische Fünf-Elemente-Ernährung*. Falken Verlag, Niedernhausen 1997

Langholf, Christof: *Ich lasse los*. Hermann Bauer Verlag, Freiburg 2001

Lanz, Arnold H.: *Fitness und Entspannung mit den Fünf »Tibetern«*. Scherz Verlag, Bern/München/Wien 1998

Lenter, Ann-Kathrin: *Aloe Vera*. C. Maurer Verlag, Geislingen 1998

Linke, Detlef: *Das Gehirn*. C.H. Beck Verlag, München 2000

Machat, Sabera Neeltje: *Feuer der Wüste, Frau der Erde (Wüste Sinai)*. Verlag Peter Erd, München 1999

Magyarosy, Marusha: *Intelligenz des Herzens*. Scherz Verlag, Bern/München/Wien 1997

Matzkies, Fritz, Webs, Brigitte und Besser, Klaus: *Iss Dich gesund mit Genuss*. Lübbe Verlag, Bergisch Gladbach 1984

Melody, Beattie: *Kraft zur Selbstfindung*. Wilhelm Heyne Verlag, München 1996

dies.: *Kraft zum Loslassen*. Wilhelm Heyne Verlag, München 1990

Murhpy, Monika: *Wenn die Hormone aus der Balance geraten*. Germa Press Verlag, Hamburg 1996

Oberbeil, Klaus: *Fit und schön durch richtige Ernährung*. Cormoran Verlag, München 1998

Ponder, Catherine: *Ihr Weg in ein beglückendes Leben*. Wilhelm Heyne Verlag, München 1994

Sachs, Robert: *Tibetisches Ayurveda*. Hugendubel Verlag, Kreuzlingen/München 2001

Salvesen, Christian: *Der sechste »Tibeter«*. Scherz Verlag, Bern/München/Wien 2002

ders.: *Blaugrüne Algen*. Verlag Fit fürs Leben, Ritterhude 1997

Schonert-Hirz, Sabine: *Energy*. Gräfe und Unzer Verlag, München 2002

Silva, Kim da: *Richtig essen zur richtigen Zeit*. Knaur Verlag, München 1990

ders.: *Der inneren Uhr folgen. Ganzheitlich Heilen*. Goldmann Verlag, München 2000

ders.: *Gesundheit in unseren Händen*. Knaur Verlag, München 2002

Simonsohn, Barbara: *Papaya. Heilen mit der Wunderfrucht*. Windpferd Verlag, Aitrang 1998

Southwood, Malcolm S.: *Beruf: Heiler*. Knaur Verlag, München 1996

ders.: *A Helping Hand with Children*. The Healing Institute, Machias ME 2000

Spurzem, Wolfgang: *Fußreflexzonenmassage*. Südwest Verlag, München 1996

Strunz, Ulrich: *Forever Young – das Ernährungsprogramm*. Gräfe und Unzer Verlag, München 2000

Sui, Choa Kok: *Energetischer Selbstschutz*. Ansata-Verlag, München 2001

Tausch, Reinhard: *Lebensschritte*. Rowohlt Verlag, Reinbek bei Hamburg 1989

Ulsamer, Bertold: *Ohne Wurzeln keine Flügel*. Goldmann Verlag, München 1999

Weise, Devanando Otfried: *Die Fünf »Tibeter«® – Feinschmecker Küche*. Integral Verlag, Wessobrunn 1993

Wesselhöft, Rosi: *Weibliche Macht ist das Zentrum der Partnerschaft*. Wesselhöft-Verlag, Buchholz 1991

Wilde, Stuart: *Wunder*. Sphinx Verlag, München 1999

Worlitschek, Michael: *Der Säure-Basen-Haushalt*. Haug Verlag, Heidelberg 1994

Wujec, Tom: *Salto Mentale. Fitneß für den Kopf*. Ariston Verlag, München 1998

«Schönheit, Eine Illusion», Interview mit Hartmut Böhme, *Hamburger Abendblatt*, 2/3. Februar 2002

TONTRÄGER

Buschmann, Kurt: *Eau*. Windpferd
Cherubim: *Like the Ocean*. Nightingale/Meistersinger
Crystal: *Bluegreen*. AIM/Silenzio
Deuter: *Garden of the Gods*. New Earth/Silenzio
Halpern, Steven: *Spectrum Suite*. InnerPeace Music/Silenzio
Merlin's Magic: *Reiki*. Windpferd
Motal, Hannes. *Die Fünf »Tibeter«®*. Scherz
Noll, Shaina: *Songs for the Inner Child*. Singing Heart/Silenzio
Oliver Shanti & Friends: *Well Balanced, Tai Chi Too* u. a. Sattva Music
Rosenfeld, Moussa: *Dance into Trance*. AIM/Silenzio
Roth, Gabriele: *Endless Wave,* Initiation u. a. Raven/ZYX
Sound R: *Meditation – Klassische Musik*. Oreade
Stein, Arndt: *Am Meer, Frühlingsmorgen* u. a. Verlag für therapeutische Musik/
    Silenzio
Tibetan Secrets: *Lung, Tripa, Bäken* (3 CDs). Medial/Silenzio
Various Artists (V.A.): *Classics Fantasys, Exotic Dance*. Meistersinger
V. A.: *Relax*. Gbmusic/Mentalis
V. A.: *Inner Beauty*. Neptun
V. A.: *Mozart – Musik zur Meditation*. Spektrum/Karussell

FÜNF »TIBETER«-SEMINARE MIT GISELA LEONIE TESCHKE

Anfängerseminar
Ganztägig. Bei den Grundlagen für die Ausübung der Fünf »Tibeter« gehe ich ganz gezielt auf Atemtechnik, Bewegungsabläufe und Entspannungsmethoden ein, die auch im Alltag angewendet werden können.

Wiederholungstreffen
Auffrischung und eventuell Korrektur im Ablauf der Übungen, dazu immer wieder verschiedene Entspannungsmethoden.

Einzeleinweisungen
Hierbei kann ich individuell auf Bedürfnisse und Bewegungsabläufe eingehen.

Seminare im In- und Ausland
Zum Thema Gesundheit – Schönheit – Bewegung.
Wie beginne ich meinen Tag? Gesunde Ernährung, Wohltaten für alle
Sinne in Verbindung mit den Fünf »Tibetern«.

Weitere Informationen erhalten Sie unter:
Gisela Leonie Teschke,
Specksaalredder 32 a, 22397 Hamburg
Telefon 040/607 20 72, Telefax 040/607 51 551
E-Mail Gisela-Leonie.Teschke@t-online.de

Internet-Homepage:
http://www.gesundheit-schoenheit-bewegung.de

DANK

Ich danke dem Universum für die Kraft und Inspiration, die in das Buch einflossen.

Ein großer Dank geht an meinen Freund Christian Salvesen, der es mir möglich machte, dieses Buch entstehen zu lassen. Durch ihn habe ich auch immer wieder lernen dürfen, über meine Grenzen zu gehen und Vertrauen zu haben.

Danke auch an alle Fünf »Tibeter«-Anwender, Seminarteilnehmer und Kunden/Klienten, die mir ihr Vertrauen geschenkt haben, indem sie mir ihre Erfahrungen mitteilten.

Ich danke meinem Sohn Mathias für seine fachliche Kompetenz und die immer wieder motivierende Unterstützung.

Meinem Vater danke ich dafür, dass ich von ihm die Kraft und den starken Willen zum Durchhalten bekommen habe. Er ist immer wieder für mich ein Vorbild, weil er trotz seiner starken Behinderung und seines hohen Alters im Besitz seiner geistigen und körperlichen Kräfte geblieben ist.

Danke möchte ich auch meiner lieben Freundin Heide sagen, die mich in all den Monaten liebevoll und tatkräftig begleitet hat.

Danken will ich allen anderen lieben Menschen und Freunden, die ebenfalls dazu beigetragen haben, dieses Buch entstehen zu lassen. Sie haben mich ermutigt, mir Dinge des täglichen Lebens abgenommen und mir Phasen des Rückzugs gelassen.

DER »TIBETER«-DACHVERBAND

Der »Tibeter« Anwender und Trainer Dachverband e.V. betreut alle »Tibeter«-Freunde. Er regelt und überwacht die Ausbildung, stellt Informationen und Mittel für die korrekte Anwendung zur Verfügung und beantwortet alle im Zusammenhang mit der »Tibeter«-Praxis auftauchenden Fragen.

Der Dachverband fördert die »Tibeter« als einfaches Energie- und Fitnessprogramm für jedermann und jederfrau jeden Alters. Das Programm hat seinen Ursprung im Yoga und besteht aus fünf einzelnen, sich ergänzenden Bewegungsabläufen, die vollständig praktiziert werden wollen. Eine natürliche Haltung und genaue Ausführung der Übungen verhindern mögliche Fehlerquellen. Die Kombination mit einer ruhigen und tiefen Atmung sowie mit positiven, lichten Gedanken intensiviert die Wirkung. Ergänzende Entspannungsübungen steigern den Wert des Programms.

Viele Anwender berichten über harmonisierte und vitalisierte Organfunktionen, über äußere und innere Fitness. Die »Tibeter« sind eine hervorragende Möglichkeit, soziale und emotionale Kompetenz und Intelligenz auf- und auszubauen. Sie erschließen auf natürliche Art und Weise einen Weg zum eigenen Ich, zu Selbstbewusstsein, zu Zentriertheit, zu innerer Ruhe und Gelassenheit. In diesem Sinne entfalten diese einfachen Riten eine wohl nie restlos auslotbare Tiefe und Qualität.

Auskünfte und Informationen erhalten Sie bei:

Fünf »Tibeter«® Dachverband
Zentralsekretariat
Geschäftsstelle Deutschland, Carlos G. J. Liebetruth
Wilhelmstraße 27, D-80801 München
Telefon 0049/89/34 81 65, Telefax 0049/89/34 70 95
E-Mail carlos-liebetruth@t-online.de

Sekretariat Deuschland:
»Tibeter« Dachverband, Herrn Carlos Liebetruth,
Wilhelmstraße 27, D-80801 München

Telefon 0049/89/34 81 65, Telefax 0049/89/34 70 95
E-Mail carlos.liebetruth@t-online.de

Sekretariat Österreich:
»Tibeter« Dachverband, Herrn Franz Steinberger,
Diessenleiten-Weg 266, A-4040 Lichtenberg
Telefon 0043/7327/3 92 33 oder 0043/664/3 26 14 24
E-Mail fs.consulting@aon.at

Internet-Homepage:
http://www.fuenf-tibeter.de

DIE AUSBILDUNG BESTEHT HAUPTSÄCHLICH AUS:

a) *»Tibeter«-Grundseminar*
Ziel: das umfassende Kennenlernen und Einüben des Programms
Dauer: einen Tag oder mehrere Abende
Umfang und Inhalt:
- Erklärungen zu den »Tibetern«: Geschichte, Entstehung, Philosophie und Geisteshaltung
- Einüben und Erklärungen zur Anatomie: Körperhaltung, gerader Stand, Körperdurchlässigkeit, Blut- und Energiezirkulation, Wirbelsäulenhaltung, Ausgangs- und Grundposition
- ausführliches Erklären und Einüben der Bewegungsabläufe
- zu vermeidende mögliche Fehlhaltungen und Bewegungsführungen; Folgen solcher Fehlhaltungen
- Zeigen und Einüben der Vorübungen, Entspannungshaltungen, Ausgleichspositionen
- Verbinden der »Tibeter« mit der Atmung, Grundkenntnisse: Zwerchfellatmung, Bauchatmung, Vollatmung, Intensivatmung
- die Anwendung der »Tibeter«
- Grundkenntnisse des endokrinen Drüsensystems und der Chakra-Lehre
- vertiefende, meditative und mentale Übungspraktiken der »Tibeter«

»Tibeter«-Grundseminare werden von lizenzierten »Tibeter«-Trainern angeboten. Die aktuellen Seminartermine werden in der Homepage bekannt gegeben und sind unter den Sekretariatsadressen abzufragen.

b) Fresh-up-Kurse
Ziel: Auffrischen, Erneuern der »Tibeter«-Kenntnisse
Dauer: ein halber Tag oder ein langer Abend
Umfang und Inhalt: wie Grundseminar mit dem Hauptgewicht auf
Kontrolle, Korrektur, Verfeinerung und Vertiefung, insbesondere
auch im meditativen, entspannenden Bereich: Erfahrungsaustausch
über die Wirkungsweise

»Tibeter«-Fresh-up-Seminare werden von ausgewählten lizenzierten
»Tibeter«-Trainern angeboten. Die aktuellen Seminartermine werden in
der Homepage bekannt gegeben und sind unter den Sekretariatsadressen
abzufragen.

c) »Tibeter«-Trainerausbildung
Ziel: Ausbildung zum lizenzierten »Tibeter«-Trainer
Dauer: sechs Tage
Abschluss: Trainerlizenz
Umfang und Inhalt:
• Definition der »Tibeter«
• vertiefendes Einüben, Praxis der »Tibeter«-Schulung
• Sonderformen der Anwendung, vertiefende Anatomie, Körperhaltun-
  gen, Vor-, Nach-, Ergänzungsübungen, Wirbelsäulenschule
• der Sechste und der Siebte »Tibeter«
• Affirmationen, positives Denken, Meditation
• Atem ist Leben, tibetische Atemschule, Energieatem, Lebensatem,
  Wunschatem
• vertiefende Chakra-Arbeit (öffnen, reinigen, fördern, verbinden, heilen)
• Organisation und Administration, Rechtsfragen, Pflichten und Rechte
  des Trainers
• Aufgaben und Ziele, Wirken, PR, Werbung
• »Tibetische« Ernährung
• Persönlichkeitsentwicklung, Kreativität, Talente entwickeln, Selbst-
  findung
• Grundstufen der Energiearbeit (wecken, verdichten, lenken, pulsieren,
  einsetzen)

Die »Tibeter«-Trainerausbildung wird von ausgewählten lizenzierten
»Tibeter«-Trainerausbildern angeboten. Die aktuellen Seminartermine werden in der Homepage bekannt gegeben und sind unter den Sekretariatsadressen abzufragen.

184

AKTUELLES VERZEICHNIS DER TRAINER

BADEN-WÜRTTEMBERG

70376	Stuttgart, Friedrich Niklaus, Nagoldstr. 62, Tel. 07 11/25 96 37 67
70437	Stuttgart, Stefan Auer, Adalbert-Stifter-Str. 8, Tel. 07 11/8 49 10 01
70499	Stuttgart, Peter Domhan, Landauer Straße 93, Tel. 07 11/8 89 14 92
71111	Waldenbuch, Ulrike Mönkemöller, Hasenhofstr. 18, Tel. 0 71 57/88 02 71
72202	Nagold-Mindersbach, Margarita Tubach, Bopserweg 22, Tel. 0 74 52/9 20 22
72202	Nagold, Ellen R. Zechner, Achalmstr. 27/6, Tel. 0 74 59/24 02
74889	Sinsheim, Waltraud Ertz, Am Mangoldsgrund 12, Tel. 0 72 61/1 21 07
74927	Eschlbronn, Robert Böhm, Neugasse 5, Tel. 0 62 26/4 04 31
75173	Pforzheim, Martina Williger-Strohecker, Lameystr. 27, Tel. 0 72 31/7 02 13
76351	Linkenheim, Elli Weps, Kopernikusstraße 4, Tel. 0 72 47/70 64
78234	Engen, Annemarie Held, Neuhewenstr. 28, Tel. 0 77 33/29 05
78464	Konstanz, Elisabeth Beck, Jacob-Burckhardt-Str. 9, Tel. 0 75 31/5 69 61
89601	Schelklingen, Willibald Ziegler, Merowinger Straße 17, Tel. 0 73 94/28 77
89611	Reutlingendorf, Henning Kandt, Haldenstr. 5, Tel. 0 73 75/95 00 71

BAYERN

80708	München, MaWin & MaWin (Markus Hannes & Winfried Brinz), «Wege nach Innen» Postfach 40 08 46, Tel. 0 89/30 65 78 20
80801	München, Carlos Liebetruth, Wilhelmstr. 27, Tel. 0 89/34 81 65
80992	München, Anneli Jordan, Amslerstraße 7, Tel. 0 89/1 40 22 15
81377	München, Gerhard Achternbusch, Trautweinstr. 15, Tel. 0 89/7 14 21 78
81925	München, Zentrum für innerFitness®, Maruscha Magyarosy, Pernerkreppe 22, Tel. 0 89/9 57 81 20
81927	München, Heide Magyarosy, Klingsorstr. 3, Tel. 0 89/910 17 87
82008	Unterhaching, Caroline Heiß, Bussardstr. 33, Tel. 0 89/61 19 91 44
82166	Gräfelfing, Inst. f. bewusstseinsfördernde Med., Andrea M. Lowes, Stefanusstr. 6 a, Tel. 0 89/8 98 25 50
82418	Murnau, Thomas P. Fleischer, Wiesenweg 4, Tel. 0 88 41/62 96 94
83530	Schnaitsee, Ingo Löffelmann, Kampenwandstr. 46, Tel. 0 80 74/16 00
84051	Essenbach/Mirskofen, Reinhilde Pönisch, Arberstraße 9, Tel. 0 87 03/17 36
84144	Geisenhausen, Hanns Held, Johannesstr. 6, Tel. 0 87 43/18 08

84149   Velden/Vils, Gisela Fleig, Lusenstr. 22, Tel. 0 81 24/17 79
85055   Ingolstadt, Konrad Gruber, Bayernwerkstr. 6, Tel. 08 41/9 51 13 49
86807   Buchloe, MaWin & MaWin (Winfried Brinz & Markus Hannes),
         Therapie- und Diagnose-Zentrum für Naturheilverfahren,
         Kloster-Stams-Str. 11, Tel. 0 82 41/41 53
86807   Buchloe, Judith Sasse, Volkmar-von-Kemnat-Str. 10,
         Tel. 01 73/7 86 96 97
87435   Kempten, Eva-Maria Remy, Rathausplatz 2, Tel. 08 31/1 81 42
90419   Nürnberg, Bruno Straub, Burgschmiedstr. 11, Tel. 09 11/39 70 13
90768   Fürth, Vesna Eggen, Kuckucksweg 29, Tel. 09 11/72 08 77
91056   Erlangen, Claudia Jägle-Welke, Damaschkestr. 26, Tel. 0 91 31/93 19 93
91710   Gunzenhausen, Michael Siebentritt, Zöpfiwasenweg 8,
         Tel. 0 98 31/61 03 81
91560   Heilsbronn, Christa Kunz, Seitendorf 41, Tel. 0 98 72/80 23 33
94501   Aidenbach, Cornelia Barth, Markplatz 16, Tel. 0 85 43/24 11
96231   Staffelstein, Brigitte Weidner-Schüler, Mainblick 8, Tel. 0 95 73/10 28
97424   Schweinfurt, Marlene Niklaus-Lücht, Johann-Riedel-Str. 7,
         Tel. 0 97 21/47 12 12

BERLIN

10365   Berlin, Annette Reitz, Siegfriedstr. 204 a, Tel. 01 70/47 66 323
10629   Berlin, Bärbel Rein, Gervinusstr. 16, Tel. 0 30/3 24 62 15
13465   Berlin, Dr. med. Edelgard Böcker-Schröder, Ludolfinger Weg 64,
         Tel. 0 30/4 01 60 65
13591   Berlin, Zdravko Lozar, Strasse 347, 20 a, Tel. 0 30/36 70 42 96

BRANDENBURG

14469   Potsdam, Heike Lehmann, Hebbelstr. 31, Tel. 03 31/2 70 45 99
14778   Briest, Monika Lein, Am Mühlenberg 12, Tel. 0 33 81/40 36 39
15732   Rotberg/Brandenburg, Karin Hübner, Ulmenring 7 b,
         Tel. 03 37 62/2 27 75
16341   Zepernik, Elke Verter, Schubertstr. 11, Tel. 0 30/94 41 77 80
16548   Glienicke, Angelika Rückbrecht, Clara-Zetkin-Str. 45,
         Tel. 03 30 56/7 74 50
16816   Neuruppin, Gerard u. Angelika Skok, Franz-Marcher-Str. 25 b,
         Tel. 0 33 91/50 15 91

MECKLENBURG-VORPOMMERN

17179   Gnoien, Wiltrud Olejniczak, Am Wiesengrund 38, Tel. 0 39 971/1 27 86

HAMBURG

22117   Hamburg, Anke Micheel, Reinskamp 10, Tel. 0 40/7 12 41 19
22359   Hamburg, Verena Baetgen, Farmsener Landstr. 23, Tel. 0 40/6 44 62 72
22397   Hamburg, Gisela Leonie Teschke, Specksaalredder 32 a, Tel. 0 40/6 07 20 72
22455   Hamburg, Rosemarie Kielmann, Quedlinburger Weg 4, Tel. 0 40/57 14 94 74
22607   Hamburg, Barbara Simonsohn, Holbeinstr. 26, Tel. 0 40/89 53 38

HESSEN

35037   Marburg, Gisela Köhm, Wilhlem-Roserstr. 48, Tel. 0 64 21/6 45 46
36269   Philippsthal, Sibylle Mohr, Thalhäuserweg 34, Tel. 0 66 20/71 24
60316   Frankfurt a. M., Gisela Ross, Günthersburgallee 56, Tel. 0 69/29 35 03
60596   Frankfurt a. M., Gabriela Ristow-Leetz, Böcklinstr. 6, Tel. 0 69/63 24 40
63110   Rodgau, Rudolf Hetzel, Ober-Rodener-Str. 121, Tel. 0 61 06/87 63 73
64283   Darmstadt, Heidi Ninomiya-Rehm, Hoelgesstr. 17, Tel. 061 51/2 89 99
64646   Heppenheim, Ilse Grote, Schlehenweg 9, Tel. 0 62 52/91 35 85
65197   Wiesbaden, Renate Weil, Goerdelerstr. 53, Tel. 06 11/80 52 63
65618   Selters/Ts., Edith Brühl, an den Birken 12, Tel. 0 64 83/74 07
66287   Bad Homburg, Privat-Institut Junker, Gitta Junker, Postfach 1718,
        Tel. 0 60 07/29 86
67434   Neustadt, Michael Löhlein, Kreuzstr. 16, Tel. 0 63 21/48 28 71
67574   Osthofen, Traudi Merle-Seibert, Ziegelhüttenweg 75, Tel. 0 62 42/70 83
69412   Eberbach, Susanne Götz, Beckstr. 19, Tel. 0 62 71/7 12 32
69509   Mörlenbach, Waltraud Zobel, Klein-Breitenbach 58, Tel. 0 62 09/53 14

NIEDERSACHSEN

27386   Hemsbünde, Gerda Arldt, Hübenkamp 8, Tel. 0 42 61/6 35 50
29439   Lüchow, Sabine Leikam, Gollauer-Neue-Str. 2, Tel. 0 58 41/97 37 55
31515   Wunstorf/Steinhude, Dr. Ingfried Hobert, Ostenmeer 37,
        Tel. 0 50 33/9 50 33
30853   Langenhagen, Heidi Eichler, Walsroder Str. 181, Tel. 05 11/2 35 15 05

NORDRHEIN-WESTFALEN

33014   Bad Driburg, Sabine Mitzloff, Johannisstr. 23, Tel. 0 52 53/39 96

34434   Borgentreich-Großeneder, Hördemann Maria, Hauptstr. 49,
            Tel. 0 56 44/7 57

40225   Düsseldorf, Hannelore Bareiß, Ernst-Derra-Str. 61, Tel. 02 11/13 48 11

42349   Wuppertal, Christa Kuntze, Am Köhler 4, Tel. 02 02/40 02 20

44203   Dortmund, Karin Enkel, Postfach 50 03 08, Tel. 02 31/79 41 45

44380   Dortmund, Susanne Ebrecht, Tegeler Weg 14, Tel. 02 31/63 49 27

44805   Bochum, Andrea Ruchatz, Lothringer Straße 36 b, Tel. 02 34/8 90 84 31

46562   Voerde, Judith und Horst Förster, Prinzenstr. 102, Tel. 0 28 55/1 53 85,

48653   Loesfeld, Werner Küper, Wienhörsterbach 15 a, Tel. 0 25 95/97 23 10

50259   Pulheim, Heike Wirges, Donatusstr. 30 a, Tel. 0 22 34/8 96 83

51467   Bergisch Gladbach, Ingrid Tonn-Euringer, Leuchter Gemark 2,
            Tel. 01 73/5 36 36 64

52499   Baesweiler, Karola Laschet, Peterstr. 103, Tel. 0 24 01/79 40

53604   Bad Honnef, Barbara Sonnenschein, Wichfriedweg 9 a, Tel. 0 22 24/85 49

53844   Troisdorf, Gudrun Sebralla, Essenerstr. 22, Tel. 0 22 41/2 01 32 90

53894   Mechernich-Glehn, Kramp Claudia, Frohnhof 6, Tel. 0 24 43/4 85 60

56424   Bannberscheid, Eva Maria Schröder, Bahnhofstr. 12,
            Tel. 0 26 02/67 11 44

58675   Hemer, Christiane Amelung, Brandeiche 10 a, Tel. 0 27 37/26 18 23

58706   Menden, Herwig Steinhuber, Bischof-Drobe-Str. 31, Tel. 0 23 73/6 70 31

SAARLAND

66424   Homburg, Barbara Theiss, Lagerstr. 10, Tel. 0 68 41/70 92 16

SACHSEN

01237   Dresden, Bernd Steffin, Gustav-Adolf-Str. 7, Tel. 03 51/47 09

01824   Gohrisch, Monika Backmann, Cunnersdorfer Str. 21,
            Tel. 03 50 21/6 89 48

02727   Neugersdorf, Veronika Twork, Zittauer Str. 10, Tel. 0 35 86/70 29 31

04155   Leipzig, Frank Gerecke, Prellerstr. 34, Tel. 03 41/5 50 29 64

07374   Pößneck, Bärbel Unversucht, Postfach 14 45, Tel. 0 36 47/44 38 80

07950   Triebes, Grit Heuschkel, Dr.-Wilh.-Külz-Str. 21, Tel. 03 66 22/5 90 63

08289   Schneeberg, Erika Krauß, Keilbergring 19 c, Tel. 0 37 72/5 56 44

SACHSEN ANHALT

39649   Peckfitz, Selina Lüttichau, Dorfstr. 45, Tel. 03 90 82/9 33 95

SCHLESWIG HOLSTEIN

25704   Meldorf, Herr Egli, Norderstr. 6
25992   List auf Sylt, Ilona Poppendieck, Am Buttgraben 61, Tel. 0 46 51/87 06 15
26548   Norderney, Gudrun Eggen, Winterstr. 14 B, Tel. 0 49 32/4 61

THÜRINGEN

98527   Suhl, Corina Großer, Grüner Weg 20, Tel. 0 36 81/30 34 13
99198   Erfurt-Vieselbach, Robert Tilp, Brückenstr. 17, Tel. 01 72/79 94 811

ÖSTERREICH

A-1170   Wien, Mag. Alfred Stummer, Heuberggasse 8 A/5, Tel. 0043/4 84/14 40
A-3323   Neustadtl, Maria Enengl, Windpassing 48, Tel. 0043/74 71/21 26
A-3392   Schönbühel, Eva Prasch, Bergring 9, Tel. 0043/6 76/31 72 37
A-4020   Linz, Dr. Brigitte Kanatschnig, Landstr. 23, Tel. 0043/7 32/78 76 95
A-4204   Haibach, Günther Edenstöckl, Aigen 8, Tel. 0043/72 11/49 80
A-4040   Lichtenberg b. Linz, Franz Steinberger, Diessenleitenweg 266,
           Tel. 0043/6 64/3 26 14 24
A-4540   Pfarrkirchen, Mag. Barbara Schagerl-Müllner, Ranwallnerstr. 48,
           Tel. 0043/72 58/26 47
A-5084   Grossgmain, Waltraud Lang-Schwarz, Salzburgerstr. 413,
           Tel. 0043/62 47/73 39
A-6858   Schwarzach, Gertrud Rotheneder, Staudachstr. 28, Tel. 0043/55 72/5 81 96
A-8081   Heiligenkreuz a. Waasen, Andreas Bauer, Frannach 15,
           Tel. 0043/31 16/2 71 99
A-8781   Wald/Schoberpass, Beate Kogler, Feriensiedlung 103 a,
           Tel. 0043/6 64/4 61 52 68
A-8813   St. Lambrecht, Maria Steiner, Hauptstr. 15, Tel. 0043/35 85/21 03
A-9220   Velden, Leopold Idl, Fliederweg 11, Tel. 0043/42 74/41 31
A-9400   Wolfsberg, Hermine-Rosa Lingitz, Griesstrasse 7,
           Tel. 0043/43 52/5 16 28

SCHWEIZ

CH-1670 Ursy, Helen Kraemer, En Plattiez, Tel. 0041/21/9 09 42 33
CH-1789 Lugnorre, Pius Schwegler, Chemin des Cerisiers 28,
      Tel. 0041/31/6 60 44 44
CH-3110 Münsingen, Arnold Lanz, Forellenweg 4, Tel. 0041/31/7 21 71 01
CH-3550 Langnau i/E, Ruth Bigler, Oberstrasse 64, Tel. 0041/34/4 02 37 06
CH-5417 Untersiggenthal, Roswitha Klose, Breitensteinstr. 38,
      Tel. 0041/56/2 88 28 76
CH-5620 Bremgarten, Sepp Strebel, Isenlaufstr. 2, Tel. 0041/56/6 31 03 77
CH-8048 Zürich, Silvia Wüst, Am Suteracher 34, Tel. 0041/81/4 13 29 11
CH-9475 Sevelen, Myrtha Creydt, Guschastr. 13, Tel. 0041/81/7 40 13 50
CH-9545 Wängi, Regina Sprenger, Steinlerstr. 28, Tel. 0041/52/3 66 45 88

ITALIEN

I-20147 Mailand, Brigitte Sollich, Via Padulli 4, Tel. 0039/02/4 03 98 18
I-39012 Meran, Bernadette Schwienbacher, Tobias-Brenner-Str. 11,
      Tel. 0039/04 73/2 11 990
I-50020 Le Fonti, Margarete Schmitt, Panzano/Fl., Tel. 0039/0 55/85 21 94

SLOWENIEN

SL-5252 Trnovo, Irena Pavlin, Ozeljan 89 a, Tel. 05/3 08 84 50

NIEDERLANDE

6291   Vaals/Aachen, Doris Tiedtke, Raarenderstraat 40, Tel. 0031/43/3 06 00 75

BRASILIEN

CEP-04640-150 Sao Paulo, Christina Schiefferdecker, Rua Des Silos Contra 278,
      Tel. 0055/11/5 42 28 99

SPANIEN

E-07600 El Arenal (Mallorca), Rosa Maria Martinez des Stoske,
      Calle Berlin 26 6/A Tel. 0034/97/1 26 90 26